AF568781

Erzählen²

Was mündliche Geschichten alles können

In diesem Werk wird eine geschlechtssensible Sprache angewandt, die auch Doppelungen und Neutralisierungen beinhaltet. Soweit es sich aus ästhetischen Gründen oder aus Gründen der besseren Lesbarkeit nicht vermeiden lässt, wird entweder das generische Maskulinum oder das generische Femininum verwendet, die Männer und Frauen gleichermaßen einschließen.

1. Auflage, November 2024

Die Deutsche Nationalbibliothek verzeichnet diese Publikation in der Deutschen Nationalbibliografie; detaillierte bibliografische Daten sind im Internet über http://dnb.d-nb.de abrufbar.

Umschlaggestaltung: Peter Amsler, Berlin
Illustrationen: Margarete Wenzel, Wien
Illustration S. 429: »Unsere Sonne«, Bleistiftzeichnung, Andrew Jones, Wellington, 2024
Satz und Herstellung: Der Erzählverlag, Berlin
Druck: Alfred Nordmann Druck

ISBN: 978-3-947831-92-0

www.erzaehlverlag.de

Erzählen²

Was mündliche Geschichten alles können

Margarete Wenzel

Der Erzählverlag

*Erzählen^2 heißt: Erzählen vom Erzählen.
Das mündliche Erzählen und seine Facetten werden in Geschichten dargestellt.
Diese stammen aus mündlichen und schriftlichen Quellen und
wurden eigens für dieses Buch in Worte gekleidet.*

*Sie sind unterhaltsam zu lesen und werden durch reflektierende und
weiterdenkende Texte, die über die Erzählstoffe selbst hinausweisen,
um eine weitere Dimension bereichert.*

*Die Qualitäten spezifischer Geschichten treten zutage.
Information und Handlungswissen werden anschaulich und
anspruchsvoll dargeboten.*

Wie geht das? Es geht narrativ, also: erzählerisch.

*Und genau darum geht es in diesem Buch: Was geschieht, wenn wir erzählen?
Wofür ist es gut? Wer das erfahren hat, kann die Kulturtechnik »erzählen«
für sich und andere vielfältiger nützen.
Durch Erzählen^2.*

Inhaltsverzeichnis

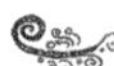

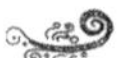 

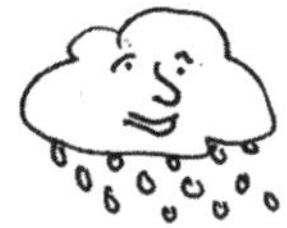 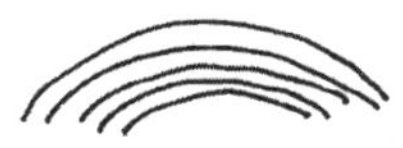 

Einleitung

Willkommen in diesem Buch!

Mündliches Erzählen von Geschichten ist eine der ältesten Künste und bleibt auch heute und in Zukunft aktuell. Mündliches Erzählen ist ein Vorläufer des schriftlichen Erzählens, hat aber auch seine eigenen Qualitäten. Es bietet in einer Zeit der Spezialisierung und Technisierung Ausgleich zur technisch vermittelten Kommunikation.

Mündliches Erzählen ist, wie Lesen und Schreiben, eine Kulturtechnik. Es kann die Grenzen zwischen getrennten Persönlichkeitsanteilen in uns, einander fremden Kulturen, Gesellschaftsschichten, Altersgruppen und Wissensbereichen überbrücken helfen und wirkt daher in vielfacher Weise integrativ.

Mündliches Erzählen von Geschichten ist eine eingängige Form des Lehrens und Unterhaltens, des Philosophierens und Strukturierens von Wissen, des Kontaktknüpfens und Reflektierens.

Menschen gewinnen aus Geschichten und in einer unmittelbaren Erzählsituation neue Sichtweisen und verinnerlichen Informationen. Auf narrativem Weg gewonnene Inhalte sind leicht zu merken und können einprägsamer weiter vermittelt werden. Geschichten können Ressourcen, Inspirationsquellen und Reserven für ein gesamtes Menschenleben bereithalten. Sie sind Kulturgut. Es lohnt sich, sie und das Erzählen zu pflegen.

Als ich in den Neunzigerjahren begann, das Erzählen zu unterrichten, suchte ich in der deutschsprachigen Literatur danach, was »Erzählen« ist. Damals fand ich in den hand-getippten Karteikarten der Uni-Bibliothek unter dem Stichwort nur Sekundärliteratur über Romane und über »große Erzähler«, aber nichts über das mündliche Erzählen, dem »Oral Storytelling«, das mir so wichtig war. Zu jener Zeit retteten mich Romane und Erzählungen, die Szenen enthalten, in denen mündlich erzählt wird. Diese Geschichten zeigen, wann und wie mündliches Erzählen sich ereignen kann, wie es unterhält, tröstet, heilt, ermutigt oder inspiriert. In einigen dieser Geschichten ist das Erzählen nicht nur ein beiläufiges Element, sondern ein zentrales Motiv, das eine wesentliche Rolle in der Handlung spielt. Es setzt das Geschehen in Gang, gibt ihm eine Wendung oder stellt durch Perspektivwechsel und neue Informationen alles in ein anderes Licht.

»Erzählen^{2}« enthält die seitdem entstandene Sammlung von Geschichten, in denen mündliche Erzählsituationen vorkommen. Diese sind auf unterschiedliche Weise in die vorliegenden schriftlichen Erzählungen eingebunden. Einige sind in eine Rahmenhandlung eingebettet, andere bilden selbst die Rahmenhandlung, und weitere erwecken den Eindruck mündlicher Erzählungen, obwohl sie niedergeschrieben wurden und nun gelesen werden. Alle Erzählungen veranschaulichen jedoch gleichermaßen ausgesuchte inhaltliche Facetten dessen, was mündliches Erzählen als kulturelle Handlung ist, tut und kann.

Einige Erzählstoffe stammen aus mündlicher Überlieferung, andere entstanden als literarische Erzählungen. Die »globalen Geschichten« aus der Mündlichkeit und die ursprünglich schriftlichen Geschichten bilden jeweils in ihrer Abfolge einen Spannungsbogen. Jeder dieser Spannungsbögen wird am Ende des Kapitels im Zeitraffer erzählt. Ziel ist es, ihre Aussagen über das mündliche Erzählen als Sinneinheiten sichtbar zu machen.

Beim Lesen setzen wir die Bedeutungen aufeinanderfolgender Buchstaben zusammen. Doch wir schaffen uns eigene innere Bilder, weit über das hinaus, was jeder Buchstabe für sich bedeutet. Wir erkennen Wörter und Phrasen, die der oder die Schreibende gemeint hat, verbinden sie beim Lesen zu einer Sinnfolge und denken noch über diese hinaus. Und sei es nur, indem wir sie, ohne darüber bewusst nachzudenken, mit eigenen Assoziationen und inneren Bildern verbinden.

Die hier verfügbar gemachten Geschichtenfolgen lassen sich ebenso zusammenlesen und weiterdenken. Dazu möchten die beiden »Zeitraffer-Erzählungen« als Sprungbretter dienen.

Eröffnet und abgerundet wird die Sammlung durch Überlegungen zum Erzählen als kulturelle Handlung und zu den Erzählstoffen als deren Früchte – mitsamt ihren Samen.

Die Geschichten sind eigens für diese Sammlung in Worte gekleidet worden. Dabei haben einige von ihnen Titel bekommen, die nicht mit den anderswo gebräuchlichen Namen übereinstimmen. Titel sind in der Schriftlichkeit wichtig, denn sie machen ein Inhaltsverzeichnis möglich, ein »Verzeichnis lieferbarer Bücher« oder ein Copyright.

Literatur – als die Gesamtheit schriftlicher Werke – und Oratur – als Gesamtheit mündlicher Überlieferungen – unterscheiden sich in mancher Hinsicht. In der Mündlichkeit kann der Arbeitstitel einer Geschichte, den die Erzählenden für sich verwenden, genau das verraten, was im Titel für das Publikum, falls es einen solchen überhaupt gibt, noch nicht gesagt werden sollte – wie zum Beispiel einen Namen, dessen Wiederfinden ein wesentlicher Teil der Handlung ist. Ähnlich wie der Name eines Menschen ist ein Geschichtentitel eine verdichtete Kürzest-Form, die für die Erzählung stehen und auf sie verweisen kann. Und dieses Stellvertreten für das Ganze ist der Grund für die Titelwahl in »Erzählen^2«: Alle Geschichten stehen in einer solchen Beziehung zueinander, dass jedes ihrer Narrative eine besondere Rolle spielt, die sich von seiner Rolle »anderswo in der Welt« unterscheiden kann. Besonders bei einem Roman, »dessen Geschichte« ich in rund einer Textseite erzähle und dabei noch Hintergrundinformationen in den Erzählfluss einbette, ist ein Titel sinnvoll, der den Stoff unter seinen Gefährten in der Gesellschaft dieses Buches positioniert.

Narrative Kultur verlockt zum Wortspiel, das nonchalant Sprachgrenzen zwischen dem lateinischen »Narrare« und dem deutschen »Narren« überspringt. Von weisen Närrinnen und Narren, sowie von närrisch erscheinenden Weisen wird immer wieder erzählt. Mündliche Kultur gelingt, wenn Leichtigkeit und Sinntiefe sich verbünden. Sie erblüht, wenn Zugänglichkeit und Spannendes, Neues und Interessantes zusammenkommen, wenn menschliche Bedürfnisse erfüllt und auch geweckt werden. In der Welt des Narrativen wird Unterschiedliches zusammengebracht: Böses und Gutes, Anfänge und Enden, Erzählende und Zuhörende.

Mündliches Erzählen ist ein Phänomen im Rahmen der mündlichen Kultur. Sowohl für Erzählkultur im speziellen als auch für orale Kultur im Allgemeinen gilt oft, dass sie weniger bildungsaffin, weniger wertgeschätzt und weniger gefördert ist als die Schriftkultur. Das hat den Vorteil, dass sie dadurch auch weniger zugänglich für Machtausübung ist. Mündliche Geschichten können schwerer verboten werden als aufgeschriebene und vervielfältigte Texte. Aber ist dieser traurige Vorteil wirklich der einzige Grund, orale Kultur – und mündliches Erzählen als ein Teil von ihr – kein Schattendasein führen zu lassen? Sollten sie nicht ebenfalls aus sich selbst heraus hoch qualitativ sein können, gepflegt, wertgeschätzt und genossen werden? Das liegt an uns!

Sie als Lesende sind eingeladen, in Welten einzutauchen, die beim Erzählen und Zuhören in der Vorstellung entstehen, die sie imaginieren und sich nach und nach einverleiben. Dabei verbinden sich in einmaliger Weise das hier Anklingende und das, was Sie selbst schon wissen, erfahren und erlebt haben. Es ist mir eine Ehre, wenn ich Sie auf dem Weg Ihrer individuellen Entdeckungsreise begleiten darf.

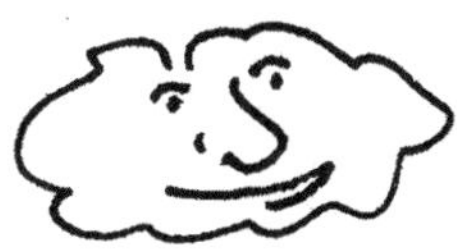

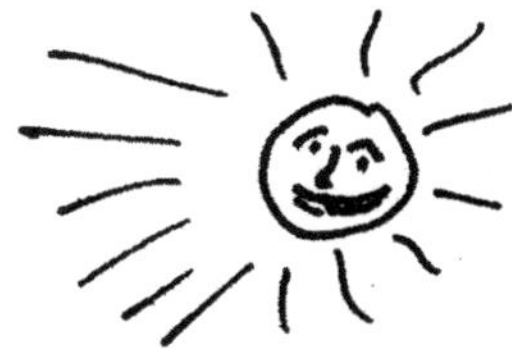

Kapitel 1

Erzählen vom Erzählen

Mit Erzählen hoch zwei ist das Erzählen vom Erzählen gemeint. Was kann und was bewirkt Erzählen? Welche Facetten hat es? Was ist es? Und was ist es nicht?

Auch beim Erzählen vom Erzählen findet eine sprechende Handlung statt. Mit ihr reflektiert die Kulturtechnik »Erzählen« sich selbst. Sie erklärt, wie sie menschliches Tun spiegelt, es betrachtet und kommentiert. Sie verrät, wie sie kulturelles, intellektuelles und emotionales Wissen vermittelt. Sie zeigt, wie sie hilft, Handlungskonzepte zu kommunizieren, sie uns merken zu lassen, sie weiterzuentwickeln und Pläne zu schmieden. Sie erzählt, wie integrativ sie wirkt, wie durch sie etwas Erstarrtes in Fluss kommen und etwas Verwunschenes erlöst werden kann und wie sie Menschen miteinander in Kontakt bringt. Sie gibt zu erkennen, dass sie eine der Ur-Formen des Philosophierens ist. Wenn das Erzählen sich selbst zum Inhalt nimmt, nützt die Handlung »Erzählen« ihr Können in eigener Sache. Sie tut, wovon sie spricht.

Erzählen hoch zwei deutet auf eine Metaebene hin.[1] Das Nachdenken über das Nachdenken ist eine philosophische Denkbewegung. Wer das Nachdenken lernen will, übt sich darin. Wie? Durch Nachdenken!

Etwas, das getan wird, spielt sich im Linearen ab, »in der Waagerechten«: Es geschieht eins nach dem anderen. Schließlich kommt ein menschlicher Faktor hinzu: die Erinnerung. Wir haben etwas getan und währenddessen etwas erlebt. Jetzt schauen wir zurück und betrachten das Erlebte wie im Zeitraffer. Wir sehen das, was eins nach dem anderen geschah, in seiner Ganzheit. Dabei bekommen wir Überblick und ein Strukturverstehen. Das Tun findet damit auch »in der Vertikalen« statt, es wird mehrdimensional.

Schon wenn wir Inhalte in Worte kleiden, ist nicht allein der Intellekt tätig. Es ist ein ganzheitliches Geschehen mit Kopf, Herz, Bauchgefühl und Lust, mit Haut und Haar, mit Hand und Fuß, mit den Wurzeln im Boden und dem Blick auf die Sterne. Es ist bereits ein nachdenkliches Tun. Und dieses Tun wird mit sich selbst potenziert, womit auch Kraft, Energie und Können anklingen. Durchs Potenzieren wird ein Raum erzeugt, in den Interessierte »hineingehen« und »eintauchen« können. Dadurch wird es möglich, das, worum es in diesem Buch geht, vollständiger zu erleben, kritischer zu hinterfragen und genüsslicher in sich aufzunehmen.

1 Der Begriff »Meta« [griech. metá »inmitten«, »zwischen«; »hinter«] drückt aus, dass sich etwas auf einer höheren Stufe befindet oder hinter etwas steht. Ein Bibliothekar verwendete ihn, um Gleichartiges zusammenzufassen: Metaphysik. Der Begriff verselbstständigte sich. Inzwischen sind »Meta-Ebenen«, »Meta-Kommunikation« und noch einige Anwendungen üblich.

Eine der ältesten Künste

Mündliche Erzählkultur gedeiht im Feld des gemeinschaftlichen Lebens. Hier keimen und wachsen Geschichten. Sie sind dichte Sinngefüge, die von Mund zu Ohr wandern. Wo finden die Geschichten auf ihren Reisen Unterkunft? Am liebsten in Räumen, in denen Menschen beschaulich sein können.

Wie entstehen solche Räume der Beschaulichkeit, des Anwesendseins und des Zeithabens? Sie öffnen sich, wenn alles Nötige getan ist, um die ersten existenziellen Bedürfnisse zu stillen, wenn Wasser, Nahrung, Wärme und Schutz vorhanden sind. Denn Menschsein ist mehr als nur das Erhalten des physischen Lebens.

Wenn das Nötige getan ist, kommen Künste ins Spiel. Es wird musiziert und getanzt. Es werden Werke geschaffen, aus Pflanzenfasern, aus Ton, Stein, Knochen und Metall. Es wird aus Holz geschnitzt und aus Weidenruten geflochten. Gesehenes und für wichtig Gehaltenes wird mit Linien in den Sand gezeichnet und mit Pigmentfarben an Felswänden abgebildet. Und es beginnt das Gestalten mit Gedanken und Worten. Diese erzeugen Imaginationen. Sie begünstigen das »Sehen« und Vorstellen innerer Bilder. Es wird gedichtet, rezitiert und erzählt.

Menschen erzählen und hören Geschichten am Lagerfeuer, zum Schlafengehen, während sie einen Löffel schnitzen, auf etwas warten, Kartoffeln schälen, Garn spinnen, Socken stopfen, Federn schleißen oder wandern. Sie sind zusammen und haben Zeit. Gedanken und Fantasie sind frei, während der Körper ruhig und tätig zugleich ist. Die Hände sind in stetiger Bewegung, und Geschicklichkeit ist im Spiel. Die Erzählenden und Zuhörenden bleiben einander gleichmäßig nahe. Eine Erzählgemeinschaft könnte nicht beim schnellen Rennen entstehen, beim Jagen, beim Gärtnern, wo rasche Entscheidungen gefordert sind. Wenn Bewegungen von einem zum anderen Beet nötig sind oder Büroarbeit volle Konzentration erfordert, kann nicht gut erzählt und zugehört werden. Das Zusammensein in stetiger Hörnähe und die gedankliche Aufmerksamkeit sind für das Erzählen wichtig.

In einer nicht technisierten und nicht industrialisierten Lebensweise gibt es viele Tätigkeiten, die in konstanter Nähe und unter stetiger Bewegung der Finger, ohne Anspruch an den Intellekt, lange Zeit und möglicherweise bei schwachen Lichtverhältnissen ausgeführt werden. Die Magie der Worte und der sprechenden Stimme kann sich während solcher Tätigkeiten und unter solchen Bedingungen gut entfalten.

Wenn die Weiterentwicklung der Lebensweise ein Schwinden der Dunkelheit und der Handarbeiten mit sich bringt, kann dies ein Segen und ein Gewinn für die Menschen sein. Manche Handlungen aus der alten Zeit werden trotz der Veränderung in die neue Zeit mitgenommen, während andere verloren gehen. Zum Beispiel hat sich in Europa selten eine mündliche Erzähltradition gehalten. Aber was einmal endete, kann eines Tages neu entdeckt und wieder belebt werden.

Das mündliche Erzählen ist eine Kulturtechnik, die viele hilfreiche Anwendungen ermöglicht. Erzählen kann unterhalten und entspannend wirken. Es kann soziale Bindung bringen. Erzählen ermöglicht das Begreifen eigener Erlebnisse, das Einnehmen eines Standpunktes, in dem das eigene Handeln überblickt und überprüft wird. Es ermöglicht ethische und philosophische Diskurse. Es befähigt zum Visionieren und Konzipieren. Es ist ein soziales Tool für Kontakt und Dialog, für Interaktion und Fairness.

Es kann als pädagogisches Mittel eingesetzt werden, unter anderem da es die Kunst des Zuhörens fördert. Wenn Lehrkräfte ihren Schülerinnen und Schülern ebenso achtsam zuhören, wie sie es umgekehrt von ihnen erwarten, dann lehren sie diese wichtige Fähigkeit auf die wirksamste Weise: durch ihr Vorbild und die reale Erfahrung mithilfe der Spiegelneuronen.[2]

In Mythen, Metaphern, Gleichnissen und anderen Geschichten werden auch spirituelle Inhalte vermittelt. Narrative Theologie und narrative Therapie sind etablierte Anwendungen des Erzählens. Es gibt heilende Geschichten und heilendes Erzählen.

Erzählkunst kann Hochkultur sein. Erzählen kann aber auch als kulturelle Handlung in den schlichtesten Lebenszusammenhängen Raum finden. Wer es versteht, sieht, dass manche sehr kleinen Kinder bereits »Ein-Wort-Geschichten« erzählen. Und wer einmal Ster-

2 Spiegelneuronen sind Nervenzellen im Großhirn, die bereits beim bloßen Hören und Sehen von Handlungen eines anderen Menschen aktiv werden. Die Wissenschaft bringt mit ihnen die Wiedererkennung von Handlungen und ihre Imitation in Verbindung. Dazu gehört möglicherweise auch unsere Empathiefähigkeit.

benden erzählt hat, mag gespürt haben, wie das bloße Erzählen eines vertrauten Tagesablaufes ruhigeren Atem, Aufmerksamkeit und Entspannung gebracht hat.

Gutenachtgeschichten werden auch von Menschen erzählt, die in ihren sonstigen Alltagsvollzügen keine Neigung zu Fantasie und Kreativität erkennen lassen. Sie enthalten häufig erstaunliche Originalität, wie die Namen der »Serien«-Helden und die Art und Weise, wie reale Erlebnisse der Kinder in die Geschichtenwelt übersetzt werden, wie Probleme ihre Lösungen finden und in der erzählten Welt reale Dinge »gut werden«.

Die Flexibilität des Erzählens, seine Spannkraft von Hochkultur bis Alltagstun ist einer der Gründe für die integrative Qualität dieser Kulturtechnik.

Wenn eine Geschichte symbolische Bilder enthält und diese wie Schauspieler auf einer Bühne agieren lässt, können komplexe Sachverhalte dargestellt und Unstimmigkeiten gelöst werden. Eine Geschichte kann »auf der Bühne der Vorstellungskraft« die Rolle einer Meta- oder Zwischenebene einnehmen, zu der verschiedene Persönlichkeiten, Angehörige verschiedener Fachbereiche, Altersgruppen, Bildungsschichten und Interessengruppen gleichermaßen Zugang haben.

Geschichten und die Handlung des Erzählens können aber auch Eigenarten und Aspekte einer Person verbinden: Indem ein Inhalt ausgesprochen wird, wird er gespürt und mit anderen Inhalten in

Zusammenhang gebracht. Erzählende sprechen nicht nur für Zuhörende, sondern auch für sich. Sie hören sich selber zu und erfahren dabei oft auf erstaunliche Weise »Neues«. Die Zuhörenden reagieren nonverbal und verbal und tun damit ihren Teil zur Stimmigkeit des Ausgesprochenen.

Es gibt auch die Möglichkeit, sich selbst etwas zu erzählen und im sprachlichen Verkörpern hineinzufühlen, ob das Gesagte passend ist und was ergänzend an Inhalten und Ideen auftaucht.

Das Miteinander von Erzählenden, die die Erzählgemeinschaft mit ihren Geschichten führen, und Zuhörenden, die wesentlich dazugehören, aktiviert eine besondere »Schwarmintelligenz«. In der Erzählgemeinschaft erschaffen alle Beteiligten zwar ein vergängliches, einmaliges Werk – sie nehmen aber individuell unterschiedliche Erinnerungen an das Erlebnis mit, die bleiben.

Das mündliche Erzählen hat spezifische Stoffe entstehen lassen, die rund geschliffen sind wie Kiesel im Fluss. Geschichten wie Zauber- und Schwankmärchen, Weisheitsgeschichten, Rätselgeschichten, Schöpfungsmythen, Sagen und Legenden können jahrhundertelang in mündlichen Überlieferungen überleben. Diese Stoffe sind von vielen erzählenden und zuhörenden Menschen genommen, erlebt, gestaltet und weitergereicht worden.

In schriftlichen Erzählungen nisten sich gern individuelle Verschrobenheiten ein, wie zum Beispiel ein gewisser depressiver Zug eines Autors oder einer Autorin, der es nicht zulässt, dass eine Geschichte zu einem guten Ende kommt, selbst wenn die Erzählung von Anfang an auf ein »Gut-Werden« hin angelegt erschien.

In »Kunstmärchen« fließen Vorlieben ein, die nicht auf ihren eigentlichen Wert oder ihre Glaubwürdigkeit überprüft werden, weil der Autor oder die Autorin hier »einen blinden Fleck hat«. Zum Beispiel hatte mir einmal eine geschichtensensible Freundin erzählt, sie habe beschlossen, keinen Roman mehr weiterzulesen, in dem eine rothaarige Heldin die Protagonistin sei, »weil es davon einfach zu viele gibt«.

Die mündliche Überlieferung in einer bestehenden Erzählkultur filtert allzu individuelle oder geringwertige Motive aus Geschichten heraus, weil Erzählstoffe, die statt Schrullen besser Allgemeingültiges enthalten, den Menschen mehr Stütze im Alltag geben. Daher überleben in der Mündlichkeit eher solche Erzählstoffe, die Bleibendes enthalten, zeitlos sind, Mut machen, etwas erklären und Muster von glückenden Lebenswegen zeigen. Persönliche Eigenarten und Vorlieben der Erzählenden werden in mündlichen Geschichten durch die Überlieferung geglättet.

Das Allgemeingültige tritt hervor und überdauert. Märchen, Weisheitsgeschichten, Mythen, Legenden und Sagen sind langlebige mündliche Stoffe. Gerüchte und Witze sind ihre kurzlebigen Verwandten. Sie haben einen anderen Charakter. Sie sollen neu und etwas »Modernes« sein, etwas aktuell Vertrautes kommentieren oder ironisieren. Selten bleibt ein Witz über Generationen hinweg beliebt und ein Gerücht bezieht seinen Reiz aus Neuigkeiten, einem Überraschungseffekt und dem Bezug zur unmittelbaren Gegenwart. Witze brauchen Pointen und eine explosive Kraft, die aus dem Moment entsteht. Gerüchte brauchen etwas »Spektakuläres«, um für eine kleine Weile erzähltauglich zu sein.

Was diese Stoffe gemeinsam haben, sind eine klare Struktur, starke Motive, die Menschen berühren, und eine gewisse Allgemeingültigkeit. Diese Eigenschaften erleichtern das Merken, Weitererzählen und Wiedererzählen.

Um in der Mündlichkeit zu überleben, um gemerkt, wieder- und weitererzählt zu werden, nehmen langlebige Geschichten Merkmale an, die Publikum und Erzählende verlocken, sich mit ihnen ausgiebig zu beschäftigen: Den Zuhörenden bieten sie starke Bilder, bedeutsame Szenen, interessante Details, Lebens- und Handlungswissen, sowie Weisheiten. Sie enthalten das, was den Intellekt stimuliert, was uns staunen lässt und hellhörig macht. Sie überraschen, wecken Empathie und machen neugierig. So erzeugen sie emotionale Beteiligung, machen auf sich aufmerksam und bleiben »wie von selbst« in Erinnerung.

Mündliche Geschichten, die in der Tradition überleben wollen, machen Mut, denn Mut hilft zu leben und zu handeln. Sie geben Denkanstöße, weil Denken Entwicklung ermöglicht. Sie zeigen Möglichkeiten und verheißen Erfolg. Dadurch laden sie zum Visionieren und Planen des Handelns ein.

Den Erzählenden bieten traditionelle mündliche Geschichten eine klare Struktur. Sie macht es leichter, sich die Stoffe zu merken, in der Erzählperformanz den Spannungsbogen zu halten und fürs Improvisieren und Interagieren frei zu sein. Sie folgen gewissen logischen Regeln. Dadurch sind sie glaubwürdig und machen es den Erzählenden leichter, ihr Publikum »mitzunehmen«.

Viele Geschichten haben einen paradoxen, einfallsreichen Beginn, der Aufmerksamkeit weckt, als würde auf einer Bühne Licht auf eine Szene geworfen. Dieser »Vorspann« (in der türkischen Erzählkultur die »Tekerleme«) entspricht dem Warten des Publikums bevor sich im Theater der Vorhang hebt, dem Instrumentestimmen vor einem Konzert oder der Ouvertüre vor einer Oper. Dieser »Vorraum der eigentlichen Handlung« gibt Raum für intensiver werdende Erwartung und sich steigernde Vorfreude. Das Publikum hat noch etwas Zeit, sich »zusammenzuspüren«, bevor die individuelle Aufmerksamkeit ganz auf die Bühne gezogen wird. Widersprüchliches bewirkt eine milde Trance und ermöglicht so das Hineingehen in die Geschichte.

Viele mündliche Stoffe haben fantastische Schlüsse mit einem großen gedanklichen Sprung wie zum Beispiel: »Es wurde Hochzeit gefeiert. Ich war auch dort. Wein und Bier gab es in Fülle. Aber alles ist mir über den Bart gelaufen.«

Hiermit kann ein Erzähler schmunzelnd andeuten, dass er vor der nächsten Geschichte ein Bier spendiert bekommen möchte. In der rituellen Abschlusswendung spricht er oder sie »im Geschichtenton« weiter, begleitet aber sich und das Publikum aus der Geschichtenwelt hinaus und in die Wirklichkeit zurück.

Es kann an dieser Stelle auch ein starkes Symbol »aus dem Nichts daherkommen«. Eben haben wir noch von den Heldinnen, Helden und Geschehnissen in der Geschichtenwelt gehört und fließend, in fast der gleichen Stimmlage vernehmen wir, dass »drei Äpfel vom Himmel fielen, einer für die, die Euch eben so gut unterhalten hat, einer für die, die die Geschichte hier her mitgebracht hat und eine für die Tochter meiner Mutter.« Wieder geht es um den Lohn für die Erzählerin, aber dieses Mal hat das »Schlussgeschehen« eine symbolische Qualität. In Volksmärchen gibt es den »Apfel des Lebens«, an den geübte Märchenzuhörende sich bei diesen Schlussworten erinnert fühlen.

Ein solcher ritueller Schluss, der zwischen Märchenwelt und Realität vermittelt, führt das Publikum wieder ganz und gar aus der »inneren Reise« in seine eigene Wirklichkeit zurück – erfrischt und bereichert.

Traditionelle mündliche Stoffe erzählen oft von Resilienz und Erfolg. Und sie machen ihre jeweilige Hauptperson zum Zentrum der Welt. So wirken sie Frustration und Resignation entgegen. Anders gesagt: Sie bauen bei jenen, die sich mit den Märchenheldinnen und -helden identifizieren, Selbstvertrauen und Selbstwertgefühl auf. Geschichten haben in Zeiten, als es noch keine professionellen Coaches, Supervisoren und Beraterinnen gab, Entwicklungen begleitet, Krisen bewältigen geholfen und zu Perspektivenwechseln angeregt. Und das können sie noch heute.

Weil traditionelle mündliche Geschichten nicht nur in jenen Momenten erzählt werden, in denen alles gut ist, sondern auch in solchen, in denen leider nichts zu machen ist, bleiben sie nicht in Behaglichkeit stecken. Menschen im Luftschutzkeller erzählten Geschichten, während draußen die Bomben fielen und schöpften so Mut. Bedrohte Zivilisten, die sich während eines Militärregimes verstecken müssen, um überleben zu können, erzählen einander Geschichten, weil ihre Worte das Einzige sind, was sie stets in sich tragen. So rettete einmal eine Mutter ihre Kinder vor den Mudschaheddin, indem sie sie in den Schlaf erzählte und ihnen mit Geschichten Hoffnung einflößte. Es gab zur Zeit der nationalsozialistischen Gewaltherrschaft KZ-Häftlinge, die sich einander Mut machende Geschichten erzählten, Lieder sangen und Gedichte sprachen, um mit der Wortmagie dem unerträglich Hässlichen und Schrecklichen, dem sie ausgeliefert waren, etwas, das ganz anders ist, entgegenzusetzen: etwas Feines, Wohlgeformtes, Guttuendes, Schönes.

Geschichten wollen ernst genommen werden. Deshalb wenden sie sich existenziellen Fragen zu, äußern sich zu politischen Themen, überschreiten Tabus und zeigen Lebenswege.

Wenn sie uns zum Lachen bringen, bewirken sie auch damit Wertvolles. Sie erzeugen körperliches Wohlbefinden, fördern Zuversicht und soziale Bindung.

Märchen bieten ein reiches Spektrum an Perspektiven auf Wirklichkeiten und Lösungen. Sie erzählen vom Aufbrechen und Weitergehen, vom Nichtverzagen, vom intuitiven Handeln und Hilfeannehmen. Sie inszenieren überraschende Wendungen und führen weitere Möglichkeiten vor Augen. Sie zeigen Tricks, um Zwang, Ohnmacht und Armut zu entgehen, um zu Handlungsfreiheit, Entfaltung, Beziehung und Einfluss zu kommen. Sie laden ein, selbstständig und effektiv zu handeln. Sie treten unter anderem für sich selber ein, indem sie vom Erzählen erzählen. Dabei preisen sie ihre eigenen guten Seiten an und zeigen, was sie können.

Sie plädieren beredt für fairen Umgang mit anderen, Zielgerichtetheit, Ausdauer, Ehrlichkeit, Freundlichkeit und Lebensfreude. Sie erinnern Menschen an die Ressourcen, die in Geschichten wie Schätze geborgen liegen und auf die es immer wieder zurückzugreifen gilt. Und sie verraten, wie sie selbst anzuwenden sind, indem sie Wissenswertes über Erzählende und Zuhörende mitteilen.

Ist Ihnen bis zu diesem Punkt schon das eine oder andere Motiv aus Ihrem Leben wieder begegnet? Dann lade ich Sie ein, die folgenden Geschichten als Fundgrube zu verwenden und es hie und da mit dem Erzählen zu versuchen. Und wenn Sie das tun... Was entdecken Sie? Macht es Freude? Gelingt es? Was geschieht?

Falls Sie Einblick in eigene oder fremde trostlose Räume haben, wagen Sie es, erzählend der Poesie des Daseins Eintritt zu verschaffen. Eine geeignete Geschichte, die mündlich erzählt wird, kann Muster durchbrechen, Möglichkeiten aufzeigen, Mut machen und vieles mehr.

Wer dies liest und bereits erzählerfahren ist, ist eingeladen, weitere Aspekte zu den hier beschriebenen und aufgefächerten hinzuzufügen. Da ist bestimmt noch mehr...

Heldinnen und Helden

Warum kommen in dieser Sammlung von Erzählungen, in denen die Kulturhandlung »Erzählen« eine wesentliche Rolle spielt und die verschiedene Funktionen des Erzählens aufschlüsselt, so viele männliche und so wenige weibliche Hauptpersonen vor? Eine Frage der Zeit.

Wir schauen auf Jahrhunderte patriarchaler Ideologie zurück, die sich mit Macht in den Vordergrund gespielt hat. Es sieht aus, als würde diese Phase unserer Kultur ausklingen. Aber sie ist offensichtlich noch nicht ganz durch eine geeignete partnerschaftliche Denkweise abgelöst. Diese zu schaffen, erfordert viel Sorgfalt, Können und Entschiedenheit.

Wir sind in der Entwicklung der gesellschaftlichen Werte mitten in diesem Veränderungsprozess. Und unsere Position darin bringt es mit sich, dass ich als Erzählerin, die über dreißig Jahre in diesem Beruf arbeitet und die vorwiegend traditionelle mündliche Geschichten und ihnen Ähnliches im Repertoire hat, immer wieder meine Stoffe aus neunzig bis neunundneunzig Prozent Büchern mit vorwiegend oder ausschließlich männlichen Helden und einem langsam von einem auf zehn Prozent steigenden Anteil von Büchern mit Frauenmärchen und deren Heldinnen wähle. Dass Märchen aus Japan, Afrika, China, Bulgarien, Österreich usw. fast nur männliche Helden haben und zusätzlich Bücher erscheinen müssen, die »Märchen von starken Frauen« enthalten, spricht für sich. Als wären Frauen, die Protagonistinnen sind, Sonderfälle. Es war wirklich lange so und ist es nach wie vor in manchen Kulturen.

In einigen Ländern findet sich die Frauenkultur mit ihrer Reichhaltigkeit nicht im öffentlichen sondern im privaten Leben. Bis das Frauenwahlrecht auf dem ganzen europäischen Kontinent Fuß fassen konnte, war schon die Jahrtausendwende in Sicht. Mündliche Geschichten spiegeln die Gesellschaften, in denen sie leben. Und wir warten noch auf das weibliche Pendant zu Nasreddin Hodscha.

Unser Dasein in einer lang dauernden gesellschaftlichen Umorientierung hin zur Gender-Gleichwertigkeit bringt mit sich, dass wir als Erzählende traditioneller Stoffe Geduld brauchen. In Europa können die meisten Erzählenden nicht in eine lebende Erzählkultur hineinwachsen. Die meisten von uns finden ihre Stoffe in Büchern. Die Märchen wurden vor über hundert Jahren, als die hiesigen Erzählkulturen bereits erloschen waren, gesammelt und verschriftlicht. Oder sie stammen aus anderen Kulturen und brauchen daher den Umweg über die Schriftlichkeit, um für uns verfügbar zu sein. Unsere Arbeit ist es, die Bücher zu durchforsten, das herauszupicken, was uns anspricht und diesen Stoffen neues Leben einzuhauchen. Die Stoffe haben also eine Unterbrechung ihrer Mündlichkeit erlebt. Aber sie tragen auch viel Wissen um diese Mündlichkeit in sich, in der sie entstanden sind: Sie haben starke Bilder, eine Fülle von Themen, interessante Wendungen und sind durch und durch erzähltauglich. Das spricht für sie. Solche erprobten, gereiften Stoffe sind in großer Menge greifbar und vorhanden. Und es bleibt dabei: Nur wenige von ihnen zeigen starke, individuelle Frauengestalten. Fast alle stellen sie eine männliche Gestalt in den Vordergrund.

Erzählerinnen sind aktuell, so scheint mir, zumindest im deutschsprachigen Raum, im umgekehrten Verhältnis aktiv. Es leben viel mehr Frauen von und mit dem freien mündlichen Erzählen als Männer. Wenn nun diese Frauen den »homo narrans« für unsere Gesellschaft verkörpern und nach wie vor relativ viele männliche Hauptpersonen in unseren Geschichten vorkommen – bis auch die Erzählstoffe sich, organisch reifend, in ihrem eigenen Tempo verwandeln ... ist das dann ein Ausgleich?

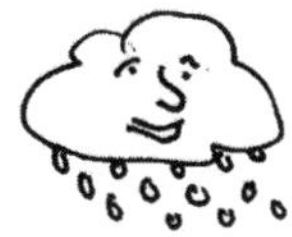

Kapitel 2

Gobale Geschichten, ursprünglich mündlich

Mit »globale Geschichten« sind traditionelle mündliche Geschichten gemeint: Volksmärchen (vom Zaubermärchen bis zum Schwank), Schöpfungsmythen, Fabeln, Legenden, Weisheits- und Lehrgeschichten. Ihr Wesenszug ist, in der Mündlichkeit und für die Mündlichkeit da zu sein. »Global« sind sie in mehrfacher Hinsicht: In verschiedensten Kulturen haben mündliche Geschichten und Erzählmotive gemeinsame Bilder und Inhalte. Sie haben so zu sagen eine weltweite geschwisterliche Ähnlichkeit. Es geht ja in ihnen auch oft um Geschwister und darum, wie sie zueinander stehen. Es geht um Lebenswege, Entscheidungen, Prüfungen und Erfolge. Es geht um die Nachfolge in Machtpositionen, um deren gute Handhabung, um Bezug zur Natur, um die Entstehung der Welt, um Dilemmata und Paradoxien, um Zwickmühlen, List, Tüchtigkeit und das Meistern entscheidender Momente. Es geht um ethische Haltungen, um Respekt und Freundlichkeit.

Rätsel und Missverständnisse kommen vor und Fragliches wird ausagiert. So ist ein häufiges globales Erzählmuster, dass eine Person, die »es richtig macht« und eine, die »es falsch macht« in die gleiche Situation kommen und beide die unterschiedlichen Früchte ihres Handelns zu schmecken bekommen.

Wir dürfen Zaungäste sein, dürfen zusehen und alles miterleben, ohne »uns die Finger schmutzig zu machen«. Aber unsere Spiegelneuronen werden aktiv und es ist, »als hätten wir es selbst erlebt«. Wir haben, wohl vorbereitet, die Wahl, wie wir uns verhalten wollen. Diese Wirkung kann eine abstrakte, theoretische Mitteilung nicht erreichen. Das mündliche Erzählen hat sie mit dem Theater und Lesen schriftlicher Erzählungen gemeinsam.

Es gibt viele Erzählstoffe, die einander über längere Zeit hinweg und an vielen Orten ähnlich sind. Einige von ihnen sind unter einem Titel bekannt und variieren ihre Erzählweise. Einige sind »Wanderlegenden«, die in verschiedensten Kontexten neu inszeniert werden, aber eine zentrale Wendung haben, die wiedererkennbar bleibt. Sie fügen sich in verschiedenste Rahmenhandlungen ein, erzeugen Anklänge, werden variiert und verlocken immer wieder zum Erzählen. Warum? Weil sie in mündlichen Erzählsituationen wirklich gut »funktionieren«.

»Globale Geschichten« haben also ein die ganze Menschenwelt durchdringendes Repertoire von Fähigkeiten, Themen, Haltungen und Motiven. Und sie sind noch in einem anderen Sinne global: Sie treffen erkenntnisorientierte Aussagen. Sie bringen Allgemeinmenschliches auf den Punkt und in den Raum. Unterschiede des Menschlichen werden überbrückt und unterlaufen. Was hier geschieht, ist so »urig«, so archaisch und so human, dass ihm ein besonderer kultureller Wert zugeschrieben werden kann. Darüber wird in »Homo Narrans« und anderswo noch zu erzählen sein.

Wenn mündliche Geschichten vom Erzählen erzählen, ist dies ein Eintreten ins Philosophieren, ins Hinterfragen des eigenen Tuns und Denkens.

Wer eine Erzählgemeinschaft erlebt, wer in Geschichten hinein auf innere Reisen geht, und auf der inneren Reise eine Erzählsituation erkennt, schaut zugleich »von oben« auf das eigene momentane Tun hinab. Die Wahrnehmung verdoppelt sich in gewisser Weise. Das ist ein überraschender Nervenkitzel. Das ist ein kluges gedankliches Spiel, bei dem das Denken mehrdimensional wird. Es ist ein Spiel, aus dem Weisheit entstehen kann.

Es ist auch eine strategische Handlung, da diese Zusatz-Perspektive ein Instrument des Planens und Konzipierens werden kann.

Das »Spiel« des mehrdimensionalen Denkens und des gleichzeitigen Wahrnehmens von innen und von oben hat poetische und ethische Anteile. Der Raum des Gestaltens und Entscheidens der Kulturschaffenden und Kulturerlebenden weitet sich dabei und gewinnt Potenzial.

Sowohl die Erzählenden als auch die Zuhörenden schaffen beim freien mündlichen Erzählen »Kultur«. Sie sind alle gleichermaßen am Entstehen und Gelingen der Erzählgemeinschaft beteiligt. Sie alle verbinden Worte, deren Klänge und Bedeutungen aktiv zu vorgestellten Bildern. Sie tun dies aktiv, eigenständig und individuell.

Jede und jeder der Erzählkultur-Schaffenden stellt sich aufgrund von Worten und deren Bedeutungen individuelle Bilder und Inhalte vor.

Diese Bilder, Gestalten und Geschehnisse, die Schicksalskräfte und Qualitäten, die Muster und Motive der Geschichtenwelt werden nach dem Erzählereignis zum Teil der persönlichen Denklandschaften. Einerseits ist das Erleben der erzählten Geschichte etwas Gemeinsames. Andererseits wird in jeder beteiligten Denklandschaft aus dem persönlichen Erleben etwas ganz Intimes, etwas Eigenes: ein individuelles Werk.

Deshalb kann es geschehen, dass Menschen, die vor fünfzehn Jahren ein Märchen von mir gehört haben, einige Bilder daraus bei einer zufälligen Begegnung nach so langer Zeit lebendig »zurückerzählen«, als wäre es gestern gewesen.

Das, woran sich diese Zuhörenden erinnern, ist oft ganz anders als mein Narrativ und zugleich ähnelt es ihm auf poetische, in sich stimmige Weise so sehr, dass ich es wiedererkenne.

Die im Folgenden erzählten globalen Geschichten sind durch einen »roten Faden« verbunden. Sie bilden einen gemeinsamen Spannungsbogen, der auf dem Beleuchten verschiedener Potenziale des Erzählens als kulturelle Handlung aufbaut. Am Ende dieses Buchteiles, im Kapitel »Im Zeitraffer erzählt«, wird dieser Gedanke verdichtet.

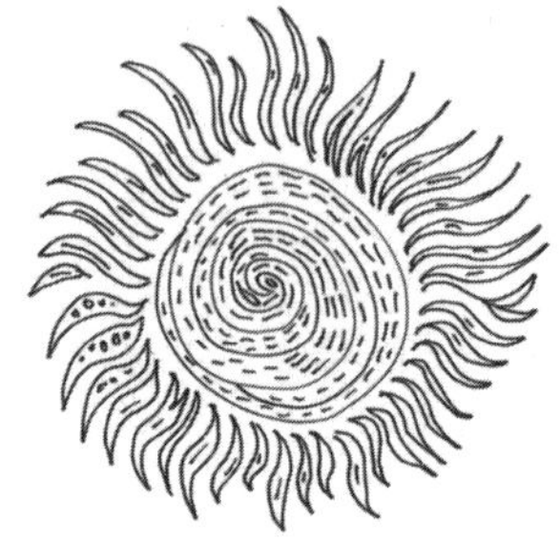

Unsere Sonne

Vor langer, langer, sehr, sehr langer Zeit, damals als die Welt noch jung war, herrschte im Universum völlige Finsternis. Es gab aber schon die Göttinnen und Götter. Und die fanden das endlose Dunkel allzu eintönig. Sie hatten Sehnsucht nach etwas, das ganz anders ist als die Finsternis. Also erfanden sie das Licht. Sie formten eine Menge Sonnen, stellten sich vor, dass diese sich überall im Universum verteilen würden, um Helligkeit und Wärme zu verbreiten, und waren von ihrer Idee entzückt.

Aber die Sonnen, einmal ins Dasein gekommen, trafen sich an einem Ort, sangen, tanzten und erzählten einander Geschichten. Sie freuten sich jubelnd und strahlend ihrer gegenseitigen Gesellschaft und hatten offensichtlich nichts anderes vor.

Die Göttinnen und Götter waren enttäuscht, empört und ratlos, aber die Götterbotin verkündete, sie habe eine Idee. Sie versprach zu helfen und spreizte schon die Flügel, um ihren Plan in die Tat umzusetzen.

Sie reiste weit durch das Universum, gelangte dort hin, wo die Sonnen weilten, trat mitten in ihre Runde und fragte, ob sie eine neue Geschichte hören wollten.

»Ja«, riefen die Sonnen und waren ganz Ohr.

Sie hatten nämlich inzwischen den eigenen Erzählstoff aufgebraucht, die Geschichten, die sie kannten, wieder und wieder erzählt, die Tänze wieder und wieder getanzt und die Lieder wieder und wieder gesungen.

Eine neue Geschichte, das klang gut!

»Vor langer, langer, gar nicht langer Zeit…«, so begann die Götterbotin, »lebten in einem finsteren Winkel des Universums Wesen mit zwei Beinen, zwei Armen, zwei Augen, zwei Ohren, einem Mund und mit etwas Fell auf dem Kopf. Diese Wesen stießen sich immer wieder an Steinen, Bäumen und allem, was es in ihrer Welt gab. Sie stolperten über Wurzeln und Steine. Sie froren in einem fort und klagten, weil sie voller Wunden und blauer Flecke waren. Es war ein trostloses Dasein…«

Da wurde die Götterbotin von der entsetzten Stimme einer sehr kleinen Sonne unterbrochen: »Das ist ja schrecklich! Kann man denn nichts tun, damit das besser wird?«

Die Götterbotin verkniff sich ein Schmunzeln, denn es geschah genau das, was sie erhofft hatte.

»Jemand mit viel eigenem Licht«, antwortete sie ihrer Zuhörerin, »müsste sich auf den Weg in jenen finsteren Winkel des Universums machen. Ich kann genau beschreiben, wo das ist. Wenn jemand mit viel eigenem Licht den Weg dorthin wagt und sich einfach nur dort aufhält.«

Die Götterbotin machte eine Kunstpause, spürte, wie insbesondere diese eine Zuhörerin an ihren Lippen hing und erzählte dann weiter: »… dann können die Wesen, die bisher so schrecklich gefroren haben, sich im Licht dieses freundlichen, hellen Wesens sonnen und alles wird gut.«

Die kleine Sonne begriff sofort. Das Herz wurde ihr schwer, aber zugleich wurde sie mutig und abenteuerlustig. Sie nahm Abschied von den anderen Sonnen, reiste weit hin durch die große Dunkelheit und gelangte in jenen Winkel des Universums, den die Götterbotin inzwischen genau beschrieben hatte. Dort kreist die einfühlsamste aller Sonnen seitdem und verströmt ihr Licht.

Seitdem haben die Wesen, von denen die Götterbotin erzählt hat, jene Wesen mit den zwei Beinen, zwei Armen, zwei Augen, zwei Ohren, dem einen Mund und dem bisschen Fell auf dem Kopf, ein glückliches Leben. Sie sehen die Welt, ihre Vielfalt und einander. Sie stoßen sich nur noch ganz selten und stolpern kaum mehr. Oft ist es ihnen wohlig warm.

Die mutige, beherzte, liebe Sonne, die sich auf den Weg gemacht hat, um der Geschichte zu einem guten Ende zu verhelfen und der jene Lebewesen ihr gutes Leben verdanken, das ist unsere Sonne.

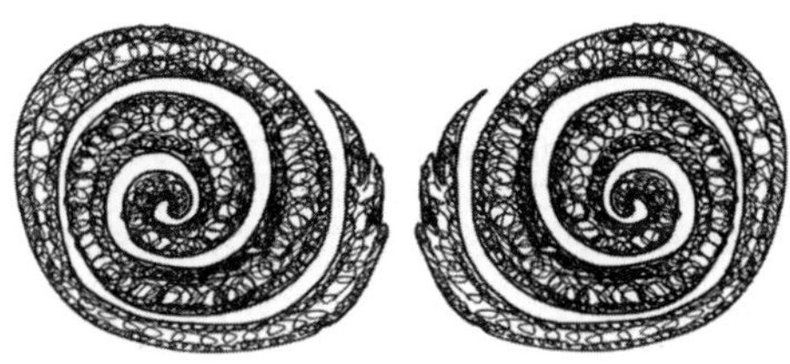

Weggefährtinnen mit Ideen

Es war einmal, es war keinmal ... vor langer, langer – gar nicht langer Zeit, damals, als es die Zeit noch nicht gab…

Da ging eine armselige, aber aufrechte Gestalt die staubige Landstraße entlang. Wer ihr nahe genug gekommen wäre, hätte ein trockenes, leises Seufzen vernehmen können. Die Wandernde kam gut voran, obwohl ihre Schritte schwach und mühsam wirkten.

An einer Kreuzung begegnete ihr eine andere Gestalt, bunt gekleidet, tänzelnd und heiteren Schrittes.

Die beiden begrüßten einander, wählten die gleiche Richtung und gingen Seite an Seite ihres Weges.

»Wie heißt du?«, fragte die bunte Gestalt.

»Wahrheit ist mein Name«, antwortete ihre Weggefährtin. »Und wer bist du?«

»Ich werde Märchen genannt.«

»Von dir habe ich schon gehört!«, riefen die zwei im gleichen Moment.

Beide Stimmen klangen dabei etwas betreten.

»Die Leute sagen, mit dir sei nicht gut Kirschen essen«, sagte das Märchen verlegen. »Sie sagen, du, liebe Wahrheit, wärst streng und die Begegnung mit dir täte weh.«

»Und von dir, liebes Märchen, sagen sie, du würdest Lügen verbreiten und jedem ein X für ein U verkaufen.«

»Ja, oft höre ich jemand meinen Namen statt des Wortes Lüge verwenden. Das tut so weh.«

Sie seufzten und gingen eine Weile still nebeneinander her.

»Ich möchte mich so gerne einmal richtig willkommen fühlen«, flüsterte die Wahrheit.

»Und ich möchte ernst genommen werden, auch wenn ich leicht und heiter daherkomme. Auch wenn das Erzählen und Zuhören wohltut und vergnüglich ist. Das, was stimmt, muss ja nicht grau und düster sein. Es kann licht und leicht sein. Es kann voller Sinn und Bedeutung sein«, schwärmte das Märchen.

Wieder gingen sie eine Weile schweigend weiter.

Kirschbäume blühten. Die Wiesen zeigten ihr erstes Grün.

Sonnenschein vertrieb die Morgenkälte.

»Was wäre, wenn du – wie ich – schöne, bunte Kleider anziehst?«, fragte das Märchen.

Aus seinem kleinen Rucksack holte es, als wäre er bodenlos, eine Fülle verschiedenster Gewänder hervor und breitete sie aus. Die Wahrheit sah sich die Farben und Formen an, wählte einige aus, probierte sie an und entschied sich für ein Leinenkleid in einer kräftigen, aber edlen Farbe, für eine feine Kappe und einen Mantel, der auf der Wanderschaft gute Dienste leisten würde.

»Schön«, stimmte das Märchen zu. »So wirst du gutes Ansehen genießen.«

Das Märchen verstaute die übrigen Gewänder wieder und sie gingen weiter, bis die Wahrheit innehielt und sprach: »Ich finde, es soll ein Ende haben, dass du verspottet und schlecht gemacht wirst. Was wäre, wenn ich dir beistehe? Auch wenn die meisten Menschen vorerst Angst vor mir haben, wollen sie mir doch die Ehre geben. Wenn ich bei dir bin, werden sie dich nicht mehr mit der Lüge verwechseln. Sie werden deine bildliche Sprache verstehen lernen, erkennen, dass du dich auf deine besondere Weise ausdrückst und dass das Sinn hat. Dann werden sie dich verstehen und viel dabei gewinnen.«

Beide fassten Mut. Sie schmunzelten einander zu, machten sich wieder auf den Weg und fanden Menschen, die sie beide, das Märchen und die Wahrheit, hören und erzählen wollen. Seitdem sind die beiden ein Herz und eine Seele. Zusammen sind sie unterwegs. Sie kehren ein, wo sie willkommen sind. Als Gastgeschenke bringen sie heitere Weisheit, liebevolle Einsichten und gute Stunden.

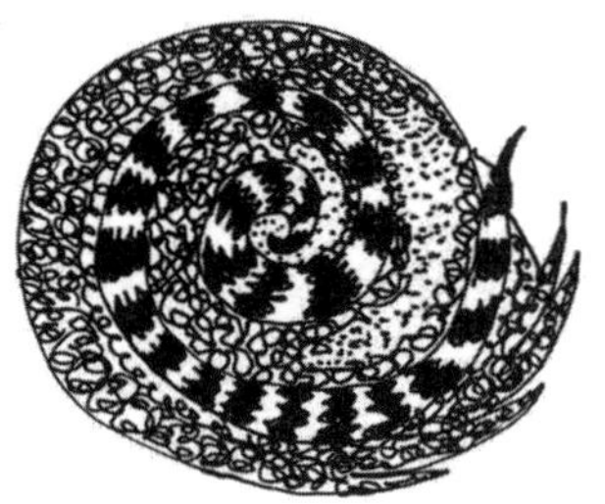

Wenigstens davon erzählen

Vor langer, langer, sehr, sehr langer Zeit kannten die Menschen ein Ritual, das nur zu ganz bestimmten Zeiten auszuführen war und große Heilkraft hatte.

Sie suchten einen ganz besonderen, verborgenen Ort auf einem hohen, bewaldeten Berg auf. Sie hatten die Worte, die für das Ritual vorgesehen waren, gelernt. Jede und jeder von ihnen wusste, was zu tun und zu sagen war und wann der richtige Augenblick dafür war. Sie hatten genau die richtigen Gefäße, Kräuter, Samen und Früchte dabei, um sich vor dem Ritual zu reinigen, während des Geschehens Opfergaben zu bereiten und zum Schluss die gerufenen Geister und Kräfte zu verabschieden.

Sie alle waren von der heilenden Wirkung des Rituals überrascht und beglückt.

Dreißig Jahre später war von den Menschen, die damals dabei gewesen waren, nur noch eine Frau vor Ort. Sie wusste noch, welche Worte beim Ritual zu sprechen waren, wer es wann tun musste und welche Dinge gebraucht wurden, aber sie konnte den ganz besonderen Ort, der vorgesehen gewesen war, nicht mehr finden.

Sie führte die Handlungen in Hoffnung und Vertrauen gemeinsam mit den Menschen, die jetzt da waren, aus. Miteinander sprachen sie an einem sorgfältig gewählten neuen Ort die weisen Worte. Und auch sie erlebten die wundersame, heilende Wirkung.

Es vergingen wieder dreißig Jahre. Von den Menschen, die beim vorigen Mal dabei gewesen waren, war nur noch einer da. Er erinnerte sich an die wunderbare Wirkung des Rituals und überzeugte einige Menschen, die da waren, es mit ihm auszuführen. Er wusste nicht mehr, welche Dinge genau erforderlich waren, aber er kannte die Worte noch, die dazugehörten.

In Hoffnung und Vertrauen führten sie das Ritual aus und es wirkte so wohltuend und heilsam, dass sie erstaunt und beglückt waren.

Nach abermals dreißig Jahren war wieder nur eine da, die beim vorigen Mal dabei gewesen war. Sie kannte den Ort nicht mehr, wusste nicht mehr, welche Handlungen mit welchen Gegenständen auszuführen waren und welche Worte es dabei zu sprechen galt.

Aber sie versammelte eine Runde um sich und erzählte von dem Ritual. Und auch auf diese Weise entfaltete sich die wunderbare, heilende, beglückende Wirkung.

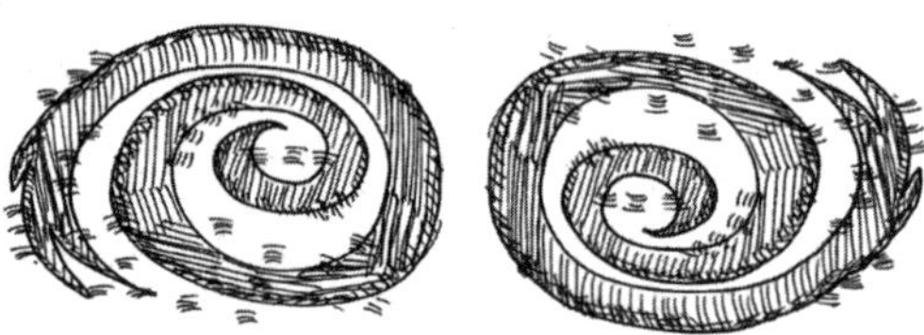

Familientradition

Es war einmal ein Hutmacher, der sein Handwerk verstand. Seine Hüte waren so gut, schön und haltbar, dass in dem Tal, in dem er mit seiner Familie lebte, bald niemand mehr einen Hut zu erwerben brauchte, weil einer davon fürs ganze Leben genügte.

Also begann der Hutmacher, über die nahen Gebirgspässe in die umliegenden Täler zu wandern, um Käufer und Käuferinnen zu finden. Seine Handelsware trug er unterwegs behutsam in den Händen.

Eines Tages war er wieder einmal auf der Wanderschaft.

Der Weg ins andere Tal war weit. Es gab keine Herberge, kein bewohntes Haus, keine Tür, an die er hätte anklopfen können. Also setzte der Hutmacher sich am Abend unter einen Baum, um hier die Nacht zu verbringen.

Aber wohin mit seiner Handelsware? Wenn sie schmutzig geworden wäre, hätte er viel Arbeit verschwendet und den Weg umsonst gemacht. Er überlegte kurz, stapelte dann das ganze Dutzend Hüte aufeinander, nahm sie auf den Kopf, lehnte sich sitzend an den Baumstamm und fiel in leichten, aber erfrischenden Schlaf.

Als er am nächsten Morgen früh erwachte, griff er nach den Hüten, fand aber zu seinem Schreck nur noch einen an seinem Platz.

Er schaute sich um und sah elf Affen in den Zweigen der nahen Bäume sitzen.

Jeder von ihnen trug stolz einen Hut auf dem Kopf.

Der Hutmacher sprang auf und rang die Hände.

Die Affen taten es ihm nach.

Dass die Nachahmung so spöttisch wirkte, brachte den Hutmacher zur Verzweiflung. Drohend erhob er die Fäuste. Auch das bekam er elffach zurück.

Vor Wut und Empörung packte er den einen ihm verbliebenen Hut und pfefferte ihn auf den Boden. Die Affen taten ihm auch dies nach.

Der Mensch hielt inne, schaute sich um, atmete tief durch und sammelte, bevor seine Gegenspieler sich besinnen konnten, alle Hüte wieder ein.

Geputzt und entstaubt verkaufte er sie und ging mit dem Erlös erleichtert nach Hause. Nun hatte er etwas zu erzählen. Und das nützte er weidlich aus. Es gibt ja Menschen, die ein eigenes Erlebnis wieder und wieder zum Besten geben und während die eigenen Angehörigen die Wiederholung und Entwicklung der Geschichte mit immer größerem Seufzen begrüßen, finden neue Bekannte sie vergnüglich.

Ich, die Erzählerin dieser Geschichten, kann hier aus eigener Erfahrung sprechen. Mein Vater war ein »Familien-Erzähler«, wie eben beschrieben. Er war blauäugig, allerdings nicht im übertragenen, sondern nur im tatsächlichen Sinn. Außerdem war er -zumindest in seinen späteren Jahren, aus denen ich ihn in Erinnerung habe- fast völlig glatzköpfig bis auf einen Kranz Haarflaum von Ohr zu Ohr. Und dies war eine seiner Geschichten: Auf einer China-Reise erlebte er, wie die dortigen Kinder, die natürlich alle selbst dunkelhaarig und dunkeläugig waren, immer wieder lachend und schwatzend hinter seinen Rücken rannten. Er fragte seinen Übersetzer und Guide, was die Kinder denn hätten.

»Sie versuchen, herauszufinden, wo die blauen Augen eingeschraubt sind«, war die Antwort.

Mein Vater, Arzt von Beruf, fand das erzählenswert, vielleicht wegen des durchklingenden Körper-Konzepts und sicher weil er Humor hatte, auch wenn er »Ernst« mit Vornamen hieß…

Ich stelle mir vor, dass der Hutmacher seiner Familie die »Affen-Geschichte« immer wieder erzählte, ähnlich wie mein Vater die »Blaue-Augen-Erzählung« wiederholt und dabei entwickelt hat.

Gäste genossen die Geschichte, weil sie mit der Zeit rund erzählt war, wie ein Kiesel im Fluss. Aber Frau und Kinder solcher Erzähler brauchen Geduld und Freundlichkeit.

Als des Hutmachers Kinder erwachsen waren, da wanderte der älteste Sohn, wie damals sein Vater, mit einem Dutzend Hüte, die er verkaufen wollte, über den Gebirgspass. Noch immer gab es keine Herberge auf dem Weg, also machte er es wie damals sein Vater, stapelte die Hüte auf einander, setzte sie sich auf den Kopf und schlief an den Baumstamm gelehnt ein. Das zu tun erschien ihm selbstverständlich, hatte er es doch immer wieder in Vaters Geschichte gehört.

Er war nicht sehr überrascht, als er am nächsten Morgen nur noch einen Hut auf dem Kopf hatte, in die umgebenden Bäume schaute und elf Affengesichter unter ebenso vielen Hüten sah. Wie er es aus Vaters Geschichte kannte, griff er, die Affen einen nach dem anderen anblickend, nach dem verbliebenen Hut und warf ihn auf den Boden.

Die Affen saßen unerwartet still. Der Jüngling staunte.

»Wie blöde diese Affen sind«, dachte er sich. »Sie äffen mich nicht einmal nach. Das müssten sie doch schaffen!«

Er seufzte, hob den Hut auf und machte eine große Geste, mit der er neuerlich den Hut zu Boden warf. Dann schaute er erwartungsvoll in elf Affengesichter. Diese hielten seinem Blick regungslos stand. Er meinte, etwas wie ein Schmunzeln in ihren Gesichtern zu erkennen, und rieb sich verwundert die Augen.

Noch einmal hob er den Hut auf und warf ihn mit überdeutlichem Schwung zu Boden. Da beugte sich einer der Affen hinunter und sagte:

»Du glaubst wohl nicht, dass nur in Menschen-Familien Geschichten erzählt werden?«

Dschinroku

Es war einmal ein junger Bursche, der hatte zwei ältere Brüder, die, genau wie ihr Vater, wie Bauern dachten und fühlten. Dieser jüngste aber, Dschinroku mit Namen, war von ganz anderer Art. Er hatte nichts als Geschichten im Kopf.

Meist tat er zwar, was ihm aufgetragen wurde, aber wenn einmal im Jahr die Theatertruppe ins Dorf kam und in dem nahen ausgetrockneten Flussbett ihr Stück probte, war Dschinroku jeden Augenblick des Tages dort, um so viel wie möglich von der dort gespielten Geschichte zu erfahren. Wenn dann das Stück aufgeführt wurde, konnte es geschehen, dass im Haus von Dschinrokus Familie plötzlich eine kupferne Pfanne oder ein geschnitzter Rührlöffel fehlten. Wo war das gute Stück geblieben? Es stellte sich heraus, dass der geschichtenhungrige Jüngste es verkauft hatte, um sich den Eintritt zur Theateraufführung leisten zu können.

Wir können uns vorstellen, wie schlecht das bei seinen Eltern und Brüdern ankam.

Natürlich hatte er längst seine Familie, seine Verwandtschaft und alle Bewohner des Dorfes und der umliegenden Gehöfte nach Geschichten, die sie kannten, befragt und sich etwas erzählen lassen, wann immer jemand dazu bereit gewesen war.

Geschichten lauschen und sie sich merken konnte Dschinroku wirklich gut, aber er hatte noch nie selbst eine Geschichte erzählt. Das wollte und wollte ihm nicht gelingen.

Die drei Bauernsöhne wuchsen heran und es kam der Tag, da rief der Vater sie alle drei zu sich, gab ihnen den Auftrag, hinaus in die Welt zu gehen und Erfahrungen zu sammeln, da sie nun erwachsen würden und einer von ihnen eines Tages der Bauer auf diesem Anwesen sein solle. Dafür müssten sie doch einmal in die Welt hinaus gegangen sein und ihren Horizont erweitert haben. Man müsse, um einen Hof erfolgreich zu betreuen, mehr können und mehr verstehen, als nur zu tun, was der Vater einem sagt. So weise war der Bauer. Er gab jedem seiner Söhne drei Silberstücke aus seiner großen Truhe und schickte sie mit seinem Segen auf den Weg.

Da gingen sie nun vorerst zu dritt. Die beiden älteren voraus, Dschinroku in Geschichten-Gedanken hinterher.

Die beiden älteren Brüder steckten die Köpfe zusammen und berieten, wie sie Dschinroku, der nur ein Hindernis sei, loswerden könnten.

Sie hatten dazu bald eine Idee.

Als es Abend wurde, machten die drei Brüder sich ein Feuer am Wegesrand und legten sich um das Feuer herum zum Schlafen hin.

Kurz danach, sobald der jüngste leise schnarchte, standen die älteren Brüder, die sich nur schlafend gestellt hatten, wie vereinbart auf und schlichen sich davon.

Dass Dschinroku, als er am nächsten Morgen noch mit geschlossenen Augen da lag, dennoch zwei Stimmen neben sich hörte und zudem einen guten Suppenduft roch, verwunderte ihn weniger als es uns verwundert, die wir mehr wissen als er.

Zwei wandernde Bettler hatten das Lager mit Dschinroku geteilt und als er ganz aufgewacht war und sich aufgerichtet hatte, reichten sie ihm eine Schüssel Suppe.

»Wir sahen dich ganz allein am Wegesrand am Feuer schlafen und waren in Sorge, dass wilde Tiere oder Räuber dir Schaden antun könnten. Da sind wir bei dir geblieben, haben abwechselnd Wache gehalten und dachten uns, dass du jetzt auch Hunger haben könntest. Einen gesegneten Schlummer hast du, junger Freund!«

Dschinroku staunte, dankte und aß.

Dann griff er in seine Tasche und reichte jedem seiner Wohltäter ein Silberstück.

»Seht nur«, sagte er. »Wir sind drei und ich habe auch drei Silberstücke. Da soll jeder von uns eines haben.«

Fassungslos hielt jeder Bettler ein ganzes Silberstück in der Hand, das so viel wert war, dass sie beide ihr Leben lang nie mehr würden Hunger leiden müssen.

Da griff der eine Bettler in die Tasche, holte eine Nähnadel hervor und reichte sie Dschinroku. Der andere Bettler gab ihm einen Faden. »Mit dieser Nadel kannst du alles durchstechen, was du willst, wenn du es ihr nur sagst«, erklärte der eine.

»Und dieser Faden wird, wenn du es brauchst, so lang, dass du alles, was du willst, auf ihn auffädeln kannst«, ergänzte der andere.

Dann nahmen die drei in aller Freundlichkeit Abschied von einander und gingen ihrer Wege.

Dschinroku war einige Tage dahin gewandert, da begegnete er einem Mann, der einen Sack über der Schulter trug. Sie wurden Weggefährten, sprachen über dies und jenes und bald meinte der andere: »Du siehst aus wie jemand, der gute Geschichten kennt. Erzähl mir eine, um uns den Weg vergnüglicher zu machen!«

»Du hast schon recht, viele Geschichten kenne ich, aber erzählen kann ich sie nicht«, gestand Dschinroku.

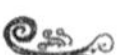

»Dann hast du in mir genau den Richtigen getroffen«, erklärte der andere. »Ich bin ein Geschichtenhändler und wenn du von mir einen Stoff erwirbst, wirst du ihn auch erzählen können, denn so ist meine Ware beschaffen.«

Er schaute Dschinroku eingehend an.

»Ach, ich weiß schon. Ich habe genau den richtigen Erzählstoff für dich. Der wird dir passen wie angegossen. Du wirst sehen…«

Und der Geschichtenhändler schmunzelte zufrieden.

»Aber was wird das kosten?«, fragte unser Held.

»Günstig! Eine Gelegenheit… Nur ein Silberstück«, verkündete der Händler in wohlwollendem Ton.

Dschinroku wendete seine eine Münze in der Tasche und drehte sie zwischen den Fingern. Dann griff er beherzt zu und reichte sie dem Geschichten-Verkäufer.

Dieser nahm sie, musterte sie mit dem Blick und ließ sie in seinem Geldbeutel verschwinden.

Dann lockerte er die Schnur, die seinen Sack verschloss. Er setzte die Öffnung erst an Dschinrokus einem Ohr und dann an das andere.

In Dschinrokus Gehör begann es zu sausen und zu brausen, zu plitschern und plätschern, zu brummen und summen, bis es leiser wurde und zu guter Letzt still.

Dschinroku war benommen und in Gedanken. An der nächsten Weggabelung gingen die Gefährten in verschiedene Richtungen weiter und Dschinroku war so beschäftigt mit dem Kribbeln und Wirbeln, das ihn bis in die Finger-und Zehenspitzen erfüllte, dass er kaum merkte, wie er Abschiedsworte sagte.

Er wanderte, während die gekaufte Geschichte sich in jedem Winkel seines Körpers einrichtete, weiter, durch Täler, über Berge, über Brücken und Stege, durch Wälder, Wiesen und Felder und gelangte in eine Stadt.

Dort wurde überall davon gesprochen, dass der Herrscher der Stadt eine hohe Belohnung für jenen ausgesetzt habe, der ihm eine wirklich wahre und sehr, sehr lange Geschichte erzählen könne. Sie müsse so lang sein, wie seine, des Herrschers, Macht groß sei.

»Oha«, denkt sich nun jede, die klug und vorsichtig ist: »Wenn ein Mächtiger so etwas sagt, gilt es hellhörig zu sein. Dieser Herrscher will bestätigt wissen, dass seine Macht unermesslich ist. Nur wer eine unendliche Geschichte kennen würde, könnte es wagen, sich um diesen Lohn zu bewerben, sonst ist's wahrscheinlicher, dass er der Majestätsbeleidigung bezichtigt wird und sein einziger Lohn ist, dass er zur Warnung für alle, die den Herrscher nach dessen Ansicht nicht genug schätzen, um einen Kopf kürzer gemacht wird.«

Dschinroku war klug, aber er brannte darauf, die wunderbare Geschichte, die von ihm Besitz genommen hatte, an geeignetem

Ort zu erproben, und diese Herausforderung erschien ihm wie für ihn und seinen neuen Erzählstoff gemacht.

Er eilte also zum Palast, wurde vorgelassen und der Herrscher ließ seine Familie und den Hofstaat zusammenrufen, um zu erleben, was für eine Geschichte da auf zwei Beinen kühn daherkam.

Der Palast war riesig, prächtig und weitläufig. Schon durch diese Gänge und Hallen zu gehen erschien Dschinroku die Gefahr, in der er war, zu lohnen.

Und nun gelangte er in einen Saal, der einen schönen Blick in den Garten gewährte, wo sich blühende Sträucher, seltene Bäume, köstlich duftende Blumen und Springbrunnen ausbreiteten, weiter als das Auge reichte. Im Saal waren der Herrscher, seine Angehörigen und der Hofstaat versammelt.

Dschinroku begann zu erzählen. Das erschien ihm auf einmal als das Natürlichste der Welt. Als er nach den einleitenden Worten einen Moment innehielt, um eine Kunstpause zu machen, beglückwünschte er sich zu seinem Kauf.

Die Geschichte, die ihn durch und durch, ganz und gar, mit Haut und Haar erfüllte, war die von einem großmächtigen Eichenbaum, dessen Baumstamm rundherum dreiunddreißig Armeslängen maß.

»Halt«, rief der Herrscher. »Hauptsache, die Geschichte entspricht ganz und gar der Wirklichkeit! Wie beweist du, dass der Stamm genau diesen Umfang hatte?«

Schon schaute der Henker - sinnbildlich gesprochen - in die Szene hinein.

Aber Dschinrokus Geschichte enthielt auch für solche Fälle Stoff. Der frischgebackene Erzähler beschrieb, ohne zu zögern, wie und wann die Elite-Truppe der Wachen des Herrschers, in dessen Land der wundersame Eichenbaum wuchs, ausgerückt sei, um den Baumstamm mit den versammelten starken Armen zu messen. Er nannte die Chronik, in der dies zu überprüfen sei und die Bibliothek, in der die Chronik aufbewahrt sei. Er wusste sogar den Namen des Bibliothekars, den man um Erlaubnis fragen müsse, um Einsicht in die Chronik zu nehmen und auf welcher Seite der Chronik dieses Wissen zu finden sei.

Der Herrscher ließ all diese Zahlen und Daten aufschreiben, um sie überprüfen zu können, aber er und sein Hofstaat waren viel zu gespannt, wie die Erzählung weitergehen würde, als dass sie auf die tatsächliche Überprüfung hätten warten wollen.

Und so durfte Dschinroku weiter sprechen.

»Die Krone jenes urmächtigen Eichenbaumes«, so erzählte er, »erstreckte sich über dreitausenddreihundertdreiundreißig Schritt. Sie war prächtig und wunderschön. Durch das dichte Laub funkelte nur an manchen Stellen die Sonne und der Baum spendete den erfrischendsten Schatten, den man sich nur wünschen kann.«

»Warte!«, unterbrach ihn die älteste Tochter des Herrschers –und der Vater nickte ihr wohlwollend zu- »Wie beweist du, dass die Krone des Eichenbaumes genau dreitausenddreihundertdreiunddreißig Schritt weit war?«

Dschinroku erklärte, welche angrenzenden Reiche durch die ausgedehnte Eichenbaumkrone berührt würden und welche Herrscher in diesen Reichen die Macht hätten. Er begann, die Generationenfolge und Gesetzestexte dieser Herrscherhäuser zu rezitieren, und wusste zu sagen, welche Hofgelehrten die Ausmaße der Eichenbaumkrone wann gemessen hätten, wo diese Maße verzeichnet und verbürgt seien und noch allerlei. Ich weiß es nicht und kann es Euch deshalb nicht erzählen, aber Dschinroku wusste es bis aufs i-Tüpfelchen.

Er breitete dieses Wissen aus und erwiderte dabei die angeregten Blicke der Herrscherstochter, die die Frage gestellt hatte, bis in den Reihen der Zuhörenden eine gewisse Ungeduld zu spüren war und eine mutige Zofe rief: »Schon gut, und wie geht es weiter mit dem wunderprächtigen Eichenbaum?«

Dschinroku, in dieser seiner ersten Erzählerfahrung wohlig wie ein Fisch in gutem Wasser, lächelte, hielt noch einmal kurz inne und fuhr dann mit der Geschichte fort: »In der weiten Krone des wunderbaren Eichenbaumes wuchsen dreimillonendreihundertdreiunddreißigtausenddreihundertdreiunddreißig Eicheln. Eine davon löste sich und fiel ins Meer, wo ein großer Wal sie verschluckte. In seinem

Magen keimte es und aus der Eichel wuchs ein neuer Baum, der das Innere des Wales, indem er wuchs und wuchs, immer höher ausdehnte. Der Wal hatte nicht nur die Eichel verschluckt, sondern auch Menschen und Tiere, die unter dem Schirm der Eichenkrone ein glückliches und erfülltes Leben verbrachten. Da waren Rehe, Hirsche, Hasen, Fasane, Pfauen, Kühe, Ziegen, Schafe, Schweine, deren Zahl und Namen ich Euch nennen könnte…«

Hier warf Dschinroku einen fragenden Blick ins Publikum, sah ihre Erwartung und fuhr fort: »Eine andere Eichel fiel in den Hof eines Klosters, wo ein Mönch sie aufhob. Er war sehr kunstfertig und geschickt. Mit einem winzig kleinen Messer schnitzte er aus der Eichel während seiner Gebete einen ganzen Palast mit Gängen, Fluren und Fenstern, mit Kuppeln und Zwiebeltürmen. Ich erspare Euch deren Zahl und Eigenart, denn ihr sollt wissen, dass eine dritte Eichel auf einen kargen Fels fiel, wo eine Krähe sie aufpickte und ihren Jungen als Futter mitbrachte. Das kleinste, schwächste Krähenjunge verspeiste die Eichel, begann zu wachsen und wurde so groß, dass seine Flügel einer ganzen Stadt Schatten geben konnten…«

»Moment! Nicht so schnell! Wie beweist du eigentlich, dass die Zahl der Eicheln genau der Wahrheit entspricht?«, warf ihm die Herrschertochter vertrauensvoll eine neue Frage zu.

Da griff Dschinroku in die Tasche, holte Nadel und Faden, die die Bettler ihm geschenkt hatten, hervor, fädelte den Faden unter den erwartungsvollen Blicken der Anwesenden ein und hielt beides hoch, sodass alle, die scharfe Augen hatten, das Nähzeug haargenau erkennen konnten. »Mit dieser Nadel und diesem Faden«, beteuerte der Erzähler, habe ich selbst – und er nannte den Tag und die Stunde, zu denen dies geschehen sei – »jede einzige Eichel auf dem Baum aufgefädelt und gezählt. Weil sie aufgefädelt waren, können wir sicher sein, dass ich keine doppelt gezählt und keine übersehen habe.«

»Und das sollen wir dir glauben?«, fragte der Herrscher. »Gibt es Zeugen? Wer beweist, dass es so war? Wie sollen eine gewöhnliche Nadel und ein Faden das können?«

Ein Zittern ging durch die Reihen der Zuhörenden, die auf einmal wieder fürchteten, ihren Erzähler an den Henker zu verlieren.

Aber Dschinroku hob noch einmal Nadel und Faden hoch. »Gewöhnliches Nähzeug«, so verkündete er, »könnte wohl nicht das, was Ihr gleich mit eigenen Augen sehen werdet.«

Kunstpause, Stille, man hätte in diesem Moment eine Nadel fallen hören, aber keine fiel. »Diese Nadel und dieser Faden werden - Ihr werdet es selbst mit erleben und dürft Euren Sinnen trauen- alle Baumblätter im Palastgarten auffädeln und wenn sie das können, dann wisst Ihr, dass sie auch an jenem Tag an jenem Ort, die ich Euch genau benennen kann, die dreimillonendreihundertdreiunddreißigtausenddreihundertdreiunddreißig Eicheln zum Zählen aufgefädelt haben.«

Ein zustimmendes Raunen ging durchs Publikum und auch der Herrscher nickte. Ja, fast war der Anflug eines Lächelns in seinem strengen Gesicht zu sehen.

Aber erzählt das bitte nicht weiter!

Dschinroku ließ Nadel und Faden frei. Sie fuhren hin und her, kreuz und quer im Palastgarten von Baum zu Baum und von Strauch zu Strauch. Staunend und flüsternd zeigten die Zuschauenden einander den Weg des Zauber-Nähzeugs, das wirklich kein Blatt ausließ.

Ein Schrei erklang aus einer Baumkrone und ein Kerl stürzte auf den Kiesweg hinunter, der eine schwarze Maske und gefährliche Waffen trug. Er wurde von den Palastwachen vor aller Augen festgenommen, vom Herrscher persönlich verhört und musste gestehen, dass er ein Auftragsmörder war und dass sein Plan gewesen war, des Nachts die ganze Herrscherfamilie im Schlaf zu töten. Das Verhör ergab, dass ihm diese kühne und durchaus üble Tat ohne Weiteres hätte gelingen können, da er von seinen Auftraggebern geheime Eingänge in die Schlafgemächer erfahren und äußerst wirksame Waffen und Gifte bei sich hatte.

Der Auftragsmörder wurde abgeführt und die Aufmerksamkeit der Versammelten kam wieder zu Dschinroku, dem Erzähler, zurück.

»Deine Geschichte«, so sprach der Herrscher »ist in eben dem Ausmaß wahr, wirklich und endlos, wie ich es verlangt habe. Bleibe als Hoferzähler hier bei uns, genieße ein glückliches Leben und nimm den versprochenen reichen Lohn entgegen.«

Dschinroku, der Geschichtennarr, tat das und ob er mit seinen täglichen Erzählungen, an denen der Hofstaat, der Herrscher, dessen Tochter und er selbst sich von nun an erfreuten, jemals bis zur dreimillionendreihundertdreiunddreißigtausenddreihundertdreiunddreißigsten Eichel gekommen ist, das bleibt eine offene Frage.

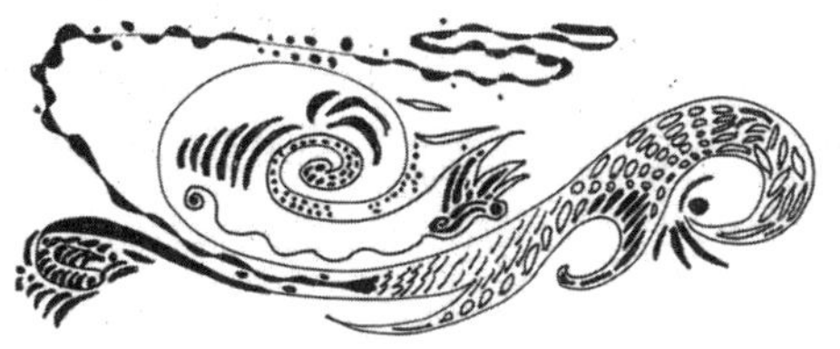

Iwan Zarewitsch und seine Schwestern

Vor langer, langer, gar nicht langer Zeit lebte einmal eine Zarenfamilie in einem schönen Schloss auf einem hohen Berg. Der junge Zarensohn war ungewöhnlich schweigsam. Er sprach nicht. Aber dafür hörte er umso lieber zu. Ein Stallknecht, der mit den Pferden und Menschen zu sprechen pflegte, egal, ob sie nun antworteten oder nicht, erzählte dem jungen Zarewitsch allerlei Geschichten aus alter Zeit; Märchen von Heldinnen und Helden, Zarinnen und Zaren, Abenteuern und Wundertaten, von Prüfungen und glücklichen Wendungen.

Am liebsten hielt der Zarensohn sich beim erzählenden Stallknecht dort im Pferdestall auf.

Eines Tages, als Iwan sein zehntes Jahr erreicht hatte, sprach der Pferdeknecht: »Höre, mein Sohn, die Zeit der Geschichten ist vorüber. Nun ist die Zeit der Taten gekommen. Steige auf unser schnellstes Pferd. Es ist das Kleine, das ein wenig struppig aussieht und ganz hinten im Stall steht. Reite aus dem Schloss und aus dem Reich und bis ans Ende der Welt. Flieh und rette dein Leben! Bald wird deine Mutter, die Zarin, eine Tochter gebären, die ein Ungeheuer und eine Hexe ist. Deine Schwester wird schneller, als vorstellbar ist, heranwachsen. Sie wird, kurz nachdem sie das Licht der Welt erblickt hat, alle Lebewesen, die sie findet, mit ihren Krallen packen, mit ihren scharfen Zähnen zerfetzen und sie dann verschlingen. Du kannst uns anderen nicht helfen, denn noch kannst du deine Hexen-Schwester nicht besiegen. Aber fliehen kannst du. Das ist im Augenblick das einzig Mögliche und auch das Beste.«

Er erklärte dieses Wissen, indem er einige Helden und Heldinnen nannte, die Iwan gut kannte und die Ähnliches getan hatten.

»Verliere keine Zeit«, beschwor der Stallknecht seinen Zuhörer. »Und bringe dich in Sicherheit. Du bist die einzige Hoffnung für dieses Reich. Überlebe. Dann kannst du vielleicht eines Tages dem Land zu neuer Blüte verhelfen.«

Iwan Zarewitsch sprach zum ersten Mal in seinem jungen Leben.

Er nahm vom Stallknecht Abschied, sprang auf das Pferd und ritt, als hätte er den Teufel im Nacken, denn was der weise Stallknecht ihm erzählt hatte, war eine Sache auf Tod und Leben.

Die Heldinnen und Helden der vielen Geschichten, die er gehört hatte, hatten Iwan gelehrt, ganze Sachen zu machen. Er ritt und ritt, Tage und Nächte, Nächte und Tage, bis er ein Schloss in den Wolken erblickte. Das war das Haus von Schwester Sonne.

Schon lange hatte er das Brausen der Hexe hinter sich gehört, die in Windeseile geboren worden war, schneller als ein Mensch sich vorstellen kann, herangewachsen war und alle Menschen im Palast zerrissen und verschlungen hatte, wie der Stallknecht es vorhergesagt hatte.

Als Iwan Zarewitsch auf seinem kleinen, schnellen Pferd innehielt und nachdenklich zum Palast von Schwester Sonne hinauf schaute, da hörte er am immer lauter werdenden Brausen von Schwester Hexe, die in einem Mörser dahinfuhr, dass sie rasch näher kam.

Iwan nahm Anlauf und ließ sein kleines, überaus flinkes Pferd durch das runde Fenster geradewegs in den Palast von Schwester Sonne hinein springen.

Die Hexe blieb tobend unten auf der Erde. Als sie sah, dass sie Iwan nicht erreichen konnte, kehrte sie grollend in den Palast zurück.

Schwester Sonne dort oben zwischen den Wolken hieß Iwan Zarewitsch willkommen. Nachdem er Tag und Nacht, Woche um Woche auf der Flucht gewesen und ohne Pause geritten war, stärkte Schwester Sonne ihn mit guter Nahrung.

»Hier bist du in Sicherheit«, sprach sie voll Wärme und Mitgefühl. »Schlaf dich aus. Ruhe und schöpfe neue Kraft. Komm', ich will dich in den Schlaf erzählen.«

Und sie erzählte Iwan Zarewitsch Geschichten voller Weisheit und Erleuchtung, wie nur die Sonne sie erzählen kann. Weil jedes Licht auch Dunkel braucht, wurde Iwan Zarewitsch, nachdem er eine Weile gelauscht hatte, zutiefst müde. Die Augen fielen ihm zu und die Worte von Schwester Sonne trugen ihn in das Reich des Schlummers, wo er neue Kräfte schöpfte.

Als er ausgeschlafen war, begann er Tag für Tag auf den nahen Berg zu steigen, in die Ferne zum Schloss seiner Familie hinunter zu blicken, an seine Lieben zu denken und zu hoffen, dass er eines Tages zurückkehren und das Land von der Schreckensherrschaft seiner Hexen-Schwester befreien könne.

»Hast du geweint?«, fragte Schwester Sonne, als er in ihren Palast zurückkehrte. Sanft strich sie mit dem Finger eine Träne von seiner Wange. »Aber nein, nein«, antwortete der Jüngling. »Der Wind auf dem Berggipfel hat Sandkörner in meine Augen getrieben. Das Augenwasser wäscht nur den Sand weg.«

Am nächsten Tag bestieg er wieder den hohen Berg und schaute bis zum Palast seiner Familie. Er weinte, denn er konnte dort kein Lebenszeichen erblicken.

»Mein Lieber, hast du Kummer?«, fragte am Abend wieder Schwester Sonne. »Aber nein«, erwiderte der Jüngling verlegen und warf mit den Händen Schatten auf seine Augenwinkel. »Der Wind trägt Sand in sich. Der reizt meine Augen und sie wehren sich mit Feuchtigkeit«, erklärte er verlegen.

Als er aber am dritten Tag wieder weinend vom hohen Berg zurückkehrte, drang Schwester Sonne so lange in ihn, bis er sich ein Herz fasste und ihr von seiner Sorge um seine Familie und sein Reich erzählte. Er erzählte auch vom Pferdeknecht, dessen Vorhersage und Rat.

»Iwan, mein Bruder«, sprach Schwester Sonne. »Du hast lange Zeit hier bei mir verbracht, dich genährt und gut geschlafen. Schau nur, wie groß und stark du geworden bist. Wenn es dich drängt, in deinen Palast und dein Reich zurückzukehren, dann ist es jetzt so weit. Aber sei vorsichtig und falls es zu gefährlich wird, gestehe es dir ein und bringe dich in Sicherheit. Hier bei mir findest du immer eine Zuflucht und kannst dann etwas Neues versuchen.«

Am nächsten Morgen bestieg Iwan Zarewitsch sein kleines, ruppiges, schnelles Pferd und ritt zurück zum Palast seiner Eltern. Aber als er in den Schlosshof ritt, sah er überall zwischen den Pflastersteinen Grasbüschel wachsen. Das Schloss war verfallen. Die Türen hingen schräg und lose in den Angeln. Der Brunnen war versiegt. Als Iwan Zarewitsch eine Weile nach Lebenszeichen gesucht hatte, vernahm er das Brausen, mit dem Schwester Hexe herannahte. Er eilte, wie Schwester Sonne es ihm geraten hatte, davon. Aber immer näher kam das Zischen und Sausen der Hexe, die in ihrem Mörser hinter ihm her war und sich mit dem Besen abstieß, um den wilden Ritt noch schneller zu machen. Mit aller Kraft ritt Iwan Zarewitsch. Er verlangte seinem Pferdchen das Äußerste ab, gelangte endlich zum Palast der Schwester Sonne und sprang im hohen Bogen durch das große, runde Fenster hinein.

Die Hexe aber blieb wieder auf der Erde zurück.

»Komm her, Bruder«, rief sie und knirschte mit den Zähnen. »Komm und miss dich mit mir. Wer von uns mehr Gewicht hat, soll das Reich erben und beherrschen.«

Sie schleppte eine riesige Waage mit zwei Waagschalen herbei und kletterte in eine davon. Iwan Zarewitsch aber ritt mit seinem

Pferd vom Palast der Schwester Sonne herab und sprang direkt in die andere Waagschale hinein.

Die Hexe wurde durch die Luft hoch hinauf zwischen die Sterne geschleudert, wo sie bis auf den heutigen Tag zu sehen ist. Es ist gut zu erkennen, wie ihre Arme und Beine wirbeln, weil sie mit Schwung dort hinauf geflogen ist. Manche nennen dieses Sternbild den »Herkules«, aber wir kennen jetzt eine andere Geschichte.

Iwan Zarewitsch war auf der Erde gelandet. Er dankte Schwester Sonne von fern für ihre Hilfe und ritt seelenruhig heim in sein Reich. Aus dem Brunnen im Schlosshof, der vertrocknet gewesen war, begann wieder klares Wasser zu fließen.

Das Schloss wurde von Neuem bewohnt und gepflegt.

Iwan Zarewitsch sorgte gut für die Menschen und alle Wesen in seinem Reich. Immer wieder erinnerte er sich an all die Geschichten, die der Stallknecht und Schwester Sonne ihm erzählt hatten. Aus ihrer Weisheit schuf er mit allen, die hier noch lebten, und jenen, die von nun an geboren wurden, ein wunderbares Land des Lichtes, der Freude und des glücklichen Lebens.

Wenn du mutig bist und den Geschichten traust, denn reise hin. Du wirst ihm willkommen sein. Lebe dort heiter und zufrieden. Und komm eines Tages hier her zu Besuch, um uns zu erzählen, was an jenem Ort des Glücks noch alles geschah.

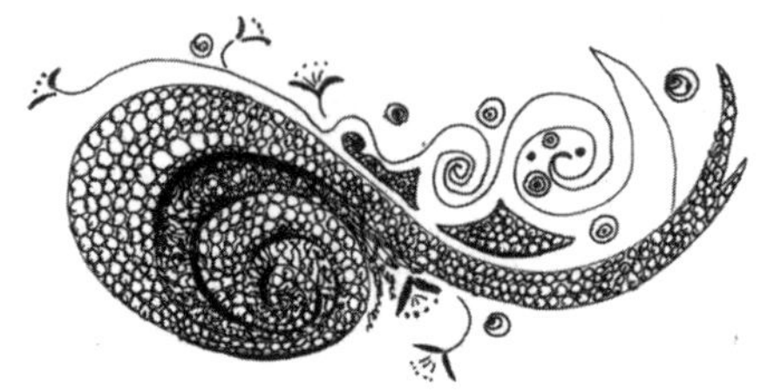

Der Märchenprinz

Es war einmal ein schöner, kluger Prinz, der Geschichten liebte. Von klein auf hatte er sich, wo er ging und stand Märchen, Sagen, Weisheitsgeschichten und Erlebnisse der Menschen, die ihn umgaben, erzählen lassen.

Beim Einschlafen und Aufwachen, während er aß, wenn er ausritt und sogar, während er fechten und tanzen lernte, hatte er Geschichten gelauscht.

Er besaß eine große Bibliothek mit Büchern voller verschiedenster Erzählungen. Er kannte jede Einzelne davon. Am meisten liebte er Märchen.

Und weil das Volk immer wissen will, was für Menschen die Berühmten und die Staatsoberhäupter sind, wurde er von jenen, die ihm nahekamen, genau beobachtet und es wurde von ihm erzählt.

So kam es, dass er bald im ganzen Land als »der Märchenprinz« bekannt war.

Eines Tages kam sein königlicher Vater zu ihm und sprach: »Mein Sohn, es ist Zeit, dass wir für dich eine Gemahlin finden.«

Zerstreut schaute der Märchenprinz von seinem Buch auf. »Ja, Vater«, sagte er, »gut. Unter einer Bedingung: Die Frau, die mich heiraten will, muss eine Geschichte erzählen können, die mir neu ist und mich unterhält, bis wir den Thron besteigen.«

Das »Ja« hatte der König erleichtert vernommen. Und was den Rest betraf, so war es bei ihm, wie es bei vielen Leuten ist: Er konnte sich darunter, was es heißt, eine neue und sehr lange Geschichte zu erzählen, nicht viel vorstellen.

Er fand also eine Gemahlin für seinen Sohn, den Märchenprinzen. In Pracht und Geselligkeit wurde die Hochzeit gefeiert. Als sich aber das junge Paar ins Brautgemach zurückgezogen hatte, legte sich der Prinz im Bett zurecht.

»Gut, und jetzt: Erzähl!«, seufzte er erwartungsvoll.

»Was?«, staunte die Prinzessin. »Ich soll erzählen? Entschuldige, mein Lieber, es ist unsere Brautnacht, da darf ich wohl etwas anderes erwarten.«

Der Märchenprinz knurrte, die Bedingung sei nicht erfüllt, nahm von seiner frischgebackenen Gemahlin von nun an keine Notiz mehr und die Prinzessin wurde unter Vorwänden und mit süßen Worten zurück an den Hof ihrer Eltern geschickt.

Eine Zweite und Dritte versuchte es.

Inzwischen hatte der König etwas davon mitbekommen, dass Erzählen für seinen Sohn, den Märchenprinzen, zum Heiraten dazugehörte. Der König fragte also von nun an bei der Auswahl der Prinzessinnen auch, ob sie erzählen könnten.

Bald war eine neue Braut gefunden. Der Prinz verlangte, sie solle erzählen und die Prinzessin begann widerwillig: »Also gut, es war einmal ein kleines Mädchen, das hatte ein rotes Käppchen und jeder hatte es lieb…«

Der Märchenprinz unterbrach sie: »Eine neue Geschichte, hieß es. Du hast die Bedingung nicht erfüllt.«

Seine Braut war sprachlos und empört.

»Alsoguteswareinmal…« äffte er sie in allen Tonlagen und Stimmungen nach, bis die Prinzessin wutschnaubend eine Kutsche bestieg und ihrer Wege fuhr.

Einigen anderen Prinzessinnen erging es ähnlich, aber bald sprach sich diese wahre »Geschichte vom Märchenprinzen« überall herum und es wurde still um ihn.

Es dauerte eine Weile, da drang die Geschichte, so, wie ihr sie hier gelesen habt, nur viel aktueller, in ein einsames Tal vor, in dem eine Bauernfamilie lebte.

Die Tochter des Bauern stand, einen Tag nachdem sie die Geschichte gehört hatte, auf dem Feld, wo Scharen von Vögeln die frische Saat aufpicken wollten. Während die Bauerntochter die räuberischen Tiere mit Klatschen und Stampfen verscheuchte, hatte sie eine Idee, ging zu ihrem Vater und erklärte ihm, sie gehe den Märchenprinzen heiraten.

Der Bauer hatte eine Menge Einwände. Sie anzuhören, erspare ich uns. Aber eins weiß ich gewiss, sie waren zahlreich und kraftvoll.

Die Bauerntochter jedoch vertraute ihrer Idee. Sie machte sich fein und ging in die Hauptstadt zum königlichen Palast, wo sie auch wirklich vorgelassen wurde. Sie versicherte, eine Geschichte erzählen zu können, die genau so sei, wie der Prinz es sich wünsche. Das Unglaubliche geschah. Es wurde Hochzeit gefeiert. Dieses Mal wurden keine gekrönten Häupter zum Fest geladen. Das Hochzeitsmahl wurde in aller Stille in der Palastküche serviert und die Feier endete, bevor der Abend richtig begann.

Dem Prinzen war es recht, dass dieses Mal früh Geschichtenzeit sein sollte.

Die Bauerntochter und er gingen ins Brautgemach.

Sie lud ihn ein, seinen Kopf in ihren Schoß zu betten.

»Es war einmal…«, so begann sie mit schöner, klarer Stimme, »ein König, der liebte und sammelte Vögel. Er hatte in seinen Käfigen und Volieren große und kleine, graue und bunte, Körner und

Würmer fressende, fliegende und laufende Vögel. Er hatte Vögel vieler Arten. Aber sie waren ihm nie genug. Er sammelte und sammelte.

Eines Tages befahl er allen Bauern des Landes, Hanffasern herbei zu bringen. Alle Matrosen des Landes mussten ein riesengroßes Netz aus den Fasern knüpfen.

Der König ließ auf ein großes, freies Feld eine Menge Körner ausstreuen, Weizen, Hafer, Hirse und noch allerlei.

Viele Vögel kamen herbei, um die Körner aufzupicken. Da warfen Vogelfänger das Netz über sie. Bevor sie aber die Vögel aus dem Netz befreien und in die bereitgestellten Käfige stecken konnten, kam die Dämmerung. Weil sie befürchteten, die Vögel könnten ihnen im Halbdunkel entkommen, berieten sich die Vogelfänger und beschlossen, am nächsten Morgen mit dem wiederkehrenden Licht weiterzuarbeiten. Im Netz sind die Vögel am sichersten, beschlossen die Vogelfänger und gingen schlafen.

In der Nacht kam ein Mäuschen, roch die Körner im Netz, knabberte einen, einen zweiten und einen dritten Faden des Netzes durch, kletterte durch das entstandene Loch, nahm ein Körnchen, drehte den Kopf nach links, drehte den Kopf nach rechts, schlüpfte hinaus und flog nach Haus.

Das sah ein Vogel, pickte ein Körnchen auf, drehte den Kopf nach links, drehte den Kopf nach rechts, schlüpfte hinaus und flog nach Haus.

Das sah ein Vogel, drehte den Kopf nach links, drehte den Kopf nach rechts, schlüpfte hinaus und flog nach Haus…«

Mit klangvoller Stimme, fast singend, in tänzerischer Freude erzählte die Bauerntochter von all den Vögeln, die aus dem Netz schlüpften und die sie innerlich ganz genau vor sich sah. Sie erzählte und erzählte… bis der Märchenprinz sanft eingeschlummert war.

Da schlief auch sie ein.

Beim ersten Morgenlicht rüttelte ihr Mann sie wach.

»Hast du die Geschichte gestern zu Ende erzählt?«, bestürmte er sie.

»Aber nein«, antwortete sie geduldig. »Es sind ja noch so viele Vögel im Netz. Wenn es Abend wird, erzähle ich dir, was aus ihnen wurde und wie es mit dem König weiter geht.«

Der Prinz war damit zufrieden, freute sich den ganzen Tag auf die Fortsetzung der Geschichte und legte sich am Abend sehr früh und sehr freudig zu seiner Gemahlin.

»Und, was geschah?«, fragte er.

Da erzählte sie: »Du erinnerst dich, dass in der Nacht auf dem Feld viele Vögel in einem großen Netz waren. Ein Mäuschen hatte ein Loch ins Netz gebissen und ein Körnchen genommen. Das hatten Vögel gesehen und es dem Mäuschen nachgemacht. Da war auch ein Specht mit einer roten Federhaube. Er pickte ein Körnchen auf, drehte den Kopf nach links, drehte den Kopf nach rechts, schlüpfte hinaus und flog nach Haus. Das sah ein Vogel…«

Die Bauerntochter kostete die Worte aus, schuf Vorstellungen, sprach in singendem Tonfall, hatte Freude an ihrer Geschichte und am Erzählen. Der Prinz lauschte und lauschte, bis er sanft und friedlich eingeschlafen war.

Wieder weckte er die Erzählerin früh. Wieder versprach sie für den Abend die Fortsetzung. So ging es nun jeden Tag und jede Nacht. Die erzählende Bauerntochter und der Prinz waren glücklich und zufrieden miteinander. Und so gelang es ihnen, wie erzählt wird, in Glück und wachsender Liebe, im Entzücken des Lauschens und Erzählens, zusammen zu sein bis der König abdankte und sie den Thron bestiegen. Sie herrschten in größtem Verständnis für die Nöte und Wünsche der Menschen. Sie regierten in Weisheit, Friede und Freude. Glückliche Zeiten waren es in diesem Reich und daher kommt es, dass bis auf den heutigen Tag davon erzählt wird.

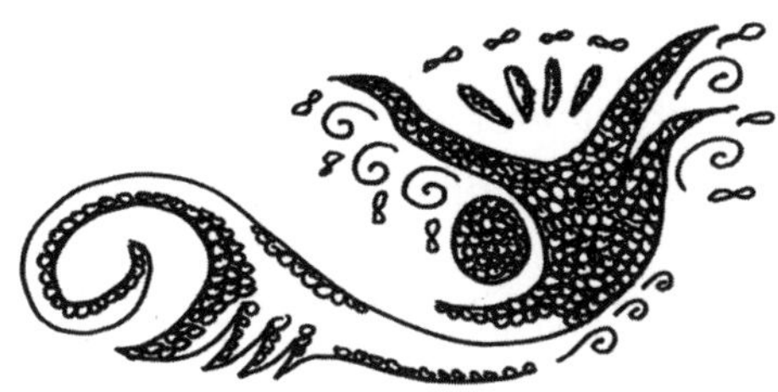

Der Märchenbeutel

Es lebte einmal vor langer, langer, gar nicht langer Zeit ein Prinz, der Märchen und Geschichten sammelte. Wann immer er einen Erzählstoff fand, machte er ihn sich zu eigen. Seine Märchen und Geschichten bewahrte er in einem wohl verschlossenen Beutel auf. Er gab gut acht, dass keine Geschichte entkommen konnte. Wenn jemand ihn fragte, welche Geschichten er kenne, schwieg er.

»Erwarte nur ja nicht, dass ich dir einen meiner Schätze ausliefere«, dachte er grimmig. »Ich bin doch nicht dumm! Ich weiß, was sie wert sind. Keiner liebt sie so wie ich. Also sind sie bei mir am sichersten.«

Es kam der Tag, da sollte der Prinz eine hochwohlgeborene Prinzessin heiraten. Das erfuhren die Märchen und Geschichten, denen es in dem Beutel zu eng, zu düster und viel zu stickig war.

Sie begannen aus einem langen Dämmerschlaf zu erwachen.

»Habt ihr gehört, der Prinz, der uns hier eingesperrt hat, heiratet«, flüsterte eine kleine, aber gewitzte Geschichte.

»Soll der, der uns so unwürdig gefangen hält, auch noch mit Gottes Segen Thronerben haben?«, fragte missmutig eine fromme Geschichte.

»Und soll er in Sinnenlust und köstlichen Berührungen schwelgen, während wir hier darben, nur weil er gierig, geizig und ahnungslos ist?«, ergänzte ein Liebesmärchen.

»Ich schicke ihm einen Fluch, der sich gewaschen hat!«, beschloss eine Geschichte, in der es um Macht und Siege ging.

»Ich wünsche ihm eine Bombe, die die Brücke, über die er mit seiner Kutsche zu Hochzeit fahren will, hochgehen lässt, sodass er nie dort anlangt. Ha! Es wird mir eine Freude sein, davon zu berichten. Und das werde ich, denn wenn er nicht mehr ist, werden wir wieder frei sein!«

»Und ich schicke ihm einen saftigen bösen Wunsch«, ließ sich ein Verwandlungsmärchen hören. »Falls er deinen Hinterhalt übersteht, werden Schwärme von Bienen, Wespen, Flöhen und Moskitos über ihn herfallen. Er soll entstellt sein. Er soll aus der Haut fahren wollen und sich wünschen, er wäre ein anderer!«

»Was ich ihm antue, verrate ich euch nicht, aber ich versichere euch, es wird ihn zutiefst treffen und ihm keine Ruhe lassen. Ja, etwas Schreckliches wird ihm geschehen, falls er es trotz all eurer tapferen Taten doch noch schafft, seiner Braut zu begegnen«, murmelte eine Rätselgeschichte und rieb sich die Hände.

»Und falls er all das übersteht, die Feier stattfindet und er es ins Brautgemach schafft, will ich sein Himmelbett in Flammen aufgehen lassen«, säuselte ein Zaubermärchen.

Eine Geschichte voller Licht und Freundlichkeit hörte sich all das an, schmunzelte insgeheim, weil sie die anderen gut verstand und ihre Einfälle lustig fand, schlüpfte aber, als sich der Beutel das nächste Mal öffnete, flink hinaus und versteckte sich im seidenen Kopfpolster des Prinzen.

Als der Jüngling sich nach drei Gute-Nacht-Geschichten zu Bett gelegt hatte, wartete die Lichtgeschichte, bis er schlief und zu träumen begann. Sie schlüpfte sie in seine Traumlandschaft hinein und zeigte ihm haargenau alles, was sie zuvor von ihren Mitgefangenen gehört hatte.

Dreimal erwachte der Prinz schweißgebadet, trank etwas Wasser, wanderte vor sich hin grummelnd und murmelnd im Schlafgemach umher, spähte durchs offene Fenster auf den Sternenhimmel und brauchte viele Atemzüge, bis es ihm gelang, wieder einzuschlafen. Und schon ging der Traum genau da weiter, wo er unterbrochen worden war. Der Prinz schreckte hoch, sprang auf, wanderte ruhelos herum... So ging es die ganze Nacht.

Als es wieder hell wurde, war der Prinz schweißgebadet, hatte Ringe unter den Augen und war zutiefst verstört.

Er stand auf, strich mit den Händen über die weichen Außenseiten seines Märchenbeutels, gab sich einen Ruck und öffnete ihn weit.

Und als es für ihn Zeit war, Hochzeit zu feiern, fuhr der Prinz sicher mit der Kutsche über die Brücke, fühlte sich wohl in seiner Haut, schlief leidenschaftlich und beglückend mit seiner Liebsten und dankte dem Himmel.

Er freute sich des Lebens und dachte freundlich an all die Menschen, die eben jene Geschichten hörten und erzählten, die er freigelassen hatte.

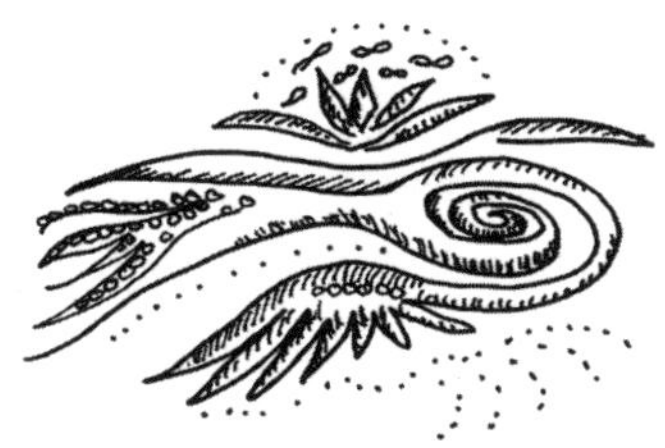

Wer kann das wissen?

Es war einmal ein König, der liebte es, Rätsel zu lösen. Er war ein guter, kluger Herrscher und verwendete Sorgfalt in der Auswahl seiner Beraterinnen und Berater.

Er sorgte gerne und gut für sein Reich, seine Untertanen, seine Lieben und auch gut für sein eigenes Wohlergehen. Das große Rätsel zu lösen, wie all das sich mit einem Kopf und zwei Händen zusammenbringen ließe, bereitete ihm täglich und nächtlich fast eben so viel Freude, wie das Lösen der »kleinen Rätsel«, die er sich zu seiner eigenen Erfrischung und Erbauung vornahm.

Wer ihn mochte, wusste von seiner Leidenschaft und schenkte ihm Puzzles und Rätsel aller Arten. So bekam der Rätselkönig eines Tages von einer befreundeten Königin ein Kästchen mit der Grußkarte: »Könnt Ihr dieses Rätsel lösen? Worin unterscheiden sich diese drei?« — Er öffnete das Kästchen und sah drei Püppchen vor sich, die einander mehr glichen, als jemals ein Ei dem anderen geglichen hat. Die Puppen jedoch schienen eineiige Drillinge zu sein.

Der König, gepackt von der Hingabe an seine Liebhaberei, las nochmals den Text der beigelegten Karte, nahm die links liegende Puppe aus dem Kästchen, drehte und wendete sie, nahm auch die beiden anderen und wog sie in den Händen.

Gleich schwer waren sie. Sie trugen genau die gleiche Kleidung. Er zog sie aus und an. Alles an ihnen war haargenau gleich. Er zählte die Knöpfe am Gewand. Genau gleich. Er verglich Farben und Formen der Köpfe, Körper, Arme und Beine der drei Puppen und fand sie gleich, gleicher, am gleichesten… Dann wurde er nervös. Er liebte es, Rätsel zu lösen. Und er war es so sehr gewöhnt, Verantwortung zu tragen, dass er sogar bei Spiel und Spaß nichts auf die leichte Schulter nahm. Er wurde ärgerlich.

Er ließ den Bibliothekar kommen, den er als belesen und weise kannte. Der Bibliothekar zitierte Pythagoras, Aristoteles und weitere weise Männer. Dann prüfte er die Puppen und alle ihre Teile, nicht nur mit den Händen und dem Augenmaß, sondern mit eigens herbeigebrachten Waagen, Maßbändern und Maßstäben.

Er ließ sich von Dienern Folianten bringen und blätterte, geheimnisvoll flüsternd, in ihnen. Dann wiegte er das Haupt.

»Es ist mir ein Rätsel, wie jemand drei so genau gleiche Dinge herstellen kann«, befand er. Der König knirschte mit den Zähnen, dankte dem Mann und schickte ihn seiner Wege.

Der Rätselkönig gab nicht auf. »Wenn der Weise mit seinem Latein am Ende ist«, dachte er sich, »dann gilt es, den Narren zu fragen.« Er ließ den Hofnarren rufen.

»Worin unterscheiden sich diese drei Puppen?«, fragte er.

Der Narr nahm alle drei und jonglierte mit ihnen, bis sie nach und nach zu Boden fielen. »Ihre Köpfe sind alle drei nicht sehr zerbrechlich. Und alle drei sind gleich schwer. Sie schlenkern und schlingern… sehr gleich. Die Königin, die das Rätsel schickte, könnte sich einen Scherz mit Euch erlaubt haben.«

Der Narr tänzelte zur Tür hinaus. Dabei verneigte er sich vor nicht vorhandenen Höflingen, als hätte er großem Publikum etwas Hervorragendes geboten.

Der König seufzte, grübelte, wurde unfroh und widerwillig und ließ endlich seine Hofgeschichtenerzählerin kommen.

»Erzähl' mir ein Märchen. Entführe meine Gedanken auf weite Reisen. Lass mich mein Unglück hier vor Ort vergessen«, forderte er.

»Natürlich, gern«, antwortete sie. »Wovon soll ich Euch denn mit Geschichten ablenken?«

»Lass mich damit in Ruhe, Erzählerin!«

»Verzeiht, Majestät, aber um eine wirklich andere Geschichte zu erzählen, sollte ich wissen, was die eine Geschichte ist, von der ihr wegreisen wollt. Wie leicht geschähe es sonst, dass Ihr genau die Erzählung anlockt, vor der Ihr Euch retten wollt.«

Wortlos zeigte der König auf Karte und Kästchen.

Die Erzählerin las die Karte sehr genau, begutachtete die Puppen, wie es der Weise und der Narr auch getan hatten. Dann drehte sie eine der Puppen nochmals um und um, schaute sie sehr genau an, besonders die Münder und Ohren.

Erkenntnis leuchtete im Gesicht der Erzählerin auf. Sie riss sich ein Haar aus und schob es einer Puppe ins Ohr, wo es verschwand.

»Aha«, sagte sie. Sie zupfte sich ein zweites Haar aus, schob es der zweiten Puppe ins Ohr und es kam aus deren anderem Ohr wieder zum Vorschein.

»Ach ja«, lächelte die Erzählerin, nahm die dritte Puppe, schob ihr das Haar ins Ohr und es kam beim Mund wieder heraus.

Lächelnd legte sie die Puppe zu ihren Schwestern ins Kästchen.

»Ich sehe«, rief der König, der das Geschehen mit steigender Begeisterung beobachtet hatte. »Sie sind unterschiedlich. Aber was bedeutet das?«

»Die erste Puppe«, erklärte die Erzählerin, »stellt einen Gelehrten dar. Vieles geht hinein. Er füllt sich mit Wissen, aber nichts kommt heraus, wenn es Rätsel zu lösen und etwas Neues zu finden gilt. Die zweite Puppe ist wie Euer Narr. Es geht etwas in ihn hinein und aus ihm hinaus. Er macht sich darüber lustig und findet treffende Worte, aber er kann nur wiedergeben, was da ist. Er hat keine Pläne, das, was ist, zu verändern.«

»Und wen stellt die dritte Puppe dar? Wahrscheinlich wohl dich, die Erzählerin?«

Sie lächelte.

»Ja, wer erzählt, nimmt etwas auf und spricht davon«, erklärte sie. »Der Stoff, den hier mein Haar dargestellt hat, nimmt einen neuen Weg. Etwas Neues geschieht. So wie die Lösung eines Rätsels.«

»Ja«, lächelte der König. »In dem Moment, in dem ein Rätsel gelöst ist, verändert sich etwas. Und bei dieser Puppe geht das Haar ins Ohr hinein und kommt zum Mund wieder heraus. Etwas hat sich geändert. Aber warum war das Haar gelockt, als es aus dem Mund der Puppe kam? Es war doch vorher glatt.«

»Das ist so, weil jeder Erzähler und jede Erzählerin der Geschichte einen eigenen Dreh geben.«

Da war der König wieder froh und liebte das Rätsellösen von nun an noch mehr als zuvor.

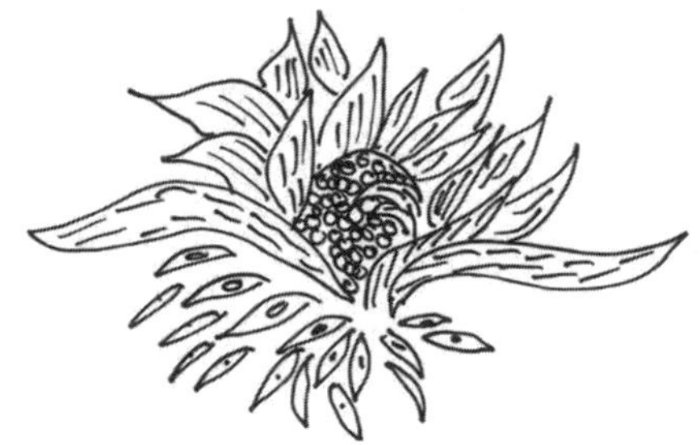

Gosso

Im fernen Afrika lebte einmal etwas entfernt vom Dorf in der runden Hütte unter der großen Kokospalme ein Mann namens Gosso. Er erzählte schöne und aufregende, tröstliche und gruselige Geschichten. Er erzählte sie verbunden mit Liedern und Sprüchen, die die Kinder kannten und mitsprechen konnten. Wenn er seine Märchen erzählte, wurde gesungen und getanzt. Zum Dank brachten die Kinder ihm Jamswurzeln, wilde Zwiebeln, Tabak und Tee.

Aus Gossos Geschichten lernten die Kinder, wie man Gefahren begegnen kann, welche Kräuter und Beeren gut und welche giftig sind, wann es gilt, durchzuhalten und wann es gilt, etwas zu ändern, wie Menschen gut zusammen sein können und wie Himmel, Erde, Pflanzen, Tiere und Menschen entstanden sind.

Eines Tages kamen die Kinder wie jeden Tag zu Gosso, um ihm zuzuhören, aber er lag reglos vor seiner Hütte.

»Wach auf! Erzähle uns etwas!«, riefen sie. Sie verfielen miteinander in einen singenden Tonfall: »Lasst sie kommen, lasst sie gehen! Lasst sie kommen, lasst sie gehen! Lasst sie kommen, lasst sie gehen…«, denn mit diesen Rufen pflegten sie nach alter Tradition die Märchen zu begrüßen.

»Wenn eine Geschichte fürchtet, gefangen genommen oder sonst wie schlecht behandelt zu werden, dann wagt sie sich nicht her«, hatte Gosso den Kindern erklärt. »Seid freundlich zu dem Märchen, das zu uns kommt. Begrüßt es, singt ihm etwas vor und lasst es wissen, dass ihr Respekt vor ihm habt. Dann wird es euch vertrauen und sich euch gerne zeigen.«

Die Kinder sangen den Spruch, mit dem die Geschichten beginnen, lange, laut und liebevoll. Aber Gosso blieb still und reglos liegen.

Die Kinder fanden es unheimlich, dass er seine Augen die ganze Zeit offen hatte, ohne je zu blinzeln.

Ein großes Mädchen hielt ihm die Hand vor den Mund.

»Er atmet nicht!«, rief sie. »Gosso ist tot!«

Einige der Kinder weinten und klagten. Andere schrien, stampften und schimpften auf den Mörder, der ihren Erzähler auf dem Gewissen hatte, denn Gosso war gestern noch kerngesund und kraftvoll gewesen. Er konnte nicht einfach so gestorben sein.

Sie untersuchten ihn und fanden eine Wunde an seinem Kopf.

»Es muss jemand sehr Starkes gewesen sein, der unseren Gosso erschlagen hat!«, fanden die Kinder.

»Ich weiß!«, rief eines von ihnen. »Es muss der Wind gewesen sein. Er ist stark, so stark! Schaut nur, da liegt eine große Kokosnuss. Es klebt sogar etwas Blut an ihr. Der Wind muss sie vom Baum herab auf Gosso geworfen haben.«

Die Kinder fingen den Wind und schlugen ihn mit aller Kraft.

»Du bist der Stärkste, du musst unseren Erzähler Gosso erschlagen haben, denn nur dem Stärksten kann das gelingen.«

»Haltet ihr mich wirklich für so stark?«, sprach der Wind zu ihnen. »Viel stärker als ich ist die Mauer jenes Hauses dort drüben. An ihr pralle ich ab und kann sie kein bisschen bewegen, wie stark ich auch blase.«

Die Kinder ließen den Wind wieder frei und schlugen die Hausmauer. »Du bist stärker als der Wind, du bist die Stärkste weit und breit. Du musst unseren guten Gosso erschlagen haben!«, schimpften sie.

»Ich soll so stark sein?«, rief die Mauer. »Viel stärker als ich ist die Ratte. Sie gräbt unter mir, Tag und Nacht. Sie baut mühelos einen immer verzweigteren Bau und eines Tages habe ich keinen Halt mehr und stürze ein.«

Die Kinder ließen von der Hauswand ab, fingen die Ratte und schlugen sie.

»Du bist stärker als der Wind und die Hausmauer. Du hast Gosso getötet. Nur der Stärkste kann das.«

»Zu viel der Ehre«, ächzte die Ratte unter den Schlägen der Kinder. »Aber ich muss euch sagen, dass die Katze viel stärker ist als ich. Wenn es ihr in den Sinn kommt, fängt sie mich, zerreißt mich ohne Weiteres in Stücke und frisst mich auf.«

Die Kinder ließen die Ratte frei und fingen die Katze.

»Halt, Halt!«, rief die Katze, als sie den Vorwurf der Kinder gehört hatte. »Haltet ihr mich für so stark, dass ich Gosso hätte erschlagen können? Das bin ich nicht. Viel stärker als ich ist der Moskito. Wenn der Moskito mir auf den Fersen ist, kann ich nichts als fliehen. Ich kann nicht jagen. Ich kann nicht schlafen. Ich kann nicht ans Wasserloch, um zu trinken. Wenn ich sein scharfes Summen höre, nimmt es mir den Atem, denn der Moskito bringt mich um, wenn es will.«

Da ließen die Kinder die Katze laufen und fingen den Moskito. Summend hörte es ihre Anklage und rief: »Kinder, ich bin nicht so stark, wie ihr denkt. Egal, was die anderen sagen, nie könnte ich euren Gosso besiegen. Aber wisst ihr, wer wirklich stark ist? Die Gazelle! Wenn ich nicht aufpasse, verschlingt sie mich auf einen Haps, als wäre ich eine Himbeere. So leicht vernichtet sie ein ganzes Leben. Sie ist stark!«

Da fingen die Kinder die Gazelle und schlugen sie. Die Gazelle hörte den Vorwurf an und sagte nichts. Da schlugen die Kinder sie, bis sie tot war.

Die Gazelle war tot. Gosso war tot.

Die Kinder begriffen erst jetzt, was geschehen war. Und um es zu verstehen, erzählten sie ihren Eltern, ihren Verwandten, der Medizinfrau und allen, denen sie begegneten, davon.

»Haben wir recht gehandelt?«, fragten sie. »Ist es gut, dass wir die Schuldige bestraft haben? Es macht doch unseren Gosso nicht wieder lebendig! Aber warum hat sie nichts gesagt, wie die anderen? Sie haben mit uns gesprochen, wir haben uns ausgekannt und sind weiter gegangen. Die Gazelle wirkte schuldig, weil sie geschwiegen hat.«

Ist es richtig oder ist es ungerecht, was die Kinder taten? Ist es, um das entscheiden zu können, wichtig zu wissen, wie Gosso wirklich ums Leben kam?

Die Geschichte erlaubt uns, eine Zeitreise zu machen und nachzusehen.

Es war Mittag. Gosso hatte sich in den Schatten der Kokospalme gelegt, um während der Mittagshitze ein wenig zu schlafen. Die Gazelle stützte sich an der Kokospalme ab und stand auf den Hinterbeinen. Dadurch löste sich eine riesige Kokosnuss aus der Krone der Palme, fiel Gosso auf den Kopf und erschlug ihn.

Ist es gut und gerecht, was in dieser Geschichte geschah? Darüber haben die Kinder noch lange nachgedacht. Die Geschichte von Gosso ist oft und viel bedacht und besprochen worden, an Lagerfeuern, am Fluss und bei der Feldarbeit.

»Wie findet man heraus, wie etwas wirklich war?«, fragten die Kinder sich und fragten sie später ihre eigenen Kinder. »Was ist gerecht? Was darf geschehen und was geschieht wirklich? Und was macht, dass wir gern davon erzählen?«

Gosso hat die Kinder mit seinen Geschichten zum Staunen und Nachdenken gebracht. Die Frage, ob der Gazelle recht geschah, bleibt offen. Aber eins ist sicher: Das Staunen und Fragenstellen, das der Erzähler Gosso lehrte, lebt bis heute.

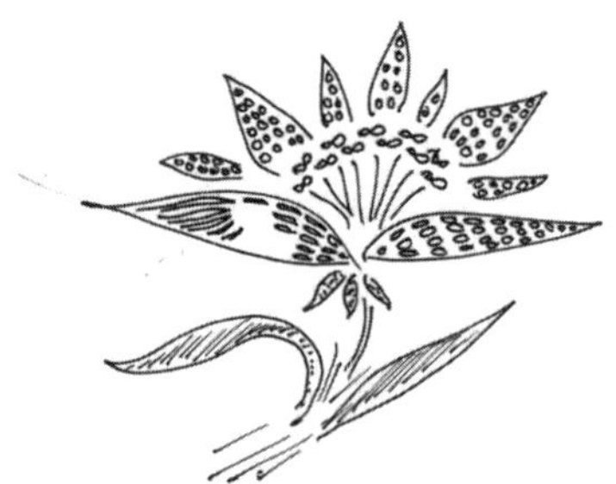

Der Geist der Erde

Vor langer, langer, sehr, sehr langer Zeit, da lebte der Geist der Erde ganz allein in seinem Dorf. Er hatte genug zu essen. Er hatte genug zu trinken. Er hatte genug Tabak zum Rauchen. Da saß er nun und schaute vor sich hin.

Er rauchte, saß und schaute vor sich hin.

Und schaute vor sich hin.

Eines Tages ging er hinaus aufs Feld, zum Baum mit den Kolanüssen. Er packte den dicken Stamm des Baumes, schüttelte ihn und gab acht, dass die herab fallenden Nüsse ihn nicht trafen.

Er hob so viele Nüsse, wie er tragen konnte auf, trug sie auf den Hauptplatz, ging um den Haufen Kolanüsse herum, begutachtete ihn, schüttelte den Kopf und ging wieder aufs Feld hinaus.

Dort sammelte er alle Nüsse ein, die noch unter dem Baum lagen. Er legte sie zu den anderen auf den Haufen und schaute sich auch diese Menge ganz genau an.

Seufzend wiegte er das Haupt, ging noch einmal aufs Feld hinaus und schüttelte den Baum mit aller Kraft, bis alle Kolanüsse herabgefallen waren.

Er sammelte sie auf und trug sie auf den Dorfplatz. Als er jetzt um den Haufen herum ging, konnte er nicht mehr über dessen Spitze hinweg schauen und nickte zufrieden.

Doch jetzt ging die Arbeit erst richtig los. Der Geist der Erde trug nach und nach alle gesammelten Kolanüsse hinunter zum Ufer des Meeres. Dort lag sein Boot, das aus einem Baumstamm geschnitzt und bunt bemalt war.

Er häufte die Nüsse ins Boot, bis es so voll war, dass der Geist der Erde neben ihnen nur mit Mühe Platz zum Sitzen fand.

Er pfiff. Da bewegte sich das Wasser und das Krokodil tauchte auf. Der Geist der Erde legte dem Krokodil ein Zaumzeug an, das am Boot befestigt war. Er zeigte hinaus aufs Meer, hinaus in die Weite, und das Krokodil paddelte los.

Das Boot war so schwer, dass das Krokodil große Mühe mit dem Weiterkommen hatte und sich die Vorderbeine wund paddelte, aber der Geist der Erde zeigte immer weiter: »Olo-olo, olu-olu!«, rief er und zeigte weit hinaus aufs Meer.

Er ließ sich im Boot durchs Wasser ziehen, bis er rund um sah, dass das Wasser in der Ferne den Himmel berührte.

Da pfiff er. Das Krokodil kam herbei geschwommen und ließ sich das Zaumzeug abnehmen. Erleichtert schwamm es frei herum. Bald war es wieder ganz wohlauf, denn das Wasser hatte seine Wunden geheilt.

Der Geist der Erde schaute in die Richtung, in der er das Festland und das Ufer wusste. Er nahm eine Kolanuss in die Hand, hauchte sie an und sprach: »Werde ein Mensch!«

Was sagte er da? Es gab zu jener Zeit nichts, das diesen seltsamen Namen trug.

Das Wort war dem Geist der Erde überraschend eingefallen.

Der Name »Mensch« war aus der großen Sehnsucht entstanden, die den Geist der Erde erfüllte. Aus dem Wunsch nach etwas, das ganz anders wäre als alles, das es bisher gegeben hatte. Trotz seines Reichtums hatte der Geist der Erde sich allein im Dorf gelangweilt. Ihm war einsam und leer zumute gewesen.

Der neue Name, der ihm eingefallen war, schmeckte bei jedem Aussprechen anders. Der Geist der Erde griff mal mit der linken, mal mit der rechten Hand zu. Er hob eine Nuss nach der anderen hoch, hauchte sie an und sprach den neuen Namen »Mensch« aus. Er lauschte in den Klang des Wortes und seiner eigenen Stimme hinein und spielte mit ihr. Dabei sah er den schlanken Schwung der

Palmblätter, das Flackern des Feuers, die raue Schale der Kokosnuss, das Ziehen der Wolken und die zarten Blütenblätter der Blumen vor sich. Er spürte den Regen prasseln und den Wind durch seine Haare streichen.

Der Geist der Erde ließ die eine Nuss in weitem Bogen hinaus fliegen und die andere sanft ins Wasser gleiten, um sie mit seiner Hand ein Stück weit zu geleiten. Er spürte, dass eine Nuss größer und eine kleiner, eine schwerer und eine leichter war.

Er sah, dass sie verschiedene Formen und Farbtöne hatten, dass manche eine rauere und andere eine glattere Oberfläche hatten.

Er berührte jede dieser einzigartigen Nüsse mit Händen, Atem und Worten, bis sie alle zum Festland hin schwammen.

Hätte es damals schon Menschen gegeben, hätten Betrachter denken können, die schwimmenden Nüsse seien Hinterköpfe von Schwimmenden.

Genau so sahen sie aus.

Endlich hatte der Geist der Erde alle Nüsse auf den Weg übers Wasser geschickt. Er pfiff. Das Krokodil kam und er legte ihm das Zaumzeug an. Jetzt war das Boot ganz leicht zu ziehen, denn nur der Geist der Erde saß noch darin und was wiegt schon ein Geist?

Rasch näherten sie sich dem Ufer und legten an. Der Geist der Erde pfiff. Das Krokodil kam herbei. Er befreite es vom Zaumzeug und dankte ihm.

Am Ufer stand eine Menge Menschen. Sie begrüßten den Geist der Erde.

»Hallo, hier bin ich!«, rief einer von ihnen mit dunkler, voller Stimme.

»Und ich bin hier!«, rief eine hellere Stimme.

Verschiedenste Klänge, verschiedenste Worte.

Die Menschen winkten dem Geist der Erde. Sie lachten vor Lebensfreude und jubelten ihm zu. Sie gingen alle miteinander hinauf ins Dorf, machten ein Feuer, kochten gutes Essen, aßen und tranken sich satt.

Dann saßen sie glücklich in einem großen Kreis um das Feuer herum.

Der Geist der Erde stopfte seine Pfeife, zog daran und ließ sie reihum von Hand zu Hand wandern. Wer mochte, sog den Rauch der Pfeife ein. Manche nahmen sie und reichten sie weiter.

Da saßen sie in behaglicher Runde und begannen, jede Menge Geschichten zu erzählen, so verschieden, wie sie selber waren.

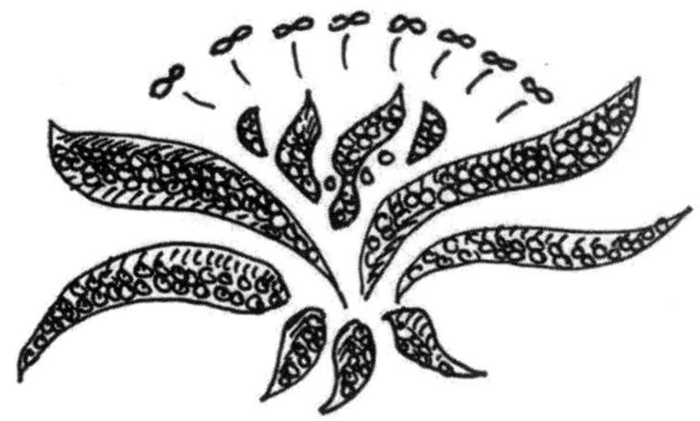

Der Baum mit den wunderbaren Früchten

Es waren einmal viele Tiere, die in einem schönen Wald lebten. Ein Fluss floss durch den Wald, sodass es genug Wasser zu trinken gab. Es wuchsen alle Arten genießbarer Früchte, Wurzeln und Kräuter, von denen die Tiere gut zu essen hatten.

Eines Tages begann eine Dürre, wie es sie zuvor noch nie gegeben hatte. Sie dauerte so lange, dass im Wald keine Früchte und Kräuter mehr wuchsen und die Wurzeln dürr und hart wurden, so hart, dass sie ungenießbar waren.

Die Tiere füllten sich die Bäuche mit Flusswasser, bis es gluckste, aber satt wurden sie nicht und als sie fürchteten, immer schwächer zu werden und endlich zu verhungern, trafen sie sich in einem großen Kreis und berieten hin und her.

Der Hase seufzte: »Wir müssen aus dem Wald hinaus, auf die weite Ebene. Vielleicht gibt es dort noch etwas zu essen. Wenn es hier nichts gibt, müssen wir anderswo suchen.«

»Aber ich habe Angst«, rief das Reh. »Dort draußen gibt es nichts zum Verstecken. Alles ist so weit und frei. Da wage ich mich nicht hin.«

»Willst du lieber verhungern?«, mahnte der Wolf. »Es ist ernst. Es geht um unser Leben und wir müssen handeln, bevor es zu spät ist. Noch haben wir Kraft. Die müssen wir nützen, um Futter zu finden und bei Kräften zu bleiben.«

Und so wurde es beschlossen. Alle Tiere sollten aus dem Wald hinaus gehen, auf der Ebene ausschwärmen und einander rufen, wenn sie Futter gefunden hätten.

»Ich gehe nicht mit«, entschied der Löwe. »Ich bin der König des Waldes und bleibe in meinem Reich.«

Die anderen Tiere machten einander Mut. Zitternd, aber beherzt, wanderten sie aus dem Wald hinaus und suchten überall nach etwas Essbarem: unter Steinen, hinter Sträuchern und unter den verstreuten Bäumen, die es auch hier gab.

Nach langer Suche fanden sie einen Baum, an dem ganz oben in der weit entfernten Baumkrone köstlich aussehende Früchte wuchsen. Der Affe versuchte, hinaufzuklettern, aber der Stamm hatte keine Äste, an denen er sich beim Klettern hätte festhalten können und war unglaublich glatt. Verblüfft gab der Affe es auf.

Der Elefant streckte seinen Rüssel hoch und versuchte, die Früchte zu pflücken, aber er erreichte sie nicht.

Die Giraffe streckte den Hals und versuchte, an die Früchte heranzukommen, aber sie hingen so hoch, dass auch sie keinen Erfolg hatte.

Während dieser Versuche hatten die Tiere geseufzt, gejammert und Hoffnungsrufe ausgestoßen. Dann trat Stille ein.

»Ich weiß«, erklang eine kleine, raue Stimme, »ich weiß, wie man an die Früchte herankommt.«

»Du, kleine Schildkröte? Wie und woher?«

»Meine Ur-Ur-Urgroßmutter hat mir erzählt, dass der Baum mit den herrlichen Früchten seine Krone neigt, wenn man seinen Namen ruft.«

»Versuchen wir es!«, riefen die Tiere wieder ungeduldig durcheinander. Und sie begannen alle möglichen Namen, die ihnen einfielen, lauthals hinaufzurufen. Aber der Baum raschelte nicht einmal mit seinen Blättern.

Das Geschrei verklang, weil ihnen nichts mehr einfiel und sie heiser wurden.

»Ich weiß…«, war wieder die Stimme der Schildkröte zu hören.

»Du, kleine Schildkröte?«

»Meine Ur-Ur-Urgroßmutter hat mir erzählt, dass das Wissen um den Namen des Baumes in der Familie der Könige des Waldes bewahrt wird. Der Löwe weiß den Namen des Baumes.«

Wieder riefen und seufzten die Tiere durcheinander.

»Zu dumm, und genau der Löwe ist nicht da. Was sollen wir nur tun? Wir werden alle verhungern!«

»Ich laufe zum Löwen und frage ihn! Schnell muss es gehen und ich bin die Schnellste weit und breit«, fiel der Gazelle ein und schon sahen die Tiere sie losrennen, flink wie der Wind.

»Wie gut, dass ich diese Aufgabe übernommen habe«, dachte sich die Gazelle, während sie rannte. »Ich bin die Schnellste! Oh, wie flink ich laufen kann! Am Aller-, Allerschnellsten!«

Sie kam zum Löwen, der gerade schlief.

»Wach auf, Löwe!«, rief sie. »Wach auf, du König des Waldes! Wir brauchen dich und dein Wissen, deshalb haben die Tiere mich gesandt.«

Knurrend öffnete der Löwe die Augen und richtete sich auf.

Die Gazelle wich einen Schritt zurück.

»Wie heißt der Baum mit den herrlichen Früchten?«, fragte sie.

»Darum geht es also.« Der Löwe seufzte. »Also gut, Gazelle, ich sage dir den Namen, aber danach will ich in Ruhe schlafen und nicht mehr gestört werden. Ist das klar?«

»Sonnenklar.«

»Der Baum heißt Ungalli.«

»Danke, dann ist ja alles gut, ich renne ganz schnell zum Baum und zu den anderen Tieren, denn ich bin die Schnellste weit und breit!«

Die Gazelle rannte los. Während sie lief, dachte sie: »Ich bin die Schnellste! Ich bin genau die Richtige für diese wichtige Aufgabe. Wunderbar leichtfüßig und so schnell wie der Wind… Au!«

Die Gazelle war in ein Hasenloch getreten und hatte sich den Knöchel verstaucht. Jammernd, klagend und sehr langsam humpelte sie ins Lager der Tiere unter dem Baum zurück.

»Schaut nur!«, rief sie. »Ich bin so wunderbar schnell gelaufen, aber ich habe mich verletzt. Helft mir!«

Die Tiere fragten wieder und wieder, wie denn nun der Baum heiße, aber die Gazelle jammerte nur, wie schlimm es für sie sei, wenn sie nicht laufen könne. Laufen sei ihr Leben. Und mehr bekamen sie von ihr nicht zu hören.

Da ergriff der Elefant das Wort: »Die Gazelle hat den Namen des Baumes vergessen. Ich werde zum Löwen gehen. Ein Elefant vergisst nie etwas.«

Und er machte sich auf den Weg. Im Wald angekommen weckte er den schlafenden Löwen mit einem kraftvollen Stampfen, das den Boden beben ließ.

»Wie heißt der Baum mit den herrlichen Früchten?«, fragte er.

»Ich habe der Gazelle doch gesagt, dass ich es nur einmal sage. ..«, begann der Löwe zu murren, aber dann besann er sich auf die Kraft des Elefanten.

»Ungalli heißt der Baum!«, brüllte er. »Und jetzt lasst mich in Ruhe! Gib acht, dass du den Namen nicht vergisst!«

Das traf den Elefanten an seiner empfindlichsten Stelle.

»Vergessen – ha! Ein Elefant vergisst nie etwas! Ich weiß alle Namen der Bäume, weil ich nie etwas vergesse, das ist meine Natur.«

Und um es sich zu beweisen, begann er, während er sich auf den Rückweg machte, die Namen aller Bäume aufzusagen.

Er trat in das Hasenloch und es hatte genau die Größe seines Fußes. Deshalb blieb er stecken. Er zerrte und zog, kam aber nicht frei. Er trompetete erbärmlich, bis die Tiere herbeikamen.

»Schaut nur«, klagte er. »Ich stecke fest. Befreit augenblicklich meinen Fuß!«

Die Tiere fragten und baten, er solle ihnen den Namen des Baumes sagen, aber der Elefant war viel zu sehr mit sich und allem, was er wusste und nie vergessen würde beschäftigt. Er hörte nicht auf sie.

Mitten in den Tumult hinein wurde die raue Stimme der Schildkröte zum ersten Mal laut:

»Ich gehe zum Löwen«, verkündete sie.

»Du, kleine Schildkröte? Das ist Unsinn. Du mit deinen kleinen Beinen und dem schweren Panzer wirst ewig brauchen, bis du dort bist und zurück«, erklärte der Wolf entschieden.

»Ewig ist ein großes Wort…«, erwiderte die Schildkröte gelassen. »Aber du kannst recht haben, dass ich für diesen Weg etwas Zeit brauchen werde. Und wenn das so ist, dann gehe ich besser gleich los. Meine Ur-Ur-Urgroßmutter hat mir erzählt, wie man sich Dinge ganz sicher merken kann. Ich werde es genau so machen, wie es in ihren Geschichten vorkam.«

Und sie wanderte los. Schritt für Schritt gelangte sie in den Wald und rief: »Löwe, wie heißt der Baum mit den herrlichen Früchten? Sag es mir, Löwe, sag es! Es ist wichtig!«

Sie musste lange und laut rufen, bis der Löwe widerwillig ein Augenlid zur Hälfte hob und knurrte: »Ich habe schon der Gazelle und dem Elefanten gesagt, dass ich es nicht noch mal sagen will und dir, kleine Schildkröte, sage ich sicher nicht, dass der Baum Ungalli heißt.«

»Oh, danke, wunderbar! Ungalli!«, rief die Schildkröte.

Sie machte sich auf den Rückweg und sprach die ganze Zeit vor sich hin, genau wie es die weise Schildkröte in der Geschichte der Ur-Ur-Urgroßmutter getan hatte: »Der Baum heißt Ungalli. Wie heißt der Baum mit den herrlichen Früchten? Ungalli, Ungalli, Ungalli.«

Sie sang im Rhythmus ihrer Schritte vor sich hin, genau wie es die Schildkröte in der Geschichte getan hatte, als sie sich etwas Wichtiges merken wollte. Die kleine Schildkröte sang und plauderte unermüdlich vor sich hin: »Der Baum heißt Ungalli, Ungalli heißt der Baum. Ungalli, Ungalli, Ungalli heißt der Baum.«

Während die kleine Schildkröte an die Heldin der alten Geschichte dachte und während sie, wie diese, das, worum es ging, unentwegt vor sich hin sagte und vor sich hin sang, ging sie Schritt für Schritt aus dem Wald hinaus, wanderte über die weite Ebene, rutschte in das Hasenloch hinunter, krabbelte wieder heraus und stapfte weiter in Richtung zu dem Baum mit den herrlichen Früchten. Während sie all das tat und unermüdlich ihren Weg fortsetzte sprach sie unentwegt den Namen, den sie sich merken wollte, vor sich hin.

So gelangte die kleine Schildkröte ins Lager der Tiere unter dem Baum und stieß mit letzter Kraft hervor: »Ungalli heißt der Baum!«

Sie hatte es nicht sehr laut gerufen, aber das scheint dem Baum nichts ausgemacht zu haben, denn er neigte seine Krone und all die köstlichen Früchte, die so saftig wie Kirschen, so groß wie Orangen, so aromatisch wie Pfirsiche und so nahrhaft wie Bananen waren, waren zum Schnappen nah. Da fraßen die Tiere sich satt und genossen das Glück, nicht mehr hungrig zu sein.

Dann ruhten sie im Schatten des Baumes und als sie wieder munter waren, begannen sie, mit dem Lied der Schildkröte um den Baum herum zu tanzen und zu singen: »Der Baum heißt Ungalli. Ungalli heißt der Baum!«

Von diesem Tag an wanderten die Tiere jedes Jahr miteinander hinaus auf die weite Ebene zum Baum Ungalli. Sie riefen seinen Namen, tanzten und sangen zu seinen Ehren, und haben den wichtigen Namen in Erinnerung behalten, weil sie diese Geschichte immer wieder einander und ihren Kindern erzählten.

Wie es zu Sigurds Verwandlung kam

Es war einmal ein König, der ritt mit seinem Gefolge zur Jagd aus. Sein Pferd war das schnellste von allen, aber weise, wie er war, schaute der König sich immer wieder nach seinen Gefolgsleuten um und wartete auf sie, wenn sie beim Reiten außer Sichtweite gekommen waren.

Er erblickte aber eine Hirschkuh, die ein so vollkommenes Tier war, dass er neben seinem Jagdeifer alles andere vergaß. Er folgte ihr, wie nur er es konnte, verlor sie nach langer Verfolgung aus dem Blick und fand sich mit seinem Pferd ganz allein im wilden Wald. Es dämmerte schon und war bald finster. Da sah er zwischen den Bäumen ein Licht hindurch schimmern und ritt darauf zu. Er klopfte an die Tür des Hauses und wartete. Einmal, ein zweites und ein drittes Mal klopfte er an, aber niemand öffnete.

Da versuchte der König, die Klinke zu drücken und bemerkte, dass die Tür nicht versperrt war. Er ging durch das Haus und suchte einen Gastgeber.

In einem erleuchteten Raum war der Tisch mit Speisen und Getränken gedeckt. Auf dem Boden nahe dem lodernden Kaminfeuer lag ein rotbrauner Hund, der sich nicht regte, nicht knurrte, der einfach nur liegen blieb und den König aufmerksam beobachtete.

Der König ging hinaus zum Stall, fand dort alles, was sein Pferd brauchte, versorgte es und kehrte ins Haus zurück. Weil der erwartete Gastgeber aber noch immer nicht da war, setzte der König sich nieder, aß, trank, und legte sich dann schlafen.

Als er am Morgen erwachte, fand er im Haus, wie am Vorabend, außer sich keine Menschenseele. Er frühstückte, versorgte sein Pferd und machte sich wieder auf den Weg.

Als er aber durch den Wald reitend bis zum nächsten Hügel gekommen war, hatte der rotbraune Hund ihn verfolgt, holte ihn ein, war nicht mehr ruhig, sondern bellte erbost. Er knurrte, fletschte die Zähne und sah ganz verwandelt aus.

In der wilden, lauten Hundestimme verstand der König staunend den Vorwurf, er habe sich grob verhalten und die Gastfreundschaft verletzt. Der Hund schimpfte, der König habe sich nicht für die Gaben und die Unterkunft erkenntlich gezeigt, sondern alles einfach fraglos genommen. Er habe sich nicht einmal dafür bedankt.

Der Hund drohte, er werde den König zur Strafe zerreißen und fressen. Es sei denn... Es sei denn, der König überantworte ihm, was ihm bei der Heimkehr als erstes entgegenkomme.

Der König wusste zu befehlen, wenn er es mit Menschen zu tun hatte. Er konnte auch mit gewöhnlichen Hunden umgehen. Aber ein Hund, der beim Bellen Worte sprach, war dem König neu. Er wusste sich nicht anders zu helfen, als zu versprechen, was das Tier forderte.

So konnte er ungeschoren seiner Wege reiten.

Er kam nach Hause, wo der Hofstaat, seine Frau und seine Töchter in heller Aufregung waren. Die jüngste Tochter hatte seit dem ersten Morgenlicht vom Turm aus Ausschau nach ihrem Vater gehalten und rannte ihm so rasch entgegen, dass sie ihn als Erste begrüßte.

Im Wirbel der Wiedersehensfreude musste nun der König von seiner Verabredung mit dem Hund erzählen.

Die jüngste Tochter wollte sein Versprechen einlösen.

Er aber wollte das nicht.

Als drei Tage vergangen waren, klopfte es an die Tür und der Hund verlangte sein Recht. Der König schickte eine Dienerin hinaus. Sie durfte auf den Hunderücken steigen und ritt davon. Als sie aber oben auf dem nächsten Hügel waren, hielt der Hund an und fragte die Frau, was sie um diese Tageszeit üblicherweise täte.

»Ich bereite Seiner Majestät, dem König, das zweite Frühstück und serviere es Ihm«, antwortete die Dienerin.

Manche behaupten nun, der Hund habe die Frau, als er begriff, dass er betrogen worden war, mit seinen Zähnen zerfetzt. Aber wie wollen sie das wissen? Die Frau könnte auch, nachdem der Hund sie gehen ließ, ihr eigenes Glück gefunden haben. Wir wissen nur, dass sie nicht in den Königspalast zurückgekehrt ist.

Und was wir auch wissen: Kurz nachdem der Hund und die Dienerin gegangen waren, klopfte es wieder ans Portal des königlichen Palastes. Wieder erlaubte der König seiner jüngsten Tochter nicht, hinaus zu gehen. Wieder wurde eine Dienerin zum Hund geschickt.

Und ich kann mir schon denken, dass die Gerüchteküche über den Verbleib der ersten Dienerin brodelte. Menschen erzählen ja nicht nur dann Geschichten, wenn sie wissen, was tatsächlich geschehen ist.

Als der Hund die vermeintliche Königstochter, nachdem sie ein Stück weit auf ihm geritten war, fragte, was sie um diese Zeit zu tun pflege, erzählte sie, üblicherweise sei sie um diese Zeit dabei, zu fegen und die Böden des Palastes zu schrubben.

Wer will wissen, dass der Hund die entlarvte Dienerin zerrissen und gefressen habe?

Ich stelle mir vor, dass er sie frei ihrer Wege ziehen ließ, und wünsche ihr Glück in ihrer eigenen Geschichte.

Wir aber folgen der Geschichte des Königs, seiner jüngsten Tochter und des rotbraunen Hundes. Und was wir wissen, ist, dass auch die zweite Dienerin, die dem Hund untergejubelt worden war, nicht in den Palast zurückkehrte.

Sehr wohl aber tat dies der wilde, rotbraune Hund.

Dieses dritte Mal ging die jüngste Prinzessin hinaus und ritt auf ihm davon.

Auf dem Hügel angekommen befragte der Hund sie und war mit ihrer Auskunft, sie berichte um diese Zeit ihrem Vater, dem König, was sie an diesem Tag gelernt habe, zufrieden.

Sie gelangten ins Haus, in dem der König – auf der Jagd verirrt – die Nacht zugebracht hatte und hier lebte die Prinzessin nun.

Tagsüber war der Hund meist unterwegs. Aber des Nachts, wenn es ganz finster war, legte sich ein Mann zur Königstochter ins Bett. Er roch gut, war freundlich und liebevoll und war, wie die Prinzessin ertasten konnte, von schöner Gestalt.

Wie konnte sie denken, dass der Hund und der Mann ein und derselbe seien?

Mag sein, dass sie Märchen kannte. Mag sein, dass sie ein ganz besonderes Gespür für die Wesen und Dinge hatte und dass sie – wie es im Märchen und in der Wirklichkeit vorkommt – genau die richtige für dieses Abenteuer war.

Als einige Zeit vergangen war, spürte die Prinzessin, dass sie guter Hoffnung war. Da führte der Hund eines Tages ein ernstes Gespräch mit ihr. Er bat sie, sehr tapfer zu sein und zu ertragen, was nun geschähe, dann werde alles gut werden. Er könne ihr aber nicht verraten, wie. Er bat inständig, sie solle ihm vertrauen und wenn sie das Kind geboren habe und es ihr weggenommen werde, solle sie um Himmels willen weder weinen noch schreien, sondern es erdulden.

Die Prinzessin gebar eine wunderschöne Tochter und erfreute sich an ihrem Anblick. Aber als die eben gewordene Mutter ihr Kind gewaschen und gewickelt hatte, brauste durchs Fenster ein Geier herein, packte das Neugeborene und trug es davon.

War die Prinzessin stumm vor Schreck? Oder hielt sie sich bewusst an das, worum der sprechende Hund sie gebeten hatte? Jedenfalls weinte sie tatsächlich nicht und blieb ganz still.

Später kam der Hund und lobte sie sehr. Er fand, sie sei tapfer gewesen und habe gut gehandelt. Er schenkte ihr einen goldenen Kamm.

»Ich flehe dich an«, knurrte er. »Hüte ihn wie ein Kleinod! Nur wenn du glaubst, dass es der eine richtige Zeitpunkt ist, kannst du den Kamm gegen etwas noch Wichtigeres tauschen.«

Eines Tages erzählte der Hund der Königstochter, ihre älteste Schwester werde heiraten. Er fragte, ob sie zur Hochzeit gehen wolle? Drei Tage dürfe sie bei ihrer Familie bleiben und feiern, aber sie dürfe nichts über ihr Leben mit ihm, dem Hund, erzählen, das stellte er ihr als Bedingung.

Natürlich wollte die Königstochter zur Hochzeit ihrer Schwester gehen und versprach, die Bedingung zu erfüllen.

Der Hund schenkte ihr zwei Kleider. Eines für ihre Schwester, die Braut, und eines für sie selber. Bei der Hochzeit wurden die beiden besonders schönen Kleider bewundert und bestaunt. Die jüngste Prinzessin feierte in großer Freude.

Auf Fragen, wie sie im Haus des Hundes lebe, gab sie keine Antwort. Statt zu sprechen, schwieg sie. Sie erlaubte sich nur selten, je nachdem, wer gefragt hatte, ein gedankenverlorenes Schmunzeln.

Natürlich tat die Königstochter gut daran, zu schweigen. Und ich, die ich als Erzählerin in meinem Element bin, wenn ich Gehörtes, Erlebtes und Gewusstes in Worte kleide und jemand meinen Geschichten lauscht, schätze die Entschiedenheit und Seelenstärke unserer Heldin sehr. Ich denke, das wird für sie nicht leicht gewesen sein.

Nach drei Tagen mit den ihr vertrauten und verwandten Menschen holte der Hund die Prinzessin wieder ab und sie lebte weiterhin mit ihm in seinen beiden Gestalten, bei Tag und bei Nacht.

Sie wurde wieder guter Hoffnung und gebar eine zweite Tochter. Wie zuvor hatte der Hund sie gebeten, zu schweigen und nicht zu weinen, wenn ihr das Kind weggenommen würde. Dieses Mal wandte die Königstochter sich ab, um den Geier nicht zu sehen und still zu bleiben, während das Schreckliche geschah.

Als sie dem rotbraunen Hund davon erzählte, schaute er sie sehr freundlich an. Er dankte für ihre Treue und Tapferkeit und schenkte ihr eine goldene Halskette mit der Bitte, diese Kostbarkeit – wie auch den goldenen Kamm – zu hüten und sie nur mit sehr gutem Grund aus der Hand zu geben.

Die zweitälteste Schwester heiratete und wie beim vorigen Mal bekam die Königstochter vom rotbraunen Hund zwei prächtige Kleider. Eines für die Braut und eines für sich selbst. Sie feierte freudig und erzählte nichts von ihrem Leben mit dem Hund.

Als sie das dritte Mal schwanger war, einen Sohn gebar und auch dieser vom Geier geholt wurde, da weinte sie. Der Hund hatte ihr gesagt, wenn sie weinen müsse, solle sie die Tränen mit einem besonderen Tuch, das er ihr gab, abwischen und aufheben. Das tat sie. Sie verknotete das Tüchlein fest, sodass die Tränen inmitten des Knotens sicher waren.

Die Prinzessin erzählte dem Hund davon. Während er lauschte, knurrte und winselte er, lobte sie aber, weil sie die Tränen gut verwahrt hatte, und gab ihr einen goldenen Spiegel, auf den sie abermals gut aufpassen sollte.

Eines Tages feierte die Königstochter im Palast die Hochzeit ihrer drittältesten Schwester. Auch dieses Mal bekam sie vom Hund schöne Kleider und beantwortete zu Hause keine Fragen.

Aber als sie aufbrach, begleitete ihre Mutter, die Königin, sie ein Stück Wegs. Sie fragte so freundlich und eingehend, wie es denn sei, im Hause eines Hundes zu leben, dass die Prinzessin ihre Wachsamkeit etwas fallen ließ.

»Sag es nicht weiter, liebe Mutter«, sprach sie hinter vorgehaltener Hand. »Aber der Hund ist sehr freundlich und spricht fast wie ein Mensch.«

Die Königin schaute ihre Tochter ermunternd an und hörte geduldig hin.

»Und da ist ein Mann, den ich noch nie gesehen habe, weil er nur nachts im Dunklen zu mir kommt«, flüsterte die Hundebraut, und fügte verstohlen hinzu: »Er ist auch sehr lieb.«

Die Mutter gab ihr heimlich etwas in die Hand.

»Mithilfe dieses Steines«, so sagte sie,»kannst du deinen Mann sehen. Er wird schlafen und nichts merken. Es ist ja Nacht.«

In der Nacht tat die Prinzessin, was ihre Mutter ihr geraten hatte. Sie bestaunte im Lichtschimmer des Steines das feine, freundliche Gesicht des Mannes. Da erwachte er und begann zu klagen, dass sie so kurz vor dem Ziel gescheitert seien.

»Wie soll das noch gut werden?«, seufzte er. »Ach, Liebste, ich wünschte, wir könnten das Geschehene ungeschehen machen! Welch ein Unglück!«

»Was ist denn nur los?«, fragte sie. »Was soll denn all die Geheimnistuerei?«

Sehr betrübt und sehr aufgeregt begann er zu erzählen.

Er hielt dabei ihre Hände in den seinen und strich ihr übers Haar: »Mein Vater ist König. Meine Mutter, die Königin, starb und ließ uns beide in großem Kummer zurück. Nach einiger Zeit ritten wir in den Wald, um auf andere Gedanken zu kommen. Da fanden wir auf einer Lichtung ein seidenes Zelt. Als wir hinein schauten, erblickten wir zwei schöne Frauen, eine jüngere und eine ältere. Sie luden uns ein, uns zu ihnen zu setzen und bewirteten uns. Und die ältere erzählte dies: ›Ich bin Königin in meinem Reich und dies ist meine Tochter, die Prinzessin. Wir leben in großer Traurigkeit, seit mein Gemahl, der König, starb. Um auf andere Gedanken zu kommen, sind wir hier her in den Wald geritten.‹ Mein Vater hing an ihren Lippen. Er war wohl von der spiegelgleichen Ähnlichkeit unserer eigenen Geschichte mit der der beiden Damen ergriffen. Er bat die fremde Königin und ihre Tochter, mit ihm in seinen Palast zu kommen. Die beiden Damen nahmen an und waren bei uns zu Gast.

Ich traute ihnen nicht, aber mein Vater bat die Ältere, ihn zu heiraten und das tat sie.

Meine Stiefmutter wollte mich um jeden Preis mit ihrer Tochter vermählen. Ich aber wollte nicht. Und als mein Vater auf Reisen war, verwünschte mich meine Stiefmutter.

Ich verstehe nicht, wie sie sich das alles nur ausdenken konnte: ›Zehn Jahre sollst du ein Hundeleben führen‹, sagte sie, ›und danach wirst du zurück verwandelt. Dann wirst du bereit sein, meine Tochter zu ehelichen, um das nicht noch einmal zu erleben. Denn würdest du dann noch immer nicht zustimmen, würdest du für immer ein Hund, wie du es verdient hast. Was aber nicht geschehen soll, ist, dass eine Prinzessin dich in deiner verwunschenen Gestalt zum Mann nimmt, drei Kinder mit dir bekommt und keine Träne weint, wenn ihr die Kinder weggenommen werden. Denn nur so könnte mein Bann gebrochen werden. Für jede Träne verlöre das Kind, um das sie weint, einen Teil seines Augenlichtes. Und nur genau diese Träne könnte es wieder sehend machen. Aber all das wird nicht geschehen.‹ Meine Stiefmutter lachte. Was für ein Lachen. Brr!«

Der Jüngling knurrte und schaute grimmig drein.

»Aber wirklich«, rief die Prinzessin. »Wie kann ein Mensch sich nur so etwas ausdenken? Was für eine hässliche Person! Aber wie kam es, dass du mich entführen konntest?«

»Ich, Sigurd, habe drei Onkel, die mir treu sind und die mein Bestes wollen. Zwei von ihnen sind mit mir in die Wildnis gezogen, um mir in meiner verwunschenen Lage beizustehen. Sie haben mir das Haus eingerichtet und mich –und später auch dich – mit allem Lebensnotwendigen versorgt. Der ältere von ihnen hat sich in eine Hirschkuh verwandelt und deinen Vater hier her gelockt. Wir hatten einen Plan für meine Rettung und unser gemeinsames Glück. Und auf wunderbare Weise ist bisher alles gut gegangen. Wenn wir es nur noch geschafft hätten, diese letzte Zeit durchzustehen, während du mich nur als Hund gesehen hast.«

»Ja, es ist schwer, eine Prüfung zu bestehen, über die man so wenig weiß. Aber was sollen wir jetzt tun?«, fragte die Prinzessin. »Es muss noch eine Möglichkeit geben, dass alles gut wird. Wir können doch nicht aufgeben nach allem, was wir durchgestanden haben!«

»Es gibt einen Weg. Aber er ist schwer und nicht sicher«, murmelte Sigurd.

»Wir müssen es wenigstens versuchen!«, rief seine Liebste aus.

Da fasste Sigurd Mut und sprach: »Bald wird die Stiefmutter, die böse Zauberin, mich zurück in den Palast holen und mich zwingen, ihre Tochter zu heiraten, die ich nicht lieben kann. Mein dritter Onkel ist bei Hofe geblieben, um dort nach dem Rechten zu sehen und mir zu helfen, falls er dazu Gelegenheit bekäme. Wenn es aber dir gelingt, meine beiden Onkel, die hier im Wald wohnen und auch den dritten, zur Hilfe zu holen und ihr mich mit vereinten Kräften befreit, bevor die Ehe vollzogen ist, dann kann für uns noch alles gut werden.«

»Ich will zu deinen Onkeln gehen und alles versuchen!«, erklärte die Prinzessin.

Sigurd gab ihr einen Sack voller Goldmünzen und beschrieb ihr den Weg zum Haus des Onkels am Bach entlang. Das gelang ihm gerade noch, bevor er in den rotbraunen Hund verwandelt wurde und davonlaufen musste.

Die Prinzessin nahm ihre Kostbarkeiten, den Sack mit Gold, das Tüchlein mit der Träne, den goldenen Kamm, die goldene Kette und den goldenen Spiegel. Am Bach entlang gelangte sie zum ältesten Onkel, erzählte ihm, was geschehen war und bat ihn um Hilfe.

Sigurds Onkel klagte und jammerte: »Alles war vergebens! Wir haben unser Vermögen ausgegeben, um Sigurd zu helfen, aber jetzt haben wir nichts mehr und auch keine Hoffnung mehr!«

Sie jedoch gab ihm vom Gold aus Sigurds Sack. Da schöpfte er Hoffnung. Er beschrieb ihr, wo sein jüngerer Bruder lebe und meinte, dieser könne vielleicht mehr bewirken als er selbst.

Die Königstochter ging wieder am Bach entlang und kam zu einer Hütte, vor der ein finsterer Mann mit dunklem Hut stand. Die breite Hutkrempe warf tiefe Schatten auf sein hässliches Gesicht.

»Ich nehme dich nicht auf«, knurrte er. »Sicher bringst du Unglück. Ich kann nichts für dich tun.«

Auch er wurde zuversichtlicher, als Sigurds Liebste ihm von den Goldmünzen gab.

Als sie seine Hütte betrat, saß dort eine Frau mit drei Kindern: zwei Mädchen und einem Buben, die der Prinzessin über die Maßen schön und liebenswürdig erschienen. Nur fand sie es bedauerlich, dass der Bub, der der jüngste der drei war, ein blindes Auge hatte.

Die Frau bat die Prinzessin, auf die Kinder aufzupassen, während sie selbst einige Aufgaben im Haus erledige, und die Prinzessin wollte das gerne tun.

Als sie mit den Kindern alleine war, nahm sie das Tüchlein mit der Träne hervor und strich damit über das kranke Auge des schönen Buben. Siehe da! Es wurde klar und er konnte mit beiden Augen sehen.

Die Frau, die für ihn sorgte, dankte der Prinzessin sehr.

Sie gab der Prinzessin zu essen und als sie satt geworden war, erzählte sie der Kinderhüterin alles, was ihr geschehen war.

Da wurde auch der düstere Mann, der still dabeigesessen hatte, freundlicher. »Ich möchte dir gerne helfen«, sagte er, »aber das ist nicht leicht. Schon morgen wird Prinz Sigurd verheiratet. Die Königin, seine Stiefmutter, hat den direkten Weg dorthin, der über den Berg führt, mit vielen Gefahren verwunschen und unbegehbar gemacht. Aber ich will dir helfen, wie ich nur kann. Am Weg wohnt ein Freund von mir. Er wird dir helfen, bei der Hochzeit eingelassen zu werden.«

Der Mann gab ihr einen mit Eisen bewehrten Stock, mit dem sie den Weg über den Berg, den die Stiefmutter mit magischem Eis unpassierbar gemacht hatte, betreten könne. Er band ihr ein Tuch um den Kopf, das verhindern sollte, dass sie die irreführenden Klänge und Gesänge hörte, die jeden Wanderer vom Weg abbrachten.

So geschützt überwand Sigurds Liebste den verwunschenen Berg und gelangte zum Freund ihres Gönners. Dieser erklärte, zur Hochzeit eingelassen zu werden, werde einfach sein, da er eingeladen sei und sowieso habe hingehen wollen. Sie brauche nur mit ihm mit zu gehen.

So geschah es.

Aber bei dem Fest erlebte die Königstochter eine traurige Zeit, denn in der Menschenmenge konnte sie sich Sigurd nicht nähern. Sie sah ihn nur von fern und beobachtete, wie er, der Bräutigam, während alle anderen fröhliche Mienen zur Schau trugen, betrübt und benommen aussah, als wäre er nicht ganz bei sich.

Als die Hochzeitsfeier vollzogen war, setzte die Prinzessin sich ins Mondlicht unters Fenster des Brautgemaches und begann, sich mit dem goldenen Kamm, den sie von ihrem Liebsten erhalten hatte, so zu kämmen, dass der Widerschein des Mondlichts, vom Kamm durch das Fenster geworfen, die Braut aufmerksam machte. Diese ging zum Fenster, sah den Kamm und begehrte ihn sofort. Sie wollte der Prinzessin, die sie für eine Bettlerin hielt, den Kamm abkaufen und ihn gegen einen gewöhnlichen Kamm, der viel besser zu ihr und ihrem Stand passe, ersetzen.

Sigurds Liebste ließ jedoch nur eine Gegenleistung gelten: »Ich gebe Euch den Kamm, wenn ich eine Nacht im Schlafzimmer des Bräutigams verbringen darf.«

Die Braut war so vernarrt in das funkelnde Kleinod, dass sie zustimmte. Aber bevor sie die fremde Frau in die Schlafkammer ließ, gab sie Sigurd einen Schlummertrunk, der ihn tief und fest schlafen ließ. Die ganze Nacht saß seine Liebste neben seinem Bett, erzählte ihm, was sie erlebt und erlitten hatte und beschwor ihn, aufzuwachen und zu sich zu kommen. Aber Sigurd schlief tief und fest.

Am darauf folgenden Abend sah die Braut wieder ein huschendes, goldenes Licht am Fenster, erblickte die Halskette der fremden Frau, die wieder vor dem Fenster saß und erhandelte die goldene Kette im Tausch gegen eine Nacht in Sigurds Schlafkammer.

Aber wieder war der Schlaftrunk wirksam und was Sigurds Liebste ihrem schlafenden Mann auch erzählte, er hörte es nicht.

Sigurds jüngster Onkel hatte im Palast das Zimmer, das direkt neben dem Brautgemach war. Am nächsten Morgen fragte er seinen Neffen Sigurd, was denn das für eine Stimme gewesen sei, die seit zwei Nächten immer lauter und dringlicher in seiner Schlafkammer gesprochen habe. Sigurd wunderte sich und wusste keine Antwort darauf.

»Hast du ein Schlafmittel genommen?«, fragte der Onkel.

»Meine Braut hat mir einen Abendtrunk gebracht«, antwortete Sigurd. »Jetzt fällt mir ein, dass ich in diesen beiden Nächten sonderbare Träume hatte, die ich nicht zu deuten wusste.«

Der Onkel fragte weiter nach. Er erzählte, was er von den Worten durch die Wand gehört hatte und beide ahnten, dass etwas Wichtiges vorging.

An diesem Abend ließ Sigurd den Schlaftrunk, von der Tochter der Stiefmutter unbemerkt, in sein Gewand rinnen und schluckte ihn nicht. Dann legte er sich zu Bett und täuschte tiefen Schlummer vor.

Am dritten Abend war die Königstochter betrübt und mutlos, setzte sich aber dennoch vor dem Brautgemach ins Mondlicht und tat, was sie tun konnte. Die Reflexe des goldenen Spiegels, der vom Mondlicht getroffen wurde, huschten über den Fensterrahmen und bis auf die Wände. Ein drittes Mal stimmte die Braut dem Handel zu, denn der goldene Spiegel war gar zu schön.

Dieses Mal war Sigurd wach. Er lauschte der Erzählung seiner Liebsten, begrüßte und umarmte sie. Die Prinzessin erzählte ihm nochmals alles, was geschehen war, und dieses Mal hörte er hellwach zu. Die beiden Liebenden überlegten miteinander, was sie tun könnten und fassten einen Plan.

Am nächsten Morgen fand die Stiefschwester Sigurd – wie sie meinte – tief schlafend allein im Gemach. Sie weckte ihn und schritt mit ihm zum Frühstück in die Halle. Als aber die ganze Hofgesellschaft dort beisammen saß, traten Sigurds drei Onkel ein. Sie wurden von der Königstochter begleitet, die jetzt nicht mehr wie eine Bettlerin aussah, sondern den Reisestaub abgewaschen hatte und schön gekleidet war. Die Königstochter trat mitten in den Saal und erzählte, was zuerst wie ein Märchen und ganz unglaublich schien. Aber ihre Geschichte zeigte sich vor aller Augen als die pure Wirklichkeit: Die Frau, die den Buben und die beiden Mädchen gehütet hatte, führte diese in den Saal und sie glichen Sigurd und der jüngsten Königstochter, weil sie die Kinder ihrer Liebe waren.

Da wurden die beiden bösen Frauen erst bleich und dann puterrot im Gesicht, erhoben sich und eilten aus dem Saal. Wohin sie gingen? Das wurde mir nicht erzählt.

Aber was ich sicher weiß ist, dass die tapfere jüngste Königstochter mit ihrem Sigurd und den Kindern sehr glücklich geworden ist und dass in diesem Reich noch lange, lange goldene Zeiten herrschten.

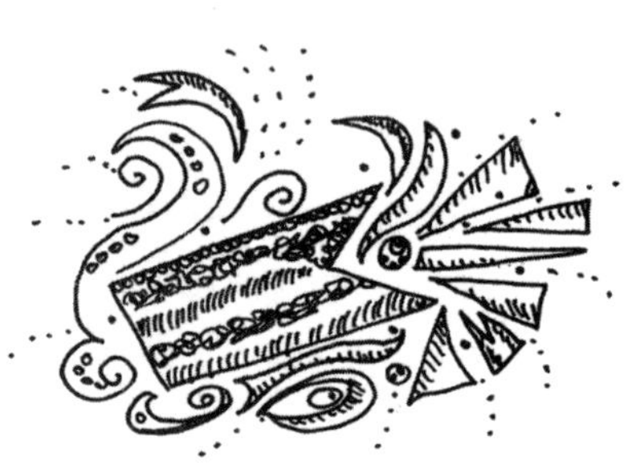

Der weiße Wolf

Es war einmal ein König, der ritt zur Jagd aus, verlor sein Gefolge und irrte alleine im Wald umher, bis er ganz verweint war. Da stand, wie aus dem Nichts, auf einmal ein schwarzes Männlein vor ihm, klein wie ein Kind, aber sichtbar erwachsen.

Das schwarze Männlein sprach: »Ich will dich aus dem Wald hinaus führen, wenn du mir das gibst, was dir zu Hause als erstes entgegenläuft.«

Der König hörte nur »…aus dem Wald hinaus führen…«. Er war von diesem Gedanken so entzückt, dass er auf die Bedingung, die doch ein wichtiger zweiter Teil des Satzes war, nicht achtete und freudig zustimmte. Während er aber hinter dem Männlein her ging, dämmerte ihm langsam, was er da überhört hatte.

Er hielt auf einer Lichtung inne und sprach vor sich hin: »Ich wünschte, mein liebster Jagdhund liefe mir entgegen, wenn ich nach Hause komme, denn einen guten Lohn sollst du für diese Hilfe haben.«

Da hielt auch das Männlein inne und sagte: »Und ich wünschte, dass deine liebste Tochter die erste ist, die dich begrüßt.«

Der König seufzte und sie gingen weiter.

Im Königspalast war man seit drei Tagen in zunehmender Sorge. Besonders des Königs jüngste und liebste Tochter konnte an nichts anderes denken, als dass der Vater wohlbehalten zurückkehren solle.

Sie verbrachte die Tage damit, vom Turmzimmer aus in Richtung Wald zu schauen, um zu sehen, ob er käme.

Und wirklich, welche Freude, da sah sie den Vater aus dem Wald kommen und bergauf Richtung Königsschloss schreiten. So schnell sie konnte, rannte sie ihm entgegen.

Wie staunte sie, als der geliebte Vater, statt sie freudig zu umarmen, in Tränen ausbrach. Staunend blickte sie den Weggefährten des Königs an, der von auffallend kleiner Statur war und sie mit begehrlichen Blicken musterte.

»Beim nächsten Vollmond komme ich und hole, was mir zusteht!«, rief das Männlein noch, nickte der Königstochter zu und verschwand im Wald.

Nun musste der König seiner Tochter alles erzählen.

Sie blieb tapfer und erklärte, sie wolle sein Versprechen einlösen.

Natürlich wollte er das nicht, aber als es beim nächsten Vollmond ans Palasttor klopfte und ein wilder, weißer Wolf draußen stand, stieg die jüngste Königstochter auf den Rücken des Tieres und ritt auf ihm davon.

Im Wald zerrissen Dornenranken ihr Gewand und Zweige peitschten ihr ins Gesicht, denn es war ein wilder Ritt.

»Wann sind wir da?«, brachte die Prinzessin hervor, die sich, so gut sie konnte, am zottigen Fell des Wolfes festklammerte.

»Sei still!«, knurrte der Wolf und rannte weiter, sprang übers Unterholz und streifte nadlige Fichtenzweige.

»Mir tut alles weh, können wir eine Pause machen?«, fragte die Prinzessin, als sie es nach einer weiteren langen Zeit des wilden Rittes nicht mehr aushielt.

»Schweig!«, brüllte der Wolf.

Als sie aber nach einer weiteren Strecke, die sie mühsam ertragen hatte, »Hilfe!« rief, warf der wilde Wolf sie ab und verschwand im Dickicht.

Da war sie nun allein mitten im Wald. Sie arbeitete sich durch Gestrüpp und Gehölz in die Richtung weiter, in der der Wolf verschwunden war.

Als es Abend wurde, sah sie ein Licht zwischen den Zweigen durch funkeln, ging darauf zu, klopfte an die Tür der Hütte und eine alte Frau öffnete. Sie bat die Fremde herein. Die Alte war gerade dabei, eine Hühnersuppe zu kochen, lud die junge Frau zum Essen ein und ließ sich ihre Geschichte erzählen.

»Weißt du, wo der weiße Wolf wohnt?«, fragte die Prinzessin.

»Einen weißen Wolf kenne ich nicht, aber ich habe eine Idee: Übernachte bei mir und geh morgen zum Wind. Der Wind bläst überall hinein, ist immer in Bewegung und wird manches wissen, was wir nicht wissen. Vielleicht kann er dir weiterhelfen. Und eins noch: Nimm dir die Knochen aus der Hühnersuppe mit. Sie werden dir gute Dienste leisten.«

Dankbar tat die Prinzessin, was die freundliche Alte ihr geraten hatte.

Den ganzen nächsten Tag arbeitete sie sich durch Ranken, Gezweig und Unterholz des wilden Waldes, sah am Abend ein Licht durch die Zweige funkeln, ging darauf zu und klopfte an die Tür der Hütte.

Der Wind war zu Hause und öffnete ihr. Er kochte gerade Hühnersuppe. Zusammen aßen sie und die Königstochter erzählte, was ihr alles widerfahren war, bis hin zur Begegnung mit der alten Frau, deren Rat, den Wind zu befragen und der heutigen Wanderung durch Holz und Unterholz.

»Weißt du, wo der weiße Wolf wohnt?«, fragte sie und sah den Wind hoffnungsvoll an.

»Ein weißer Wolf«, der Wind brauste und sauste tüchtig beim Nachdenken, »nein, den kenne ich nicht. Aber ich habe eine Idee: Geh zur Sonne und frage sie. Die Sonne leuchtet im Laufe des Tages überall hin und ist über das ganze Himmelsgewölbe unterwegs. Vielleicht hat sie unterwegs den weißen Wolf gesehen. Übernachte bei mir und nimm auf deinen Weg alle Hühnerknöchelchen aus der Suppe mit. Sie werden wichtig sein!«

Die Prinzessin tat, was der Wind ihr geraten hatte, wanderte den ganzen nächsten Tag durch den wilden Wald, sah ein Licht funkeln, gelangte zur Hütte der Sonne, die zu Hause war und Hühnersuppe kochte, aß mit ihr, erzählte ihre Geschichte und fragte: »Weißt du, wo der weiße Wolf wohnt?«

»Einen weißen Wolf habe ich auf all meinen Reisen noch nicht gesehen«, antwortete die Sonne, »aber geh morgen zum Mond. Er hat wie die alte Frau, der Wind und ich eine Hütte hier im Wald und er schaut bei Nacht herum, wenn sonst keiner schaut. Vielleicht kann er dir weiterhelfen. Und eins noch: Nimm dir die Knochen aus der Hühnersuppe mit. Sie werden dir gute Dienste leisten.«

Die Königstochter tat dankbar, was die Sonne in ihrer Erleuchtung ihr geraten hatte.

Als sie den ganzen nächsten Tag in der angegebenen Richtung gegangen war, sah sie in der Dämmerung durchs Gezweig ein Licht schimmern, kam zu einer Hütte, klopfte an und der Mond war zu Hause. Er kochte gerade Hühnersuppe. Sie setzten sich zu Tisch, aßen und die Prinzessin erzählte ihre Geschichte bis hin zu der Begegnung mit der alten Frau, der Sonne, dem Wind und der Wanderung dieses Tages.

»Weißt du, wo der weiße Wolf wohnt?«, fragte sie den Mond.

»Einen weißen Wolf kenne ich nicht«, antwortete der Mond.

»Oh je«, denken wir jetzt. »Wie soll das weitergehen? Die Königstochter hat einen Menschen, eine Naturgewalt und zwei Gestirne befragt. Sie ist unter beschwerlichen Bedingungen weiter gewandert, als wir ihr zugetraut hätten. Sie war bisher außerordentlich tapfer und ausdauernd, aber wenn ihr jetzt der Mond auch nicht weiter helfen kann, wie soll das noch gut werden?«

Der Mond schwieg eine Weile und dachte nach. (In dieser Zeit haben wir uns besorgte Gedanken machen können.) Der Mond lud die Prinzessin zum Übernachten ein und sie nahm dankend an.

»Mach dir keine Sorgen«, riet ihr der Mond, als sie sich schlafen legte. »Ich denke noch einmal nach. Bei Nacht kommen mir die besten Ideen. Sicher kann ich dir morgen früh etwas Hilfreiches sagen.«

Sie schlief vertrauensvoll, und wirklich begrüßte ihr Gastgeber sie am Morgen mit den Worten: »Mir ist, wie erwartet, etwas eingefallen. Heute feiert das schwarze Männlein im Glasberg Hochzeit. Da wird eine Menge Volk aus der ganzen Umgebung geladen sein und zur Feier kommen. Geh hin zu dem Fest und frag dort herum. Da könnte doch leicht jemand dabei sein, der den weißen Wolf kennt.«

»Das schwarze Männlein!«, jubelte die Königstochter. »Wunderbar! Gleich muss ich los, das ist es, das schwarze Männlein, das ist ja noch besser als der weiße Wolf! Danke, danke!«

Schon wollte sie loslaufen, aber der Mond rief sie zurück:

»Nimm die Hühnerknochen aus der Suppe mit. Du wirst sie brauchen!«

In Windeseile nahm die Prinzessin die Knochen und steckte sie ein, aber ein Knöchlein verlor sie, weil sie gar so flink und flüchtig hingegriffen hatte.

Schon war sie auf dem Weg, wanderte den ganzen Tag und rang mit dem wilden Wald, bis sie am Abend beim Glasberg ankam. Sie sah den Lichtschimmer des Festes durch das Glas funkeln. Sie konnte sogar schemenhaft die Tanzenden beim Hochzeitsfest darin erkennen. Aber der Eingang in den Glasberg war ganz oben und da, wo sie stand, gab es keine Stufen hinauf.

Sie nahm die Hühnerknochen heraus, legte einen davon auf die scharfkantige, glatte, Oberfläche und – siehe da! – etwas wie eine Leiter entstand. Knochen für Knochen legte sie hin. Leitersprosse für Leitersprosse bot sich ihren Füßen dar. Schritt für Schritt kam sie der Spitze des Glasberges und dem Eingang näher.

Als sie ganz kurz vor dem Eingang war, da fehlte nur ein Hühnerknöchelchen und sie wäre oben gewesen. In ihrer Not nahm sie, was sie finden konnte; sie nahm den kleinen Finger ihrer linken Hand. Da war die Leiter lang genug und die Königstochter erreichte den Eingang des Glasberges.

Sie schritt Stufe um Stufe hinunter in den Festsaal, hörte Musik, vermischt mit den Stimmen der Feiernden und stand auf einmal mitten unter den vornehm gekleideten Gestalten.

Vorne sah sie das schwarze Männlein, das sie nur an seinen Augen und seiner Eigenart wiedererkannte, denn es war in einen schönen Prinzen verwandelt. An seiner Seite stand als Braut eine anmutige Prinzessin.

Unserer Prinzessin erschien die ganze Szene nach allem, was sie durchgestanden hatte, um hier her zu gelangen, wie ein böser Spuk. Natürlich sah sie in dieser festlichen, gepflegten Gesellschaft sehr sonderbar aus, mit ihrem zerrissenen Gewand, zerkratzt und mit Erde verschmiert, aber das war ihr nicht bewusst, sondern sie dachte: »Wie kann er eine andere heiraten als mich, nach allem, was ich getan habe, damit wir zusammenkommen?« Sie seufzte, schaute sich in der Runde um, hörte, wie die Anwesenden fröhlich plauderten und sah, wie sie einander zuprosteten.

»Sie wissen das nicht!«, fiel ihr ein. »Und was, wenn mein Prinz auch nicht wusste, warum ich nicht kam, als er mich abholen ließ?«, dachte sie weiter. »Wenn der weiße Wolf ihm erzählt hätte, was geschehen ist, wäre mein Prinz, den ich als schwarzes Männlein kennenlernte, mich doch sicher suchen gekommen! Er weiß es nicht. So muss es sein!«

Wild entschlossen trat die Königstochter mitten in die festliche Gesellschaft. Sie fand einen erhöhten Platz, an dem sie gut zu sehen war. Und hier erzählte sie mit klarer Stimme und schönen Worten laut und deutlich alles, was ihr bereits vernommen habt.

Nach und nach gewann sie die Aufmerksamkeit der Anwesenden, auch des Prinzen und der Braut. Die Braut war ein edler, feiner Mensch. Sie begriff, was auf dem Spiel stand und überließ der Erzählerin das Feld, im Vertrauen, dass dies ihre Geschichte sei, in der sie selbst nur ein Gastspiel gehabt hatte, und dass sie bald ihre eigene Geschichte, die sich wirklich um sie selbst drehte, finden werde.

Der in sich selbst zurückverwandelte Prinz, der ein schwarzes Männlein und wohl auch ein weißer Wolf gewesen war und die Königstochter, die Wind und Gestirne besucht und viele Abenteuer erlebt hatte, um endlich zu ihm zu gelangen, diese beiden heirateten nun. Es heißt, dass sie tapfer und froh ein gutes Königspaar geworden sind, zwei Leben lang für Tier und Mensch und alle Kräfte der Welt Gutes bewirkt haben und viele glückliche Kinder bekamen, die, mit Hühnersuppe genährt, von einer geheimnisvollen alten Wohltäterin besucht, vom Wind umweht und von Sonne und Mond beschienen noch lange glücklich waren und Glück unter den Menschen in ihrem Reich verbreiteten.

Lügen für Brot

In früheren Zeiten war es noch nicht so wie heute, dass man zum Bäcker gehen, von vielen fertig gebackenen Sorten Brot eines auswählen, es bezahlen und mit nach Hause nehmen hätte können. Wer damals Brot essen wollte, musste einen Sack Getreide nehmen, es zum Müller tragen, es dort mahlen lassen, das Mehl nach Hause tragen, Holz und Wasser holen, Teig zubereiten, ihn gehen lassen und dann den Ofen einheizen, um das Brot zu backen.

Da war in jenen Zeiten einmal eine Mutter, die sagte des Morgens zu ihrer Tochter: »Nimm diesen Sack Getreide, trag ihn zu Mühle und lasse ihn mahlen. Wir wollen frisches Brot backen. Aber geh nicht zu einem bartlosen Müller! Du weißt es. Bartlose Müller sind Lügner und Betrüger.«

Die Tochter nahm den Sack Getreide und machte sich auf den Weg. Sie ging den Berg hinauf, den Berg hinunter, sah im Tal einen Fluss, am Fluss eine Mühle und vor der Mühle auf der Bank sitzend – einen bartlosen Müller.

Sie seufzte, setzte den Getreidesack kurz ab, trank einen Schluck Wasser aus ihrer Flasche, hob den Sack wieder auf die Schulter und ging weiter. Sie ging den Weg bergauf und wieder bergab, sah im Tal einen Fluss und am Fluss eine Mühle. Vor der Mühle stand stolz – ein bartloser Müller. Die folgsame Tochter seufzte und ging weiter. Sie ging bergauf. Es wurde schon bald Mittag und es war heiß. Der Schweiß lief ihr über die Stirn. Sie trank etwas Wasser, das warm geworden war und nicht mehr sehr gut schmeckte. »Ein Stückchen Brot wäre jetzt gut«, dachte sie sich. Sie seufzte und ging den Weg weiter, bergab. Im Tal: ein Fluss. Am Fluss: eine Mühle. Vor der Mühle? Ein bartloser Müller. Die Tochter stellte sich vor, wie weit sie mit dem gemahlenen Mehl noch bergauf und bergab gehen müsse und wie weit der Weg nach Hause sein werde. Entschlossen ging sie auf die Mühle zu, gab dem Müller den Sack mit Getreide und beauftragte ihn, es zu mahlen.

Der bartlose Müller nahm den Sack, ließ das Getreide vor den Augen der Tochter ins Mahlwerk rinnen und nickte ihr freundlich zu. Bald darauf kam Mehl aus dem Mahlwerk. Aber die Tochter staunte: Wie konnte es so wenig sein?

»Das ist aber wenig!«, rief auch der Müller. »Macht nichts!«, verkündete er gleich darauf. »Ich will dir zum Trost gleich ein gutes Brot daraus backen. Der Ofen ist zum Glück schon eingeheizt.«

Und bevor die Tochter auch nur »Nein, danke« hätte sagen können, hatte der Müller aus dem Mehl mit etwas Wasser, Salz und Sauerteig einen Brotteig gemacht, ihn gehen lassen und den Leib in den Backofen geschoben. Bald darauf begann es köstlich zu duften.

Der Müller ließ das Brot noch ein wenig backen und holte es dann aus dem Ofen. Es war goldbraun, sah knusprig aus… und winzig klein. Es sah nicht wie ein Brot, sondern wie ein Brötchen aus.

»Das ist aber klein geworden«, bemerkte der Müller. »Seltsam, ich hätte mir mehr davon erwartet. Aber man soll aus allem das Beste machen. Wie die Dinge liegen, ist das zu wenig für uns beide. Ich muss ja noch meinen Mahllohn bekommen und wenn wir uns dieses Brot teilen, werden wir beide mehr hungrig als satt. Ich weiß:

Wir lügen um die Wette und wer gewinnt, bekommt das ganze Brot. Ich fange an.«

Der Müller log so sehr, dass sich die Balken der Mühle bogen. Er log so, dass der Staub sich vor Schreck vom Boden erhob, um sich an der Decke niederzulegen und dass das Mühlrad sich gegen den Strom zu drehen begann.

»Bist du jetzt fertig?«, fragte die Tochter, die sich all das hatte anhören müssen.

»Ja«, antwortete der Müller zufrieden und setzte sich behaglich auf die Ofenbank.

Die Tochter erzählte: »Vor langer, langer, gar nicht langer Zeit hatte ich Lust, mir ein wenig die Beine zu vertreten. Ich schwamm also aus meinem Unterwasserpalast hinaus, bestieg meinen Reitschmetterling, der geradewegs, wie es nun einmal die Art dieser Tiere ist, losbrauste. Wie gewünscht kam ich ins Land der tausend Freuden, wo der Himmel grau ist und die Bäume lila sind. Es war windstill. So kam es, dass mein Reitelefant taumelte. Wir wissen ja, wie unruhig diese zarten Wesen fliegen. Ich stürzte ab und landete in einem Sumpf. Der Elefant war von einem starken Windzug davongetragen worden und ich versank. ›Nun ist guter Rat teuer‹, dachte ich mir. Und was teuer ist, ist immer auch das Beste. Da sah ich von ferne eine Reiterhorde näher kommen und rief ihnen zu, sie sollten mich rasch retten kommen. Sie waren auch bald bei mir.

›Zieht mich raus!‹, bat ich.

›Her mit dem Gold!‹, schrie der Anführer der Reiter.

›Wenn ich welches hätte‹, so sagte ich, ›müsstest du mich doch erst aus dem Sumpf ziehen, damit ich es aus der Tasche holen kann, denn meine Arme stecken schon im Schlamm.‹

Da schrie der Reiter wild, zog seinen Säbel und schlug mir den Kopf ab. Ich aber hielt still. Ich ließ mir nichts anmerken. Und als die Horde weiter geritten war, machte ich mich auf den Weg ins nächste Dorf. Dort saß eine alte Frau auf dem Hauptplatz, hatte einen Haufen Holz neben sich liegen und strickte Häuser daraus.

›Hast du ein Seil für mich?‹, fragte ich. ›Ich stecke nämlich dort drüben im Sumpf fest und möchte mich gerne herausziehen.‹

›Ach ja‹, stimmte die Frau zu. ›Das passiert hier dauernd Leuten. Deshalb habe ich das Seil bereit.‹

Und sie reichte es mir.

Ich dankte und wollte gehen.

›Entschuldige!‹, rief sie. ›Ich will dir nicht zu nahe treten, aber mir scheint, du hast den Kopf verloren.‹

›Ach ja, stimmt!‹, sagte ich. ›Danke und möge das Schicksal dir noch viel Schreckliches bescheren.‹

Sie lächelte erfreut. Ich aber griff in die Tasche, holte meinen Kopf hervor und setzte ihn mir wieder auf. Schön mit der Nase zum Hintern hin, wie es sich gehört.

Ich wanderte zum Sumpf zurück, und da ich auf dem Hinweg bergauf gegangen war, keuchte ich nun gründlich, weil ich ja wieder so steil hinauf gehen musste.

Beim Sumpf angekommen suchte ich mir am Rand einen guten Standplatz, band mir das Seil um den Bauch, um mich herauszuziehen und zog. Aber wie schwer das war! Am Seil, das ich durch den Sumpf ziehen musste, hingen nämlich neunundneunzig Männer, Frauen, Kinder und Pinguine, die alle aus dem Dorf stammen mussten. Sie dankten, dass ich uns alle hundert gerettet hatte. Dann fragten sie, was mich hier her gebracht hätte und ich erzählte, dass ich mit einem unehrlichen bartlosen Müller um mein Brot um die Wette lügen müsse. Das wollten sie natürlich genauer wissen und ich erzählte es ihnen astrein und haarklein.

Da haben alle neunundneunzig und sogar meine eigene Wenigkeit, die ich ja auch gerettet hatte, felsenfest beteuert, dass das Brot mir gehören muss.«

In diesem Moment griff die Tochter blitzschnell nach dem Brot, rannte über den dritten, den zweiten und den ersten Berg ohne abzusetzen bergauf und bergab und gelangte glücklich nach Hause zu ihrer Mutter, der sie, während sie das Brötchen zusammen verspeisten, alles Erlebte erzählte.

Der Müller aber saß noch lange auf seiner Ofenbank, nickte leise und murmelte vor sich hin: »Ja, das hätte mir alles ganz genau so geschehen können.«

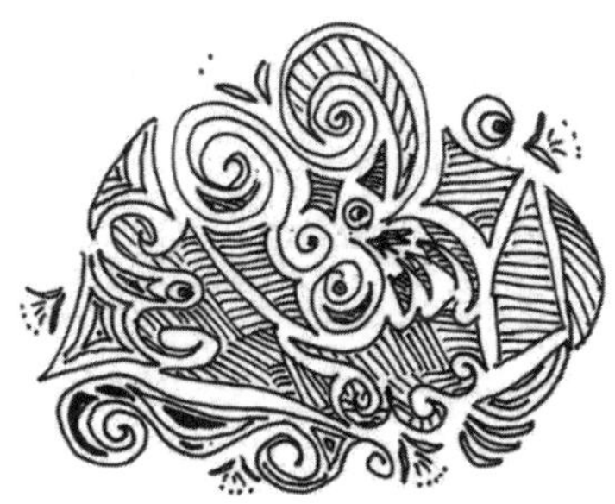

Das Bübchen, das sich nicht waschen wollte

Es war einmal ein Bub, der mit genau sieben Jahren begann, Himmel und Hölle in Bewegung zu setzen, um nicht mit Wasser in Berührung zu kommen. Er wusch sich nicht selbst und ließ sich auch nicht waschen. Seine Fingernägel wuchsen munter. Der Schmutz sammelte sich stolz unter ihnen. Der Bub kämmte sich nicht die Haare und ließ nicht zu, dass jemand sie schnitt.

Seine Mutter bat ihn, sich waschen und pflegen zu lassen. Sie verlangte es. Sie versuchte auch, ihn mit Schimpfen, Drohen oder Süßigkeit dazu zu bringen. Er aber war halsstarrig. Er war ein Meister der Ausreden und Listen, wenn er nicht gerade spurlos verschwand oder die Mutter mit süßen Worten um den Finger wickelte.

Er war von Dreckkrusten und unerfreulichen Gerüchen umgeben. Das gefiel keinem im Dorf, außer ihm selbst. Und es gab noch einen Zweiten, dem es gefiel, außerhalb, genauer gesagt: unterhalb des Dorfes.

Das war einer, der seit Urzeiten etwas fürs Schmutzige übrig hat, der weit unten an einem düsteren Ort sein Feuer hütet und der, wenn er unter Menschen auftaucht, leicht an seinem Pferdefuß zu erkennen ist: Der Teufel fand großen Gefallen an des Bübchens Zustand. Er suchte ihn auf und bot ihm einen Posten mit gutem Einkommen an.

»Und was tust du mir dafür? Was verlangst du? Du musst wissen, meine Seele will ich für immer behalten«, verhandelte der Bub, der in gewisser Weise »mit allen Wassern gewaschen« war.

»Was du dafür tun musst? Ja, das wird schwer«, schmunzelte der Teufel, dem dieser kleine Bursche sehr angenehm war. »Du darfst dich während deiner gesamten siebenjährigen Amtszeit als Torhüter der Hölle nicht waschen, dir nicht die Nägel und Haare schneiden und dich in keiner Weise reinigen. Ich zweifle, ob dir das gelingen wird.«

Da lachten sie beide wie aus einem Mund, bestätigten den Dienstvertrag mit Handschlag und ab ging's in die Hölle, oder vielmehr vor deren Eingangstor.

Eine Weile erzählte man im Dorf noch von dem Buben. Seine Mutter dachte an ihn und schaute jeden Abend, ob er nicht doch nach Hause käme, aber als die Jahre vergingen, geriet seine Geschichte in Vergessenheit. Sie gewann nicht, wie andere Geschichten, Sagen und Legenden an Farbe, sondern verblasste, weil niemand das Verschwinden des Buben und seine Begegnung beobachtet hatte – und Nichtwissen ergibt nun einmal keine gute Geschichte.

Sieben Jahre und nochmals sieben Jahre vergingen. Wir können uns vorstellen, dass der Bub es ganz gemütlich fand, für das, was ihm behagte, auch noch reichlich bezahlt zu werden. Die Arbeit fiel ihm leicht und schien recht unterhaltsam. Deshalb verlängerte er seinen Vertrag als Hüter der Hölle freudig nach Ablauf der Amtsperiode. Aber nach der doppelten Zeit hatte er dann doch genug. Er nahm den Lohn und seinen Abschied. Ob der Teufel je wieder seines Gleichen fand, ist mir nicht bekannt.

Aber was mir berichtet wurde, ist, dass eines Tages, vierzehn Jahre nachdem das Bübchen, das sich nicht waschen wollte, verschwunden und sieben Jahre nachdem es in Vergessenheit geraten war, ein Kerl ins Dorf hinein wanderte, dreckstarrend, zottig, groß und kräftig, auch für einen ausgewachsenen Mann. Die Kinder rannten ihm hinterher und spotteten: »Schwarzer Mann! Iihhh, der stinkt!«

Sie hielten sich die Nasen zu, kamen aber dennoch näher an ihn heran, um ihn zu zwicken und Proben seiner Schmutzschicht zum Vorzeigen zu ergattern.

»Zottelbär!«, »Schmutzschleuder!«, »Dreckspatz!«, schrien die Kinder, holten ihre Freunde herbei, damit sie schimpfen helfen sollten, dachten sich immer neue Schmähworte aus und zeigten auf ihn.

Als aber ein Bürschchen nahe an ihn herankam, packte der Fremde den Kleinen am Kragen, hielt ihn sich vors Gesicht, und schaute ihn eingehend an.

»Du bist wohl einer von Müllers, wohnst dort unten beim Bach, mit deiner Sippe, ja?«

Zitternd nickte der Bub, verlangte, freigelassen zu werden und unterdrückte mühsam die Tränen.

»Ich tu dir nichts, Kleiner«, erklärte der Fremde. »Aber ich sage dir, was dein Onkel, der kürzlich in die Hölle kam, für Lügen verkündet hat. ›Ich habe den Armen gegeben, so viel. Ich habe viel Gutes getan! Ich gehöre in den Himmel!‹«

Der Fremde ahmte einen winselnden, wehleidigen Tonfall nach.

»Ha!«, knurrte er. »Im großen Höllenbuch steht alles geschrieben. Und was da steht, stimmt. Dieser Heuchler hatte die Hölle mehrfach verdient. Geh, sag das deinen Eltern. Ich weiß genau, was dein Onkel für Dreck am Stecken hatte. Aber wenn deine Sippe etwas dafür springen lässt, werde ich keinem verraten, was ich weiß.«

Er stellte den Buben wieder auf die Füße und ließ ihn los. Dieser flitzte davon, war aber gleich darauf mit einem Goldstück wieder da, das er dem unheimlichen Mann verstohlen aushändigte. Und so erging es jedem Kind, das an der schmutzigen Erscheinung des Fremden etwas auszusetzen hatte.

Bald war der Fremde reich. Er kaufte sich ein schönes Haus mit Badewanne und goldenen Wasserhähnen, badete von nun an genüsslich und täglich, schnitt und reinigte Bart, Haare und Nägel und sah bald sehr adrett aus.

Und nun lebte er lange und glücklich vom Schweigen und davon, etwas nicht zu erzählen, so wie wir Erzählende davon leben, es kundzutun.

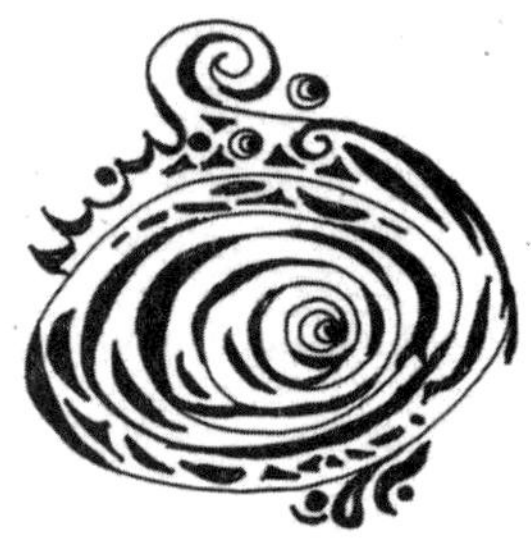

Nasreddin Hodscha

Er ist ein Held des Erzählens, nicht weil er selbst so viel erzählt, sondern weil er so viel Erzählenswertes getan und gesagt hat. Ob es ihn wirklich gegeben hat, darüber scheiden sich die Geister. Aber als Geschichtengestalt ist er länger und an mehr Orten lebendig, als es ein wirklicher Mensch je sein könnte.

Historische Persönlichkeit oder nicht… Jedenfalls verkörpert Nasreddin Hodscha, Mullah Nasreddin, Nasreddin Effendi – oder wie er sonst noch heißt – eine närrische Weisheit, die Narrative lohnend macht.

Nasreddin ist kein Erzähler, sondern eine Geschichtengestalt. Um ihn ranken sich kurze Erzählstoffe mit kraftvollen Pointen. Diese Schätze der Erzählkultur haben zu fast jedem Thema etwas zu sagen und natürlich sprechen sie auch über das Erzählen und Zuhören. Sie werfen Fragen auf: Was ist wahr und was glaubwürdig? Wie viel Gesagtes können Zuhörende gut verkraften? Wie werden

Zuhörende auf Erzähltes neugierig? Inwiefern hat Gedachtes und Gesagtes mit dem Handeln und der »materiellen Wirklichkeit« zu tun? Was ist mehr wert: das Erzählen oder das Zuhören? Diese Gedankengänge sind Tropfen aus dem Meer der Nasreddin-Hodscha-Erzählungen. Sie veranschaulichen narrative Themen und narrative Expertise.

Wie viel ist wann genug für wen?

Nasreddin Hodscha kam einmal in eine fremde Stadt und blieb dort eine Weile. Als Hodscha, als einer, der religionskundig ist, lehrt und das Gebet anleitet, genoss er Ansehen und wurde eingeladen, in der dortigen Moschee zu predigen.

Er sagte zu, überlegte sich einige Weisheiten und auch etwas Heiteres, um die Zuhörenden damit zu erfreuen. Er erinnerte sich an erstaunliche Erlebnisse, aus denen sich, wie er dachte, etwas lernen ließe und bereitete sich darauf vor, sie zu deuten. Natürlich rief er sich geeignete Verse aus dem Koran in Erinnerung. Er überlegte hin und her, was er zuerst und was später erzählen sollte, welche Inhalte wie nachdrücklich gesagt werden und wie sie aufeinanderfolgen sollten, wo der geeignete Augenblick für eine Pausen und ein leutseliges Schmunzeln wäre und wo er den Klang seiner Stimme erheben oder mäßigen müsse.

Freudig erregt betrat er die Moschee, musste aber feststellen, dass nur ein einziger Zuhörer gekommen war und auch keine weiteren mehr kommen würden. Er ging näher zu seinem einen Zuhörer hin und fragte, was er nun tun solle.

»Ich bin hergekommen und bin nun dein ganzes Publikum. Du möchtest wohl nicht bewirken, dass dein ganzes Publikum, das zwei Stunden Weges hier her gegangen ist, unverrichteter Dinge und ohne deine Weisheiten vernommen zu haben, wieder zurück nach Hause wandern muss. Du musst wissen: Ich bin nur ein einfacher Pferdeknecht. Aber wenn ich in den Stall gehe und es ist statt zwanzig Pferden nur eines darin, dann gebe ich diesem Pferd Wasser, striegle und versorge es.«

Nasreddin nickte zufrieden, ging wieder an seinen Platz und erzählte alles, was er sich überlegt und vorbereitet hatte. Während er predigte und erzählte, drang er tiefer als zuvor in die Weisheiten ein. Es fielen ihm weitere Erlebnisse ein, über die er staunte, weil er beim Sprechen auch sich selbst zuhörte. Wie wunderbar, dass diese Erlebnisse die auf einmal einen viel tieferen Sinn offenbarten, als er es zuvor wahrgenommen hatte! Er war von Begeisterung entflammt und die Zeit verging ihm wie im Fluge. Er fand einen weisen, guten Schluss seiner Rede und ging dann zu seinem Zuhörer, um ihm zu danken und zu erfahren, was ihm alles zum Gehörten einfiele.

»Hodscha!«, sagte der Zuhörer, während er sich erhob, die vom langen Sitzen erstarrten Beine wach rieb und dann neben Nasreddin hinaus schritt: »Ich bin nur ein einfacher Pferdeknecht, aber wenn ich in den Stall komme und es ist statt zwanzig Pferden nur eines da, dann gebe ich dem einen Pferd nicht alles, das für zwanzig Pferde vorgesehen war, sondern Wasser und Hafer für dieses eine Pferd. Und ich striegle dieses eine Pferd nicht so lange, als ob es zwanzig wären, sondern für dieses eine genau genug.«

Wer weiß?

Hodscha Nasreddin weilte längere Zeit in einer fremden Stadt und wurde eingeladen, in der Moschee seine Weisheit zu verkünden.

Er nahm bedächtig den ihm zugedachten Platz ein, räusperte sich, sah erwartungsvolle Blicke und offene Ohren, spürte, wie die Neugier stieg und badete in der Spannung der Zuhörenden, bis er, genau in jenem Moment, den zu spüren Feinsinn braucht, genau im geeigneten Moment, bevor die Erwartung sich verflüchtigt und die Spannung dem Widerwillen weicht, sprach: »Wisst ihr, was ich euch erzählen werde?«

»Nein!«, riefen die Zuhörer. »Wir wissen es nicht. Deshalb sind wir ja gekommen.«

Bedenklich wiegte Nasreddin sein Haupt und strich mit den Händen in weiten Bögen durch die Luft. »Wenn ihr nichts wisst«, sprach er und spürte, wie die Zuhörenden an seinen Lippen hingen, »wie wollt ihr dann meine Worte verstehen? Was soll ich euch da sagen?«

Er schüttelte nochmals den Kopf, zuckte die Schultern und ging vor den Augen aller Anwesenden bedächtigen Schrittes zum Ausgang. Hier zog er langsam seine Schuhe an und war bald verschwunden.

Wer diese Szene erlebt hatte, erzählte davon. Mutmaßungen wurden ausgetauscht. Fragen wurden gestellt: »Was will er?«

»Warum tut er das?«

»Wie bringen wir ihn zum Reden?«

Die Neugier stieg und Nasreddin wurde nochmals zum Predigen eingeladen.

Wieder nahm er die Einladung an. Da stand er nun vor der erwartungsvollen Menge, ließ wieder reichlich Zeit vergehen und schaute dabei sehr bedeutsam drein. Als er endlich zu sprechen begann, hätte man eine Nadel fallen hören können.

»Wisst ihr, was ich euch erzählen werde?«, fragte er wieder.

»Ja!«, antworteten die Anwesenden wie aus einem Mund, denn das hatten sie sich ausgedacht und ausgemacht.

»Wie gut, dass ihr es wisst. Dann kann ich mir die Worte und das Predigen ja sparen«, sagte Nasreddin zufrieden und schritt, wie voriges Mal, gelassen und guter Dinge seiner Wege.

Wieder war diese Predigt Stadtgespräch und die Neugier wuchs weiter. Wieder gab es eine Einladung an den Hodscha. Wieder nahm er sie an und wieder stand er vor der erwartungsvollen Zuhörerschar.

»Wisst ihr, was ich euch erzählen werde?«, fragte er.

Die eine Hälfte der Zuhörenden antwortete: »Nein.«

Die andere Hälfte: »Ja.«

So wie sie es vereinbart hatten.

»Wie gut!«, rief Nasreddin begeistert. »Dann können es jene, die es wissen, denen sagen, die es nicht wissen.«

Er ging zufrieden seiner Wege.

Und warum wissen wir davon? Weil jene, die dort waren, und von der weisen Narretei verblüfft wurden, es jenen erzählten, die nicht dabei gewesen sind.

Das Hufeisen

Eines Tages stand Nasreddin auf einem Schemel vor seiner Haustür und schickte sich an, etwas über dem Türstock zu befestigen. Ein Nachbar kam vorbei.

»Freund!«, rief Nasreddin ihm von oben zu. »Sollte ich das Hufeisen mit der Öffnung nach oben oder nach unten befestigen?«

»Wie kannst du das fragen, mein Lieber?«, feixte der Nachbar. »Du sagst doch immer wieder, wir sollten den Aberglauben meiden. Kann es eine abergläubischere Frage als diese geben?«

»Ach«, meinte Nasreddin munter, »natürlich stehe ich zu meiner Meinung, was Aberglauben betrifft, aber ich habe gehört, dass die Sache mit dem Hufeisen auch wirkt, wenn man nicht daran glaubt.«

Keine Tiger

Nasreddin Hodscha wurde eines Tages bei einer sonderbaren Handlung beobachtet: Er streute weiße Steinchen in regelmäßiger Reihe aus, ging an der fertigen Reihe immer wieder vorbei, überprüfte ihre Lage und rückte sie zurecht, bis er zufrieden war.

Sein Nachbar, der staunend eine Weile zugesehen hatte, fragte: »Was tust du da? Warum streust du die Steine aus und wie entscheidest du, wo sie genau liegen müssen?«

»Ja, das ist eine Sache, für die es Gespür braucht.«, sinnierte Nasreddin. »Die Steine müssen genau so liegen, um Tiger fern zu halten.«

»Wieso Tiger? Die gibt es hier doch gar nicht!«, wunderte der Nachbar sich.

»Na, siehst du. Eben deshalb«, erklärte Nasreddin freundlich.

Zwei kostbare Vögel

Nasreddin ging eines Tages auf den Markt und sah dort einen Nachbarn sitzen, neben sich einen Käfig mit einem Vogel darin. »Du bietest diesen Vogel zum Verkauf? Was soll er denn kosten?«, fragte der weise Narr.

»Hundert Goldstücke«, antwortete der Nachbar.

Nasreddin wiegte fragend den Kopf: »So viel?«

»Dieser Vogel kann Lieder singen, Gedichte rezitieren, auf jede Frage eine Antwort geben und Geschichten erzählen. Er ist noch viel mehr wert als das«, erklärte der Nachbar. Nasreddin schaut noch eine Weile zweifelnd vor sich hin, nahm dann Abschied und ging nach Hause.

Am nächsten Tag kam der Nachbar auf den Markt und sah dort Nasreddin mit einem Käfig sitzen.

»Nun, Nasreddin«, fragte er. »Was kostet dein Vogel?«

»Zweihundert Goldstücke«, antwortete dieser.

»Du Narr!«, rief der Nachbar. »Gestern hast Du hundert Goldstücke zu teuer gefunden für meinen bunten, schönen Vogel, der Gedichte rezitieren, Lieder singen, auf jede Frage eine Antwort geben und Geschichten erzählen kann. Und heute verlangst du doppelt so viel für einen gewöhnlichen Truthahn?«

»Gewöhnlich? Wie willst du das wissen? Dieser Truthahn kann etwas sehr Ungewöhnliches!«, trumpfte Nasreddin auf.

»Ach«, erwiderte der Nachbar halb neugierig und halb herablassend, »was kann dein Truthahn denn so Besonderes?«

Mit Würde verkündete Nasreddin: »Er kann zuhören.«

Joghurt

Auf einer Wanderung erzählte meine Kollegin Sonja Nora Kinigadner der Geschäftsführerin eines Bioladens die folgende Geschichte. — »Nasreddin Hodscha wanderte aus dem Ort hinüber zum nahen See. Er trug einen Becher Joghurt mit sich. Am See angelangt begann er langsam, ganz langsam, das Joghurt in den See zu schütten. Sein Nachbar kam vorbei, sah, was er tat und fragte: ›Was machst du da?‹

›Joghurt‹, antwortete Nasreddin.

›Ich sehe, dass das Joghurt ist‹, seufzte der Nachbar. ›Aber warum wirfst du ihn weg?‹

›Aber mein Freund, du kennst mich doch. Nie würde ich so etwas Gutes verschwenden!‹, beteuerte Nasreddin. ›Im Gegenteil. Ich mache Joghurt aus dem See. So macht man Joghurt doch! Man gibt es in etwas hinein und wartet dann ab.›

›Schon, aber ein ganzer See kann doch nicht zu Joghurt werden!‹, rief der Nachbar aus.

›Wahrscheinlich nicht…‹, sinnierte Nasreddin. ›Aber was, wenn es doch ginge?‹« — Ihre Zuhörerin strahlte. »Das wär' was, ein ganzer See von Joghurt!«

Während wir Erzählerinnen weitergingen, diskutierten wir: »Hat die Zuhörerin die Geschichte verstanden?«

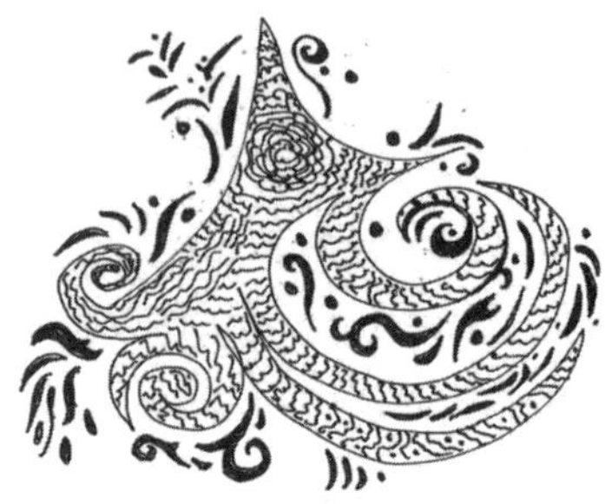

Die Geschichte vom Mantel, der Vater eines Kindes war

Der Wesir des Kalifen Harun al-Raschid, des mächtigen, weisen, volksnahen Herrschers, den es wirklich gegeben hat und über den es unzählige Geschichten gibt… der Wesir dieses berühmten Mannes streifte eines Tages zwischen den Zelten der Allerärmsten, der Beduinen, umher.

Abu Nuwas, so war der Name des Wesirs, hoffte für seinen Herrn, der solches liebte, eine gute Geschichte zum Mit-Erleben zu finden. Er vernahm Stimmen, die ungewöhnlich erregt schienen, und lugte durch den Schlitz eines Zeltes. Abu Nuwas beobachtete, wie ein Beduinenvater mit hoch erhobenem Dolch vor seiner Tochter stand, die ihre Unschuld beteuerte.

»Ich töte dich«, rief der Vater aufgebracht. »Und rette damit meine Ehre und die unserer Familie!«

Die Beduinentochter war sichtlich schwanger, beteuerte aber, sie sei keinem Mann nahegekommen. Ihre Geschichte: Sie sei in einer eisigen Nacht zum Fluss Tigris hinunter gegangen, um Wasser zu holen. Da habe ein Mantel gelegen, in den sie sich gehüllt habe, um entgehen, und der Mantel müsse wohl einem Mann gehört haben. So sei das Kind entstanden. Abu Nuwas sah, wie der Vater von dieser Erzählung noch aufgebrachter war als zuvor und mit dem Dolch ausholte.

Da trat Abu Nuwas ins Zelt und offenbarte sich als Wesir des Kalifen. Nachdem er der geschehenden Geschichte wie ein »deus ex machina« eine Wendung verliehen hatte, befahl er kraft seines Amtes, den Fall am kommenden Tag vor den Kadi, den Richter, zu tragen und den Mantel, der nach der Erzählung der jungen Frau, Khadidja, ein Kind gezeugt hätte, mitzubringen. Der Beduinenvater und Khadidja folgten des Wesirs Autorität. Der eine widerwillig, die andere erleichtert.

Wie erhofft hatte Abu Nuwas jetzt eine gute Geschichte für seinen Herrn und Freund Harun al-Raschid.

Der Wesir und der Kalif erschienen am folgenden Tag inkognito im Gerichtssaal, wo Vater, Tochter und Mantel bereits anwesend waren. Zudem war der Eigentümer des Mantels vor dem Kadi erschienen, ein Jüngling namens Karim.

Und nun erleben wir eine sonderbare Gerichtsverhandlung mit. Der Kadi steht vor einer Herausforderung. Rasch ahnt er, dass dieser verzwickte Rechtsfall all seine Geschicklichkeit braucht, beruft sich auf ein geltendes Gesetz, das die Beauftragung von Anwesenden als Ankläger und Verteidiger gestattet und atmet auf, als ausgerechnet die beiden angeblichen Kaufleute, in denen er bereits den Kalifen und seinen Wesir erkannt hat, sich für diese Aufgaben melden.

Sehr verblümt (dafür aber reich an Anspielungen und delikaten Bemerkungen) wird nach und nach unter der strengen Decke der Gerichtsverhandlung und ihrer formalen Regeln Khadidjas Geschichte um einige wesentliche Details ergänzt.

Abu Nuwas beschuldigt – in der Rolle des Anklägers – den Mantel, ein Kind gezeugt zu haben und der verkleidete Kalif verteidigt den Mantel beredt.

Auf seine Aufforderung hin erzählt Khadidja, wie der Mantel sie zu Fall gebracht und sich mit seinen Falten zwischen ihre Beine gezogen habe. Dabei sei durch »den Geruch des Jünglings« das Kind in ihrem Leib entstanden.

Der verkleidete Kalif erklärt daraufhin als Verteidiger, da dieser Geruch »auf dem Mantel reite«, wie ein Mann auf einem Pferd, habe rechtlich gesehen der Geruch das Kind gezeugt.

Der Mantel wird daraufhin vom Kadi freigesprochen und der Geruch wird angeklagt. Harun al-Raschid bricht in der Rolle des Verteidigers eine Lanze für den Geruch, der unschuldig sei, weil sein Besitzer für ihn verantwortlich sei und ihn hätte »im Zaum halten sollen«.

Der Geruch wird vom Kadi in aller Form freigesprochen und der Besitzer des Geruches, der Jüngling Karim, angeklagt. Befragt, wo er sich in jener Nacht befand, erklärt er, er sei in jener bitterkalten Nacht natürlich in seinem Mantel gewesen.

Der Kadi redet Khadidja ins Gewissen, ihre Aussage sei ungenau und unvollständig gewesen, da sie Karims Anwesenheit in dem Mantel nicht erwähnt habe.

Aber Khadidja steht aufrecht mit hellem Blick. Sie erklärt, es sei wohl nicht zu erwarten, dass sie nach so langer Zeit noch genau wisse, was sich in jenem Mantel befand, mit dem sie sich in der bitterkalten Nacht wärmte. Sie fragte kühn und zugleich arglos: »Wie oft haltet sogar Ihr, edler Kadi, der Ihr doch so viel wisst, wenn Ihr morgens Euer Haus verlasst, vor der Tür noch einmal an, um zu überprüfen, ob Ihr den Geldbeutel und den Schlüssel auch wirklich eingesteckt habt, auch wenn Ihr dies gerade zuvor getan habt?«

Alle Anwesenden nicken und wissen, wovon die Rede ist. Also, folgert Khadidja, sei es nur menschlich, nach so langer Zeit etwas nicht mehr zu wissen, nämlich die Kleinigkeit, dass sich in dem warmen Mantel in jener Winternacht tatsächlich der Jüngling Karim, der Besitzer des Mantels, befand.

Mit Blick auf die Vielschichtigkeit der Erzählung von der Geschichte des Mantels, der Vater eines Kindes war, sei bemerkt: »Nach so langer Zeit« bezieht sich auf die Zeit, die ein Kind braucht, um sich nach der Zeugung bis kurz vor der Geburt zu entwickeln... aber das bleibt unausgesprochen, bloß angedeutet.

Was Vorwurf war, wird zur Verteidigung der Meister-Erzählerin und ihrer Liebes- und Lebensfreude, die die abenteuerlustigen Mächtigen belächeln. Insgeheim wollen sie die pfiffige junge Frau, die um ihr Leben erzählt, beschützen. Die Gratwanderung ist, dies in strenger Achtung des Gesetzes, zumindest seines Buchstabens, zu tun.

Zugleich metaphorisch und symbolisch, zugleich verhüllt und enthüllt, zugleich intim und verschleiert endet die Geschichte von Khadidjas lebensrettender Erzählung mit dem Auftrag des Kadis an den Beduinenvater, der eher ein Mann der Tat als des Wortes ist und in der Verhandlung die Rolle des beteiligten Zuhörers hatte, den beiden jungen Menschen ihre Liebe zu erlauben.

Der Kadi verfügt, dass Khadidja und Karim einander heiraten sollen. Nach den verblümten Geständnissen dieser Verhandlung ist allen Beteiligten klar, dass dies für die beiden ein als Befehl verkleidetes Geschenk ist.

Für die strenge Außenwelt ist die Rechtsform erforderlich, aber diese wird in des Kadis Urteilsbegründung sogleich in Poesie umgeschrieben: »...damit Karim in den kalten Zeiten des Lebens seinen

Mantel um Khadidja (und das Kind) legen und sie vor der Kälte beschützen kann.«

Die Geschichte von der Geschichte vom Mantel, der Vater eines Kindes war, hütet sich, je die intimen Geschehnisse in die Öffentlichkeit zu tragen. Das Spiel der Geschichte ist, doppelbödig, gleichsam den Schleier der Moral mit dem Blick der Menschlichkeit und subtilem Schmunzeln durchdringend, alles zu sagen und zugleich zu verschweigen.

Für einen feinsinnigen, in der »Schleierkultur« der arabisch-muslimischen Lebensweise beheimateten Erzähl- und Zuhörkreis ist diese Erzählung ein Musterstück an Schmunzeln und erlebter Gemeinsamkeit im Verstehen des Unausgesprochenen.

Aber auch in anderen Kulturen gibt es Tabus und das Bedürfnis, sie zu hintergehen. Daher übersetzt sich die Geschichte, als Herausforderung an die Erzählenden, die diese Doppelbödigkeit meistern und es Khadidja, Harun al-Raschid und Abu Nuwas gleichtun wollen, gerne auch in westliches Denken und in andere, allgemeinmenschliche Erzählsituationen.

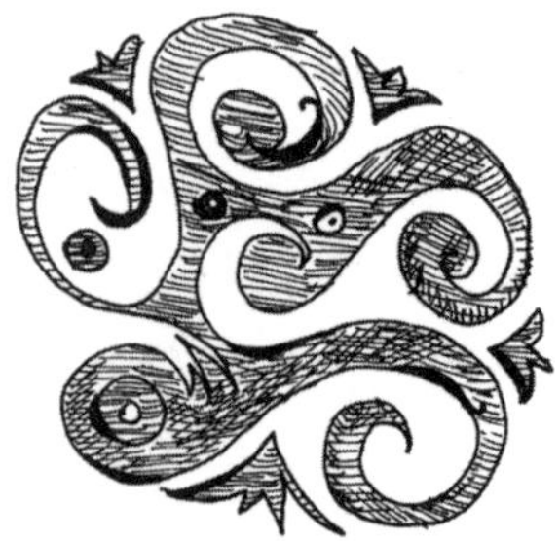

Vier Freunde und ein Sieger

Es lebten einmal im fernen Bagdad ein Tischler, ein Bogenschütze, ein Fährtenleser und ein Dieb, die beste Freunde waren. Eines Tages machten sie es sich miteinander in einem verlassenen Gebäude gemütlich, um zu picknicken.

Da sahen sie durch ein Gitter eine schöne Frau. Sie fragten sie, woher sie käme und wer sie sei, aber sie blieb still.

Und nun geschah etwas, das ich befremdlich und abscheulich finde. Was haltet ihr davon? Die vier Freunde fingen an zu streiten, »wem das Mädchen gehören solle«.

Wie können Menschen einen Menschen wie ein Ding behandeln? Wie können sie dieses Besitzergreifen von ihresgleichen ganz selbstverständlich finden? Und wie kann eine ganze Gesellschaft das gelten lassen? Das ärgert mich so, dass ich dieses Märchen am liebsten sich selbst überlassen würde.

Aber etwas macht es in meinen Augen doch erzählenswert: Das Märchen hat außer dieser Schwäche auch Stärken und es versetzt uns an einen bestimmten Ort in einer bestimmten Zeit. Den Zauber jenes Ortes möchte ich für uns heraufbeschwören, auch wenn da etwas sehr Fragwürdiges »mit im Paket« ist.

Die vier Freunde beschlossen, das Mädchen in ein verlassenes Gebäude einzuschließen, und wer von ihnen es daraus befreie, solle es haben.

Aber während jeder der vier noch das Nötige für seine Kunst (tischlern, Bogen schießen, Fährten lesen und stehlen) vorbereitete, um den Wettbewerb zu gewinnen und des Mädchens habhaft zu werden, verschwand das Mädchen aus dem verschlossenen Haus. Als die vier Freunde das bemerkten, waren sie wieder vereint. Was sie nicht hinderte, jeweils denjenigen von ihnen, dessen Kunstfertigkeit gerade gebraucht wurde, mit herben Worten anzustacheln und sein Können anzuzweifeln. Was diesen wiederum inspirierte und zu höchstmöglicher Leistung brachte, »um es sich und den anderen zu zeigen«.

Die vier Freunde begriffen, dass nur ein Ifrit oder Dschinn, also eine Art geisterhafter Dämon, das Mädchen trotz verschlossener Türen entführt haben konnte.

Sie machten sich auf den Weg, um das Mädchen aus der Macht des Dschinns zu befreien (und sich ihrerseits wieder seiner zu bemächtigen. Ich, die Erzählerin, komme über diesen Punkt, der in der Geschichte kein Thema ist, nicht so leicht hinweg. »Das Mädchen«, es, ein Besitz... das gab es und gibt es noch... das ist ein starkes Stück!)

Der Fährtenleser führte die Freunde zum Meer, wies in eine Richtung und versicherte, dort seien der böse Geist und das Mädchen hin geflohen. Der Tischler zimmerte rasch ein Boot, in dem sie zusammen in die vom Fährtenleser genannte Richtung paddelten und zu einer Insel gelangten. Der Fährtenleser führte seine Freunde zu einem verlassenen Gebäude (deren scheint es in jener Zeit und an jenen Ort viele gegeben zu haben) und darin zu einem Winkel, wo das Mädchen den Kopf des schlafenden Ifrits, den es tatsächlich gab und der sie tatsächlich entführt hatte, auf dem Schoß hielt.

Wie sie es auch zuvor bei den anderen getan hatten und während der Rettungsaktion immer wieder taten, sprachen sie (dieses Mal sehr leise) zum Dieb:

»Nun, wie ist es mit deiner Kunstfertigkeit, von der du immer so große Worte machst?«

Der Dieb (durch die Herausforderung in Höchstform) nahm geschickt und für den Dämon unmerklich dessen Kopf, bettete ihn auf einen Stein und half der jungen Frau, so geschickt aufzustehen, dass der Ifrit friedlich weiterschlief und sie zu fünft zurück zum Boot schleichen, hineinsteigen und ablegen konnten.

Als sie aber draußen auf weiter See waren, brauste der inzwischen erwachte und überaus wütende Ifrit durch die Lüfte daher und wollte sich auf das Mädchen stürzen, um es neuerlich zu rauben.

Der Bogenschütze (wie unter diesen Freunden üblich durch herausfordernde Worte und Anzweifeln seiner Kunstfertigkeit angestachelt) traf den Ifrit mit einem Pfeil und dieser stürzte ins Meer.

Das Mädchen war gerettet und die vier Jünglinge begannen zu besprechen, wessen Kunstfertigkeit bei dieser Rettung die wichtigste gewesen sei und wer das Mädchen »bekommen« solle.

Aber hatte nicht jeder etwas Entscheidendes zur Rettung getan?

Ich verstehe, dass diesen vieren die aus meiner Sicht nächstliegendste Lösung nicht einfiel, die junge Frau zu fragen, ob sie mit irgendeinem der vier was auch immer tun und mit ihm zusammen sein wolle und ihre Entscheidung zu respektieren.

Vielleicht hätte sie dann die Sprache, die es ihr in dieser Gesellschaft wohl schon lang verschlagen hatte, wiedergefunden und sehr genau gewusst, was sie selber wollte.

Aber zurück zur Geschichte, wie sie nun mal geschah.

Weil die vier sich nicht einigen konnten, schlug der Dieb vor, sie sollten den ehrwürdigen und legendären Kalifen Harun al-Raschid, der zu dieser Zeit in Bagdad residierte und regierte, um sein Urteil bitten und sich zuvor einigen, dieses auch gelten zu lassen.

Das taten sie.

Und so kam es zu folgender delikater und malerischer Situation: Harun al-Raschid, der sagenhafte Kalif, war gerade beim Märchenhören eingeschlafen. Und ebenso eingeschlafen war sein Hof-Erzähler. (Das mag sonderbar wirken, da dieser doch beim Erzählen »bei der Arbeit« war, aber ich als Kollegin kann aus eigener Erfahrung bestätigen, dass das geschieht; bis hin zu Augenblicken, in denen die Erzählende ihre eigenen Worte weitergehen hört und staunt, weil Trauminhalte sich auf sonderbare Weise mit der Geschichte verbinden. Das gibt es.)

Der geschickte Dieb »stahl« den schlafenden Erzähler und setzte sich selbst an dessen Stelle. Er erzählte eben jene wahre Geschichte, die er gerade zuvor selbst erlebt hatte und bat den Kalifen um sein Urteil. Schlaftrunken entschied Harun al-Raschid: »Dem Dieb gehört das Mädchen!«

Der Dieb hörte dies und freute sich. Dann brachte er den Erzähler des Kalifen wieder zurück an seinen Platz, stahl sich fort und eilte zu seinen Freunden, um ihnen triumphierend die Umstände und den Urteilsspruch zu erzählen.

Die Freunde aber wollten nicht so leicht aufgeben:

»Wer beweist uns das? Das ist eine gute Geschichte, aber niemand war dabei. Wer bezeugt, dass des Kalifen Spruch wirklich so lautete, wie du – mit eigenem Interesse – erzählst?«

»Beweisen…«, murmelte der Dieb vor sich hin, grübelte ein wenig und nickte endlich den Freunden schmunzelnd zu.

Dann machte er sich neuerlich auf den Weg. Nach wie vor schliefen der Kalif und sein Erzähler. Wieder ersetzte der Dieb den Erzähler durch seine eigene Person. Aber dieses Mal ersetzte er noch mehr. Er nahm dem Erzähler seine Amtshaube ab und platzierte behutsam ein Gebilde aus Palmwedeln auf dessen Kopf. Dem Kalifen zog der Dieb den kostbaren Siegelring vom Finger und ersetzte ihn durch einen Ring, der aus Schilf gewunden war.

Dann wiederholte er die vorigen Ereignisse. Er erzählte dem Kalifen neuerlich die Geschichte der vier kunstfertigen Freunde, des Ifrits und des Mädchens, aber dieses Mal erzählte er auch das, was in eben diesem Moment geschah, die Palmwedelhaube und den Schilfring inbegriffen.

Dann setzte er den Erzähler wieder an seinen Platz und verschwand.

Als der Kalif erwachte, war er von den gehörten Geschichten höchst vergnügt und auch sehr gut ausgeschlafen. Lobend klopfte er dem Erzähler auf die Schulter und fragte, woher er auf einmal diese fabelhafte Diebesgeschichte gehabt habe.

Er kenne doch sonst des Erzählers Repertoire.

»Welche Diebesgeschichte?«, fragte der Erzähler verwirrt.

Und nun entdeckten sie anhand des fehlenden Rings und der fehlenden Haube, sowie durch die Dinge, die beides unzureichend ersetzten, wie wahr die Geschichte war.

Harun al-Raschid – Wer ihn kennt, weiß, dass er dergleichen öfter getan haben soll und wer, der Märchen kennt, kennt ihn nicht?

Der Kalif also ließ verkünden, dass der Dieb, der den Schilfring und die Palmwedelhaube zu verantworten habe, in den Palast geladen werde, dass er straffrei bleiben und belohnt werden solle, wenn er sich zeige und erzähle, was da geschehen sei.

Der Dieb, der die Geschichten von Harun al-Raschid oft genug aus verlässlicher Quelle gehört hatte, spazierte selbstbewusst in den Palast hinein, wurde dem Kalifen und seinem Erzähler vorgestellt, erzählte seine Geschichte, wie auch wir sie gehört haben, und »zauberte« mithilfe seiner besonderen Kunstfertigkeit im genau richtigen Augenblick die Erzähleramtshaube und den fürstlichen Siegelring wieder an ihre angestammten Plätze. Da applaudierten und staunten die beiden Zuhörer und der Kalif ernannte den Dieb, der von nun an sein Gewerbe nur noch in ehrlicher Weise als Hofmagier und Hof-Erzähler auszuüben brauchte, zu einem hohen Würdenträger im Kalifenpalast.

War der ehemalige Dieb seinen Freunden dankbar genug, dass er auch ihnen Stellen bei Hofe verschaffte und der Kalif auch ihre Seiten der erfolgreichen Geschichte kennenlernte? Das ist nicht überliefert. Aber dies ist sicher: Wenn Könige und Königinnen so geschichten-tauglich, so sehr in der eigenen Mitte, so klug, humorvoll, weise und großzügig sind, wie der legendäre Harun al-Raschid es war, dann ist vieles möglich, dann bringt Kunstfertigkeit Erfolg und kommt uns Menschen zu Gute. So will es dieses Märchen und lässt uns freundlichst grüßen!

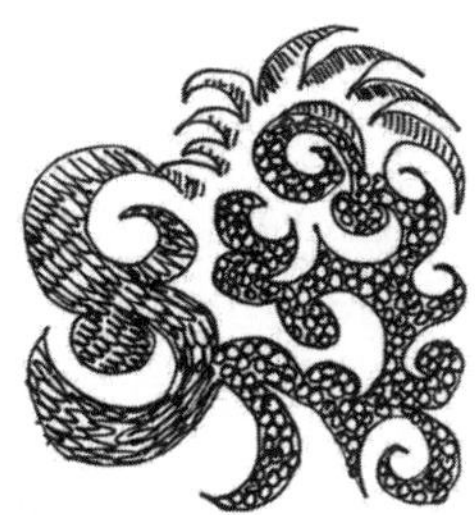

Lernen und Vertrauen

Ein überaus mächtiger Herrscher wünschte sich einen Sohn, wartete lange auf ihn und endlich wurde dieser geboren. Er war ausnehmend schön und der König tat, was er konnte, um seines Sohnes Zukunft zu sichern. Eine Gruppe von Lehrern wurde beauftragt, dem Königssohn Bildung beizubringen. Von ihrem Erfolg wird vorerst nicht viel verraten, aber als der Königssohn schon zwölf Jahre alt war, meldete sich Sindbad, der vor Zeiten der Lehrer des Königs selbst gewesen war:

»Ich bringe dem Königssohn in einem halben Jahr bei, was er in zwölf Jahren nicht gelernt hat«, versprach Sindbad. »Das Wissen muss als Ganzes aufgenommen werden, nicht in Brocken und Stücken. Es ist wie im Gleichnis vom Elefanten und den Blinden, von denen jeder nur einen Teil des Elefanten entdeckt hatte und behauptete, er kenne das Ganze. Nur was von Herzen, zutiefst, mit Sinn und allen Sinnen gelernt wurde, kann wirken.«

Der Herrscher kannte die Geschichte vom Elefanten. Und wie es im Orient üblich ist, galt für ihn eine glaubwürdige und altvertraute Geschichte als gutes Argument.

Zudem schätzte er Sindbad und war neugierig, ob dem Weisen gelingen werde, was er vorhergesagt hatte. Also erklärte der Herrscher sich einverstanden.

Der Jüngling wurde in einen Raum gebracht, in dem alles Wissen in Skulpturen, Figuren und Statuen greifbar dargestellt war.

»Man lernt nur mit dem Herzen und mit dem Körper«, versicherte Sindbad.

Von nun an hielten Lehrer und Schüler sich unentwegt in dem Raum auf, in dem das Wissen sinnlich dargestellt war und wirklich lernte der Jüngling nun sehr rasch.

Für einen bestimmten Tag hatte Lehrer Sindbad mit dem Herrscher vereinbart, sein Sohn werde ihm Rechenschaft über sein Wissen und seinen Fortschritt ablegen.

Sindbad war guter Dinge.

Aber als er am Vortag der Prüfung die Sterne befragte, erfuhr er, dass der junge Fürst für sieben Tage nur schweigen dürfe, sonst werde ihm etwas Schreckliches widerfahren. Es gab eine alte Prophezeiung, den jungen Fürsten werde eines Tages eine Katastrophe ereilen. Deshalb wurde er seit je her besonders sorgfältig vor Gefahren geschützt.

Der Königssohn, der ein respektvoller Schüler war, schwieg, wie sein Lehrer Sindbad es ihm eingeschärft hatte, und ließ, als er zu seinem Vater gebracht wurde und dieser ihm Fragen stellte, weder Wissen noch Nichtwissen erkennen.

Obendrein war Lehrer Sindbad nicht auffindbar.

Der Herrscher war außer sich.

Eine junge Frau, die bei Hofe lebte, hoffte, den Jüngling zum Sprechen zu bringen.

»Töte deinen Vater!«, riet sie ihm. »Er ist alt und schwach. Heirate mich und wir herrschen jung und kraftvoll über das Reich.«

Als der Jüngling das hörte, vergaß er vor lauter Empörung, zu tun, was ihm aufgetragen war. Er platzte heraus:

»Ich darf nicht sprechen. Sindbad befahl es mir und er hat es aus dem Stand der Sterne gelesen. Dass du so etwas Schreckliches vorgeschlagen hast, sollte dich das Leben kosten, aber ich muss schweigen.«

Die junge Frau bekam es mit der Angst. Um jeden Verdacht von sich abzulenken, begann sie zu toben, zerriss ihre eigenen Kleider und schrie lauthals, der Königssohn sei über sie hergefallen und habe sie missbraucht.

Darüber geriet der König so sehr außer sich, dass er seinen eigenen, einzigen, lang ersehnten Sohn hinrichten lassen wollte.

Der Herrscher hatte aber sieben weise, im Regieren erfahrene Wesire. Diese waren sich einig, dass der König nach einer Weile der Raserei zu sich kommen werde und dass er ihnen nie verzeihen würde, wenn sie zugelassen hätten, dass er seinen Sohn hinrichten ließe.

»Ein Herrscher«, so sprach einer der Weisen zum König, »ist dann groß, wenn er gute Berater hat und auf sie hört. Es ist wie mit der Spur des Löwen. Ihr kennt ja die Geschichte: Ein König wollte alles zu eigen haben, was ihm gefiel, so auch die Gemahlin eines Untertanen. Aber diese Frau war weise. Als der König sie zu sich befahl, gab sie ihm ein Buch über den Respekt vor der Ehe zu lesen. Er verstand und hielt inne.

Aber der Gemahl der Frau fand des Königs Pantoffeln in ihrem Gemach. Er war sofort überzeugt, dass er einen mächtigen und unnahbaren Nebenbuhler habe und seine Frau ihm untreu sei. Von da an wohnte er ihr nicht mehr bei, was die Frau sehr betrübte.

Sie vertraute sich ihrer Familie an, und die Verwandten, die sie verstanden, traten mit ihr und ihrem Ehemann vor den Herrscher hin, als dieser zu Gericht saß. Sie sprachen: ›Wir gaben diesem Mann ein Feld zu pflügen, und das tat er, aber er tut es nicht mehr. Warum?‹

›Gerne wollte ich das Feld pflügen‹, sprach der Mann. ›Aber ich sah dort die Spur eines Löwen, seitdem wage ich es nicht mehr und habe mich zurückgezogen.‹

Und der König erklärte: ›Der Löwe betrat das Feld, hat aber dort nichts erreicht und wird nicht mehr kommen.‹

Der Mann verstand die bildliche Sprache, sah wie die Lage war und freute sich.

Die Frau atmete auf, weil sie nun wusste, dass auch der König begriffen hatte und sie verschonen werde.

Von nun an waren die Frau und der Mann einander wieder nahe und erleichtert, dass sein durfte, was gut und richtig ist.«

Der zweite weise Wesir ergriff das Wort: »Seht, Beherrscher der Gläubigen, es kehrte Friede ein. Und denkt daran, wie listig Frauen sein können, denkt an die Geschichte vom Papageien, der dem reisenden Kaufmann alles berichten sollte, was seine Gemahlin in seiner Abwesenheit anstellte. Die Gemahlin jedoch täuschte dem Papageien ein Gewitter vor und weil er daran glaubte und dem Kaufmann auch davon erzählte, hielt der Kaufmann den Papageien für verrückt und glaubte ihm auch alles Wahre, das er erzählte, nicht mehr.«

Ein dritter weiser Wesir knüpfte an die Reihe von Geschichten eine weitere an… Die Berater erzählten ihrem Herrscher Geschichten, weil diese die Seele beruhigen. Sie erzählten, um dem König in Bildern etwas begreiflich zu machen, das er selbst bereits ahnte.

Die Wesire wussten, dass der König oft rasche Entscheidungen treffen musste und daran gewöhnt war, schnell zu handeln.

Als kluge Berater kannten sie das Erzählen von Geschichten als einen Weg, um Gedanken und Gefühle zur Ruhe zu bringen. Ihnen war klar, dass während ein Mensch einer Geschichte lauscht, die Eile erlischt und es gelingen kann, vor dem Blick statt flüchtig erkannter Teile das Ganze auszubreiten.

Sie wussten, dass auf diese Weise Verstehen reifen kann und dass überstürztes Handeln, das zu schrecklichen Geschehnissen führt, durch weises Tun ersetzt werden kann.

Schon schien der König besänftigt, aber das war der jungen Frau nicht recht, denn sie hoffte, indem sie den Prinzen anschwärzte und den Groll des Königs schürte, ihr eigenes Leben zu retten.

Sie erzählte dem König die Geschichte vom Tod des Wäschewalkers, der allzu leidenschaftlich versuchte, seinen Sohn zu retten und dabei selbst mit ihm zugrunde ging.

»Töte deinen Sohn«, sprach sie. »Es ist das Rechte zu tun und er hat es verdient.«

So ging es Tag für Tag hin und her. Die junge Frau erzählte eine Geschichte, um den König gegen seinen Sohn aufzubringen und einer der sieben weisen Wesire erzählte eine, die dem Königssohn noch einmal das Leben rettete.

Als die sieben Tage vergangen waren, durfte der Jüngling wieder sprechen. Er fürchtete noch immer, sein Vater werde ihn hinrichten lassen, wie er sieben Tage lang gedroht hatte. Was tat der Jüngling als erstes? Er ging zu den sieben Weisen hin und dankte ihnen, dass sie all die Zeit zu seinen Gunsten gesprochen hatten.

Zu genau diesem Zeitpunkt tauchte Sindbad, der Lehrer, wieder auf und sie klärten alle Missverständnisse dieser Tage auf.

Nun erfuhr der König, was wirklich vorgegangen war.

»Wie schrecklich«, fand der Herrscher. »Doch wen soll ich bestrafen? Wer war schuld an alledem? War es Sindbad, der Lehrer? Er tat sein Bestes und hörte auf den Rat der Sterne. War es mein Sohn? Er war unschuldig, denn er hörte auf seinen Lehrer und empörte sich über den Vorschlag der jungen Frau. War die Frau schuldig und sollte ich sie bestrafen? Aber sie meinte den bösen Vorschlag ja nicht ernst. Sie wollte nur mir zuliebe meinen Sohn zum Sprechen bringen. Als ihr Plan gelang, sah sie zu ihrem Schreck ein neues Problem auftauchen, bekam Angst um ihr eigenes Leben, folgte einer unguten Idee und verrannte sich in ein irriges Tun. Warum, Freund Sindbad, warst du nicht da, um diese Wirrnis zu klären?«

»Sollte alles an mir gehangen haben?«, fragte Sindbad, der Lehrer. »Wichtig ist doch, dass Ihr, nachdenklich durch die Geschichten, die beide Seiten zeigten, nicht übereilt gehandelt habt. Darum lebt Euer Sohn, ist schön und wissend, weit über seine Jahre und dass er da ist, wird für Euch und das ganze Land ein Segen sein. Noch lange wird von ihm erzählt werden.«

Der besänftige, geschichtensatte und zur Ruhe gekommene König ließ seinem geschätzten Lehrer dieses letzte Wort in der Sache, die wir soeben vernommen haben.

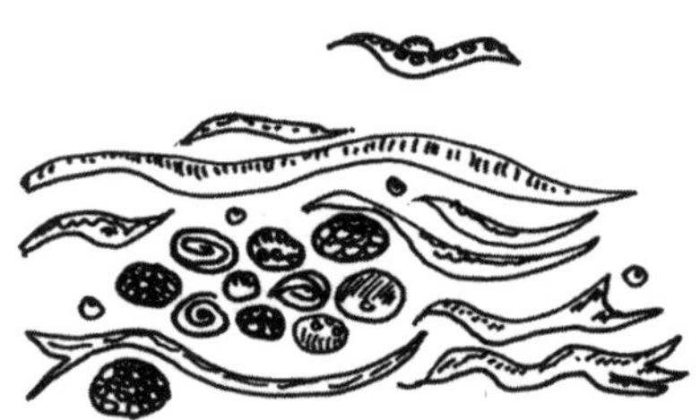

Datteln und Rosinen

Es war einmal ein armer Brennholzsammler, der mit seiner Frau und Tochter ein Leben führte, das arm an materiellen Gütern, aber reich an Freude und Liebe war. Er erhielt seine Familie am Leben, indem er von früh bis spät Klaubholz sammelte, zerkleinerte und verkaufte. Oft mussten sie mehr Wasser in die Suppe geben, damit drei Schüsseln damit zu füllen waren. Aber sie kamen zurecht.

Bis eines Tages der Brennholzsammler nichts, aber auch gar nichts zum Aufklauben fand. Er suchte alle seine vertrauten Fundplätze auf, aber sie waren wie leergefegt.

Er ging weiter und weiter, drang in eine bisher unbekannte Gegend vor und gelangte an einen Ort, an dem es in einer kargen Landschaft immerhin ein paar dürre Dornensträucher gab.

Der Brennholzsammler zerrte an den Sträuchern, bis es ihm gelang, einige Zweige abzubrechen, die er bündelte und nach Hause schleppte. Es war inzwischen finster geworden. Die Frau des Brennholzsammlers hatte schon die Haustür geschlossen und von innen den Riegel vorgelegt.

In seiner Erschöpfung und Ratlosigkeit sank der Mann vor seiner eigenen Haustüre nieder. Er kauerte sich an die Wand gelehnt hin und schlief unruhig, bis er vor dem ersten Morgenlicht wieder hochschrak.

Beim Anblick der Brennholzfunde vom Vortag war er verzweifelt, beschloss aber, sofort wieder an den fernen Ort mit den Dornensträuchern aufzubrechen, um den ganzen Tag Zeit zum Sammeln zu haben.

Auch an diesem Abend kehrte er nach Einbruch der Dunkelheit zurück, war von den Dornen schmerzhaft zerkratzt und völlig erschöpft und schlief draußen vor der Tür, um am folgenden Morgen ein drittes Mal Dornenholz sammeln zu gehen.

Auch am dritten Abend lagerte er vor der verschlossenen Tür.

Da hörte er auf einmal von fern Pferdegetrappel.

In der Hoffnung, ein Kunde käme, um Brennholz zu kaufen, stand er auf. Und wirklich kam ein Fremdling in vornehmen Kleidern auf ihn zu geritten.

»Wie erschöpft du aussiehst, Freund!«, sagte der Reiter und neigte sich hinab. »Komm! Ich will dir einen Gefallen tun und dein Schicksal wenden. Steig' hinter mir aufs Pferd, sprich sieben Gebete und schließe die Augen.«

Zutiefst erschöpft und müde, wie er war, tat der Brennholzsammler, was der Fremdling ihm so freundlich sagte. Danach spürte er, wie das Pferd sich in Bewegung setzte. Anfangs erkannte er noch vertraute Gerüche und Klänge seiner Nachbarschaft. Er spürte an der Gangart des Pferdes und am Klang der Hufe, wo sie waren.

Aber bald war alles Vertraute vergangen und sie ritten durch Gegenden, die dem Brennholzsammler fremd waren, bis der Reiter das Pferd zur Ruhe kommen ließ, anhielt und sagte:

»Jetzt sprich sieben Gebete, öffne die Augen und steige vom Pferd.«

Das tat der Brennholzsammler und fand sich in einer Steinwüste. Runde Kiesel, faustgroß, ein wenig größer und ein wenig kleiner, lagen hier in Massen herum. Sonst war nichts zu sehen. Ermutigend nickte der Fremdling dem Brennholzsammler zu: »Nun, mein Freund, nimm so viel du magst und kannst!«

Er machte eine Geste des Aufklaubens und zeigte auf die Steine.

Der Brennholzsammler tat, dem freundlichen Mann zuliebe, was ihm gesagt wurde, wenngleich er ratlos und etwas mitleidig war, weil sein »Wohltäter« nicht ganz richtig im Kopf zu sein schien.

Ein weiteres Mal ermutigte der Fremdling ihn, zuzugreifen und sich zu bedienen, was der Brennholzsammler ihm zuliebe tat. Endlich sagte der Reiter: »Gut! Jetzt steige hinter mir aufs Pferd, sprich sieben Gebete und schließe die Augen!«

Das machte der Brennholzsammler und spürte, wie sie die fremden Gebiete durchmaßen, die Klänge und Orte langsam vertrauter wurden und das Pferd, behutsam geführt, zum Stehen kam.

»Sprich sieben Gebete!«, empfahl der Fremdling. »Dann öffne die Augen und steige vom Pferd.«

Freundlich beugte der Reiter sein Haupt, als der Brennholzsammler wieder vor seiner Hütte auf eigenen Füßen stand.

»Heute hat sich dein Schicksal gewendet«, sprach der Fremde freundlich. »Erzähle davon! Jeden Donnerstag teile mit deiner Familie, deinen Freunden, Nachbarn, Bekannten und Gästen Datteln und Rosinen und erzähle ihnen von mir, von Mushkil Gusha!«

Mit einer Bewegung brachte er sein Pferd zum Laufen und war bald außer Sichtweite.

»Datteln und Rosinen!«, dachte der Brennholzsammler, während er hinter dem Fremdling her schaute. »Was diese reichen Herren in ihrer unbekümmerten Art so denken. Wie sollte ich Datteln und Rosinen verschenken? Das stellt er sich so einfach vor…«

Er schüttelte den Kopf, schaute sich um und fühlte sich, wenngleich erschöpfter als die Abende zuvor, auch zuversichtlicher.

Jetzt tat er endlich das, das wir schon viel früher getan hätten: Er klopfte an die Tür und rief die Namen seiner Frau und seiner Tochter, bis er hörte, wie drinnen der Riegel von der Tür genommen wurde. Bald darauf wurde er umarmt und begrüßt: »Wo warst du nur, mein Schatz!«, fragte seine Frau. »Ein Glück, dass dir nichts geschehen ist! Komm, komm, setz dich, ich habe dir etwas Suppe vom Nachtmahl aufgehoben. Was ist denn nur geschehen?«

Sie umarmten und küssten einander. Der Brennholzsammler stärkte sich und erzählte alles, was er erlebt hatte und was wir schon soeben sahen und hörten.

Weil der Riegel bereits wieder vorgelegt war, warf er die Steine, die ihn in den Taschen drückten, unter den Tisch, um sie morgen nach draußen zu bringen.

Dann legten der Brennholzsammler und seine Frau sich ins Bett und wenn sie auch schon ein halbes Leben zusammen waren, hatten die drei Tage ohne einander in ihnen doch so viel Sehnsucht wachsen lassen, dass sie einander mehrmals begrüßten, bis sie endlich in zufriedenen Schlummer sanken.

Der Brennholzsammler erwachte noch vor Mitternacht von einer sonderbaren Helligkeit. »Ich träume wohl«, dachte er. »Nur im Traum kann das Morgenlicht, das durchs Fenster in unsere Hütte fällt, so sonderbar aussehen, als wäre es ein Regenbogen.«

Staunend stand er auf, folgte dem Licht und fand unter dem Tisch Steine, die es verströmten. Schimmernd und ein wenig durchscheinend lagen sie da und erinnerten nur noch in Größe und Form an die Brocken, mit denen er sich, um dem Fremdling einen Gefallen zu tun, am Vorabend die Taschen gefüllt hatte. Seine Frau tauchte auf, staunend wie er.

»Was für ein sonderbarer Traum«, murmelten sie und nahmen einander an den Händen, um ins Bett zurückzukehren.

Am Morgen erwachte der Brennholzsammler.

»Ich habe heute Nacht sehr seltsam geträumt«, flüsterte er seiner Frau, die sich leise geregt hatte, zu. »In meinem Traum waren die Steine unter dem Tisch kostbar und wunderschön. Ich träumte, wir seien aufgestanden und stünden zusammen in ihrem Licht.«

Jäh richtete seine Frau sich auf. »Mir träumte dasselbe!«, rief sie.

Da sprangen die beiden aus dem Bett, schauten unter den Tisch und bestaunten die wirklich wunderschönen Steine.

Ihre Tochter erwachte, umarmte den wiedergekehrten Vater, sah die edlen Steine und meinte: »Vielleicht gefallen sie nicht nur uns, sondern scheinen jemand wert, uns etwas Geld dafür zu geben?«

Da nahm die Frau des Brennholzsammlers einen der Steine, wickelte ihn in ein Tuch, trug ihn in die Stadt und fand einen Händler, der edle Steine verkaufte.

»Was gebt Ihr mir dafür?«, fragte sie und hielt ihm ihren Stein entgegen.

Der Händler nahm den blau leuchtenden Stein, maß ihn mit Blicken, wog ihn in der Hand, hielt ihn ins Licht, schaute die Frau mit ihren schlichten, geflickten Kleidern an und sagte: »Ein Goldstück?«

Sie atmete tief durch, blickte an sich hinunter und dann ihn an.

»Denke nur nicht, du könntest mich verspotten, nur weil ich nicht edel gekleidet vor dir erscheine!«, knurrte sie. Sie nahm an, er treibe seinen Spaß mit ihr, denn sie hatte ihr Lebtag lang nicht mehr als drei Kupfermünzen auf einmal gesehen.

»Ein Goldstück! Unsinn«, dachte sie und maß den vermeintlichen Spötter mit finsteren Blicken.

Der Händler klemmte ein Guckglas vor sein Auge, schaute hindurch, drehte den Stein hin und her und verzog die Mundwinkel.

»Also gut, zehn Goldstücke«, schlug er zögernd vor.

»Im Ernst!«, schimpfte die Brennholzsammlersfrau. »Hast du nichts Besseres zu tun, als dich über mich lustig zu machen? Gib mir sofort das, was dieser Stein wert ist oder ich verkaufe ihn anderswo.«

Nochmals begutachtete der Händler den Stein. Dann öffnete er eine Truhe und zählte hundert Goldstücke auf den Ladentisch. Während er dies tat, begriff die Frau und atmete tief durch. Münze für Münze kam sie zur Ruhe.

Als der Händler fertig war, schaute die Brennholzsammlersfrau ihn an, als wollte sie sagen: »Warum nicht gleich so.«

Sie sammelte die Münzen seelenruhig in ihren Beutel, nickte dem Händler zu und ging ihrer Wege.

An diesem Tag gab es in der Hütte der Brennholzsammlersfamilie ein gutes und reichliches Essen. Die Tochter freute sich über ein neues Halstuch, die Frau über etwas Dattelkonfekt und der Mann über köstlichen Tee.

Bescheidener Wohlstand kehrte in der Hütte ein. Behutsam änderte die Familie ihr Leben. Sie verschönerten Schritt für Schritt Haus und Garten und luden Freunde, Verwandte und Nachbarn zu sich ein.

Eines Tages sagte die Tochter: »Für all den Wohlstand, in dem wir jetzt leben, haben wir noch nicht einmal einen Edelstein ausgegeben und es sind noch so viele da. Wir könnten in einem Palast wohnen. Das wäre schön.«

Die Eltern waren einverstanden. Die Mutter ging in die Stadt, fand gegenüber dem Sultanspalast ein vornehmes Anwesen und erwarb es für einige Edelsteine. Dort wohnte die Familie nun.

Die Tochter des Sultans und die Tochter des ehemaligen Brennholzsammlers begegneten einander und freundeten sich an. Sie wurden so gute Freundinnen, dass sie einander alles anvertrauten, miteinander spielen, lachen, seufzen, weinen, tanzen und singen konnten. Sie gingen auch gern zusammen hinunter zum Fluss baden.

Glück umgab die Brennholzsammlersfamilie und sie freuten sich in Dankbarkeit.

Aber eines Morgens dröhnte viel zu früh lautes Pochen durch den Palast. Der gewesene Brennholzsammler erhob sich und öffnete die Tür. Er sah zu seiner Verwunderung Wachen des Sultans dort stehen, wurde von ihnen grob gepackt und auf den Marktplatz geschleift, wo er in den Pranger gesperrt wurde.

Auf seine Fragen antworteten die Wachen nicht, ließen ihn in seiner misslichen Lage allein und gingen ihrer Wege.

Da stand er nun, während langsam Morgenlicht über den Marktplatz floss, die Händler und die Käufer kamen und er manchen abfälligen Blick ertragen musste. Es wurde heiß, aber er konnte nichts tun als abzuwarten und vor sich hin zu schauen. Da zog das Geschehen der vergangenen Wochen vor seinen inneren Augen vorüber.

»Als ich noch ein armer Brennholzsammler war, geschah mir nie etwas so Verstörendes«, dachte er. »Wie sonderbar… es ist so viel geschehen seit dem Tag, an dem ich in allen mir vertrauten Gebieten kein Holz finden konnte, in einer fremden Gegend Äste von Dornensträuchern sammelte und durch die Steine, die erst ganz gewöhnlich aussahen und dann kostbar wurden, reich wurde… Ich war von all dem Geschehen überwältigt. Und jetzt erinnere ich mich an den Fremdling, der mich ins Land mit den Steinen brachte… Wie hieß er noch…? Er hat es mir gesagt, aber so flüchtig… Mu… Ma… Musk… Musch… Gusch… Mushkil Gusha! Damals habe ich mir die Datteln und Rosinen, von denen er sprach, kaum vorstellen können. So wie die Dinge jetzt stehen, könnte ich leicht diese Köstlichkeiten verschenken. Da war doch etwas… Ich sollte seine Geschichte erzählen! Wie konnte ich das nur vergessen!«

In diesem Augenblick sah er zu seinen Füßen im Staub etwas im Sonnenlicht funkeln: ein Kupferstück! Er reckte und streckte sich. Er stemmte sich mit aller Kraft gegen Holz und Ketten des Prangers, bis er mühsam die Münze zu fassen bekam. Er rief den Vorübergehenden zu: »Kommt! Ich lade euch zu Datteln und Rosinen ein! Kommt und lauscht der Geschichte von Mushkil Gusha, dem Wohltäter!«

Aber die Menschen fanden es gar zu seltsam, dass einer, der im Pranger stand, sie einladen und eine Geschichte erzählen wollte. Sie schauten und lauschten kurz von Weitem, aber niemand kam näher.

Als der Brennholzsammler schon heiser war, aber immer noch unermüdlich rief und bat, kam ein Mann auf den Marktplatz, der auf dem Weg war, ein Leichentuch für seinen Sohn zu kaufen, der im Sterben lag.

»Ich will dem armen Kerl den Gefallen tun«, dachte er mitleidig. »Es ist ja nichts Böses dabei und vielleicht wird Allah uns wohlgefällig sein, weil ich mitfühlend handle. Vielleicht wird Allah meinem dahinsiechenden Sohn ein friedliches Ende gewähren, wenn ich diesem Armen seinen Wunsch erfülle.«

Er ging hin, nahm mit freundlichen Worten das Kupferstück entgegen, erwarb dafür Datteln und Rosinen und lauschte der Geschichte von Mushkil Gusha.

Nach und nach kamen mehr Zuhörende herbei, genossen den Geschmack der süßen Früchte und hörten zu.

Als die Geschichte vollendet war, kam mit lauten Freudenschreien die Frau des Mannes, der das Leichentuch hatte kaufen wollen, auf dem Marktplatz und verkündete ihrem Mann, der Sohn sei durch ein Wunder gesund geworden, sie wisse nicht wie, aber er solle nach Hause kommen, um ihn zu begrüßen.

Kurz darauf kamen des Sultans Wachen, sperrten den Pranger auf, befreiten den Brennholzsammler, verneigten sich vor ihm und sagten ihm, der Sultan bitte für den Justizirrtum um Verzeihung, er lade den Brennholzsammler, seine Frau und Tochter zu sich in den Palast, um zu erklären, was geschehen sei.

So geschah es. Erholt, gewaschen und frisch gekleidet saßen sie mit der Sultansfamilie beim Tee.

»Meine Tochter«, erklärte der Sultan, »besitzt einen sehr kostbaren Halsschmuck, der seit Langem in unserer Familie jeweils zur Jüngsten weitergegeben wird. Als dieses Juwel verschwunden war, schloss ich – wie ich inzwischen weiß – voreilig, dass nur ihre Freundin, Eure Tochter, die Möglichkeit habe, diesen Schatz unbemerkt zu entwenden. Ich dachte, Ihr müsstet sie angestiftet haben. Ich sah all das ganz klar vor Augen. Ihr werdet verstehen, da Ihr ›aus dem Nichts‘ hier her gekommen zu sein schient, brandete der Verdacht in mir auf. Aber heute früh ging die Zofe meiner Tochter hinunter zum Fluss, fand das Schmuckstück im Gezweig hängen und da erinnerte meine Tochter sich, dass sie es, damit es beim Baden mit ihrer Freundin, Eurer Tochter, nicht verloren ginge, dorthin gehängt hatte. Verzeiht und lasst uns Freunde sein, neuer Nachbar.«

Der ehemalige Brennholzsammler staunte. Er richtete sich im neuen Glück mit seiner Familie behaglich ein. Und von nun an erzählte er jeden, aber auch jeden Donnerstag die Geschichte von Mushkil Gusha und verteilte Datteln und Rosinen.

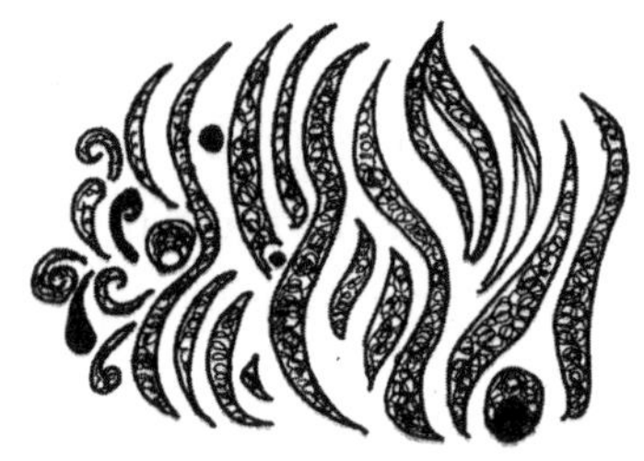

Wie Scheherazade um ihr Leben erzählte – und das Reich rettete

König Schahrear war mächtig. König Schahrear entstammte einem alten, angesehenen Herrschergeschlecht. König Schahrear hatte eine schöne, gebildete und anmutige Gemahlin, die er sehr begehrte.

Eines Tages wollte er seinen Bruder besuchen, hatte etwas zuhause vergessen und kehrte um, um es zu holen. Als er aber so unerwartet in seinem Palast herumsuchte, traf seine Gemahlin beim Liebesspiel mit einem seiner Diener an. Das allein ließ den König schon wütend werden. Was ihn zusätzlich verletzte und erboste war, dass seine Frau einen Geliebten gewählt hatte, den Schahrear als abgrundtief hässlich empfand und der einer seiner niedrigsten Diener war. König Schahrear war von diesem Geschehen so außer sich, dass er augenblicklich beiden, seiner Gemahlin und ihrem Liebhaber, den Kopf abschlug.

Aber damit war seine Wut noch nicht befriedigt. Denn sie wurde von einer ganzen Kompanie anderer heftiger Gefühle, die König Schahrear beschäftigten, immer wieder von Neuem geweckt. Enttäuschung, Empörung, Verletztheit, Hochmut, Machtgier und Selbstzweifel warfen einander Schahrears Seele zu, als spielten sie mit einem Ball. Sie erzeugten einen solchen Wirbel, dass der große König nicht zum Nachdenken kam.

Er ließ sich viele schöne junge Frauen, die noch unberührt waren, in den Palast bringen. Jeden Tag heiratete er eine von ihnen, vollzog die Ehe und ließ die Gemahlin am nächsten Morgen hinrichten.

»Die Frauen sind wertlos. Sie hintergehen mich, wo sie können. Aber ich werde ihnen keine Gelegenheit mehr dazu lassen. Ich lerne aus meinen Erfahrungen. Schahrear ist Herr des Reiches und seines Lebens. Ihm tanzt keiner auf der Nase herum«, so erklärte er sein Tun.

Die Weisen des Landes rangen die Hände. Was richtete der Herrscher da an? Aber Schahrear war mächtig. In den Jahren seiner bisherigen Herrschaft hatte er seine Position gefestigt, indem er seine Untertanen mit einem geeigneten Ausmaß an Güte und Strenge behandelt hatte. Und er baute auf eine Generationen dauernde Kultur absoluter Herrschaft. Da waren ungefragte Einwände nicht leicht anzubringen.

Wer mit dem Geschehen froh und einverstanden war, war der Scharfrichter des Reiches. »Endlich kann ich meine Kunst zur Vollendung bringen«, frohlockte er, wenn er mit seinen Brüdern und Cousins zusammensaß.

»Es ist nicht leicht, bei einer Enthauptung das Schwert sicher zu führen und genau zu treffen, mit einem raschen, scharfen Schnitt. Das ist gute Arbeit... Das ist eine Kunst! Und da ich jeden Tag an der Vervollkommnung üben kann, werde ich der beste Scharfrichter aller Zeiten.«

Anerkennend nickten seine Verwandten. Er aber fuhr fort: »Und ich werde reicher denn je entlohnt! Ich werde jedem von euch ein schönes Geschenk machen, denn ihr sollt meine Freude teilen, auf dass sie noch größer werde.«

Einer also war, während alle anderen um ihre Töchter, Schwestern und Liebsten fürchteten, zutiefst zufrieden.

Der Wesir des Königs Schahrear hatte zwei schöne Töchter, Scheherazade und Dinarzad. Dinarzad, die jüngere, verkleidete er als Jüngling und verbarg sie in seinem Haus, um sie vor dem Wüten des hohen Herrn zu schützen.

Aber Scheherazade war bereits zu voller Fraulichkeit erblüht. Sie wäre nie als Jüngling durchgegangen. Und sie hatte ihren eigenen Kopf, den sie, ungeachtet ihrer Jugend, bereits mit einem Schatz von Wissen und Weisheiten angefüllt hatte.

Damals und dort war es so: Wissen umfasste nicht nur nüchterne Tatsachen, sondern eine Fülle von Sinnzusammenhängen, Koranversen, symbolischen Bildern, Lebenserfahrungen, Poesie und Geschichten.

Scheherazade sprach zu ihrem Vater, der täglich um sie fürchtete: »Vater, wenn der Löwe einen Dorn in der Pfote hat, ist es ein Wagnis, sich ihm zu nähern, aber jemand muss es tun, um den Dorn herauszuziehen, sonst findet der Kummer kein Ende.«

Und damit ging sie hin, wurde vom König, ihrer Schönheit wegen, zur Ehe ausgewählt und gelangte in Schahrears Schlafgemach. Als sie die Ehe vollzogen hatten, begann Scheherazade mit wohlklingender Stimme und wohlgesetzten Worten eine spannende Geschichte zu erzählen. Sie hatte diese in ihrer Weisheit sehr gut ausgewählt.

Die Geschichte berührte den König und machte ihn neugierig. Aber bevor sie zu Ende war, dämmerte der Morgen und Scheherazade hörte auf, zu erzählen, weil es für den König Zeit war, zum Regieren zu gehen.

»Ich will dich heute noch nicht töten lassen«, sprach Schahrear. »Denn ich möchte heute Abend erfahren, wie diese Geschichte endet.«

Scheherazade, die um ihr eigenes Leben und um das Wohl des Reiches erzählte, wendete ihre ganze Menschenkenntnis und ihr

Geschichten-Wissen an, um Erzählung an Erzählung zu fügen. Sie wählte Stoffe, die Schahrears erkrankte Seele freundlich einhüllten. Sie gestaltete die Geschichten so, dass sie ihren Gemahl berührten, ihn einluden, mitzufühlen und mitzudenken. Sie brachte ihm immer weitere starke Bilder und denkwürdige Geschehnisse zu Gehör. Dabei achtete sie sorgfältig darauf, Enden und Anfänge so in die verfließende Zeit zu fügen, dass die innere Reise immer an der spannendsten Stelle vom Tagesanbruch berührt wurde und sich ein natürliches Innehalten ergab.

Morgen für Morgen beschloss der König, die Erzählerin noch bis zum Ende der begonnenen Geschichte leben zu lassen.

Woher Scheherazade den Mut und die Herzenskraft nahm, die Ungewissheit zu ertragen und trotz der Last, die auf ihr lag, Nacht für Nacht ihr erzählerisches Werk voller Kunstfertigkeit auszuführen, das wird nicht berichtet.

Vielleicht gewann sie diese Kraft aus den Geschichten selbst.

Wofür Scheherazade weithin, durch Zeit und Raum, berühmt wurde, war nicht nur, dass sie dem Land wieder Frieden und Lebensfreude schenkte, indem sie sich dem Löwen näherte und behutsam den Dorn aus seiner Pfote zog, sondern auch, dass sie, indem sie um ihr Leben erzählte, in Tausendundeine Nacht einen zauberhaften Regenbogen von Geschichten zusammenfügte… oder war es eher eine aus hell funkelnden Worten, Gedanken und Ideen geschaffene Milchstraße am samtschwarzen Himmel?

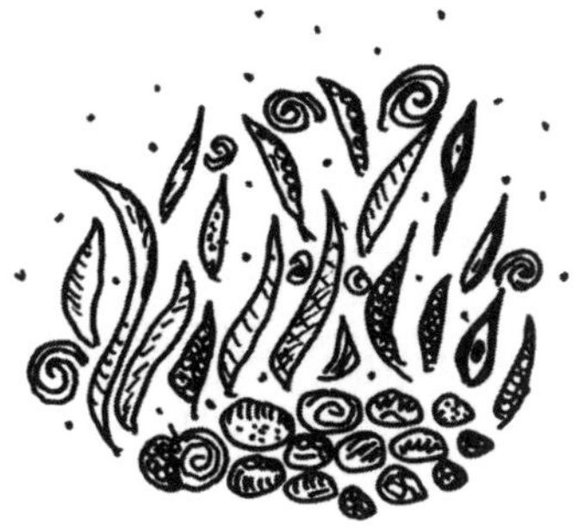

Anier McConglinney

Es war einmal ein sagenhafter König im Reiche Munster. Sein Name war Cathal und er hatte sich den Ruf eines klugen und tüchtigen Regenten erworben.

Da geschah es, dass ein gesetzloses, gieriges Tier sich in König Cathals Magen einnistete, das ihn zum verfressensten Menschen machte, den man sich nur vorstellen kann. Unentwegt verlangte das Monster in Cathals Magen nach Nahrung, sodass er begann, seinen Untertanen nicht nur »die Haare vom Kopf zu fressen«, sondern auch alle Essens-Vorräte des Reiches zu plündern.

Es war in der damaligen Zeit üblich, dass der königliche Hof nicht nur an einem Ort tagte, sondern im Land herumreiste und bei den Adligen und Gutsherren der verschiedenen Gegenden jeweils eine Weile zu Gast war. Das war üblicherweise eine Ehre für jene, die Gastgeber des Königs und seines Gefolges sein durften. Der König saß in schwierigen Fällen zu Gericht, schaute vor Ort nach dem Rechten und war persönlich zu erreichen. Das war bis dahin eine gute Sache gewesen.

Jetzt jedoch wurde es dem Edlen, der erfuhr, dass König Cathal zu Besuch käme, angst und bange.

In eben dem Moment, als der edle Pichan vor Schreck bleich wurde, weil ihm des Königs Besuch angekündigt worden war, trat der Gelehrte Anier McConglinney vor ihn hin.

McConglinney genoss den Ruf, sehr gelehrt zu sein. Nur rätselte man allgemein, worin sein so gepriesenes Wissen bestand, wozu es ihn befähigte und wofür es gut wäre.

Der Gelehrte machte Pichan folgendes Angebot: »Wenn Ihr es wollt, kann ich Cathal, unseren König, von seiner Krankheit heilen.«

Staunend atmete der Fürst auf.

»Und was brauchst du dafür?«, fragte er.

»Ihr müsst mich sofort zu ihm lassen, sobald er zu Besuch kommt und alles, was ich benötige, um den König zu heilen, zur Verfügung stellen.«

»Natürlich. Das sollst du haben«, stimmte der Fürst zu. »Und was ist dein Lohn?«

»Ein weißes Schaf aus jedem Stall zwischen Cairn und Cork.«

Der Fürst rechnete die Kosten gegen die befürchtete Verwüstung auf und nahm das Angebot an.

Als König Cathal im Vorhof von Pichans Anwesen vom Pferd stieg, erwartete ihn, wie es seit der Erkrankung des Königs üblich war, ein ganzer Karren voller Äpfel. Sofort machte er sich über sie her und verschlang eine Frucht nach der anderen, wie es schien ohne abbeißen oder kauen zu müssen.

Nach einer Weile bemerkte er Anier McConglinney, der in seiner Nähe stand und wie wild auf einem Feldstein herumkaute.

»Was machst du denn da?«, fragte Cathal verwundert.

»Eure Majestät, ich kann es nicht mit ansehen, wie ein Mann Eures Ansehens hier ganz alleine speisen muss. Deshalb leiste ich Euch bei Eurem Mahl Gesellschaft.«

König Chathal schaute einen Moment verwundert drein und tat dann etwas, was man in dieser Ära von ihm noch nicht erlebt hatte: er warf McConglinney einen der Äpfel zu. Dieser fing ihn, zerschnitt ihn bedächtig mit seinem Messer und verspeiste ihn manierlich scheibenweise.

Als die Äpfel verschwunden waren, schritt der König unter den Ehrenbezeigungen der herbeigeeilten Untertanen auf den Gastgeber, den edlen Pichan und seine Gemahlin zu, wurde begrüßt und in den Saal geführt, wo das Begrüßungsmahl deftig duftete.

Auf diesem Weg hielt Anier sich immer in der Nähe Cathals und schaute recht bedeutsam drein. Das veranlasste den König, sich an ihn zu wenden und huldvoll seinen Namen zu erfragen.

»Anier McConglinney, mein Freund, du hast einen Wunsch bei mir frei. Es ist mein königlicher Wille, ihn dir zu erfüllen«, sprach Cathal.

»Eure Majestät, ich danke Euch. Aber ich bin nicht sicher, ob Ihr das, was ich mir von Euch wünsche, erfüllen könnt.«

»Ich will tun, was ich kann«, lächelte der König herablassend. »Also, was ist dein Begehr?«

»Fastet eine Nacht nach meinen Regeln mit mir«, antwortete Anier gelassen.

Dumm für Cathal. Er konnte sein königliches Wort nicht einfach zurücknehmen. Es schnürte ihm die Kehle zu, aber er fasste sich und nickte: »So sei es«, sprach er würdig.

Anier McConglinney wurde geschäftig, traf eine Menge Vorkehrungen, gab eine Menge Anweisungen, inspizierte das, was nach seinen Wünschen hergerichtet worden war, und ließ Veränderungen und Verbesserungen anbringen.

Am Abend war es so weit. König Cathal wurde in eine freistehende Halle geführt, wo ein bequemer Sessel bereit stand, im Kamin ein Feuer prasselte und auf dem Mäuerchen vor dem Kamin silberne Schüsseln mit schönen Stücken Lammfleisch, Pfeffer, Salz und Honig aufgereiht standen.

Dies sah der König mit Wohlgefallen. Aber wie staunte er, als Diener ihn ergriffen und auf den bequemen Sessel so fesselten, dass er nicht einmal die Hände heben konnte.

»Zu meinen Bedingungen. Ihr habt es zugesagt«, murmelte Anier, der in diesem Moment näher kam.

Cathal seufzte und nickte.

Anier McConglinney zog sein Schwert, spießte ein Stück Lammfleisch auf, wälzte es im Honig, bestreute es mit Salz und reichlich Pfeffer und hielt es in gutem Abstand über die Glut. Er drehte und wendete das Fleisch, bis es rau und lieblich zu duften begann.

Während er das tat, erzählte er: »Wisst, Euer königliche Gnaden, dass ich eines Tages vor langer, langer, gar nicht langer Zeit von einem wilden, gesetzlosen Tier befallen war, das sich in meinem Magen eingenistet hatte und mich zwang, Unmengen von Speisen zu verschlingen, die aber nicht mir sondern ihm zugute kamen.«

Während er sprach, bedrängte er den König nicht, sondern streifte ihn nur gelegentlich mit seinen Blicken, schaute aber vorwiegend in die lodernden Flammen, auf die am Rande glimmende Glut und auf das Lammfleisch, dass an seiner Schwertspitze nach und nach außen knusprig und innen saftig wurde.

»Für einen Mann meines Standes scheint es unmöglich, einen solchen Gast ausreichend zu bewirten, daher machte ich mich eines Tages auf den Weg ans Meeresufer, wo im Kies ein Kahn, gezimmert aus Bambussprossen auf mich wartete. Die Ruder waren aus gedörrtem Rinderschinken. Ich bestieg das Boot, glitt darin hinaus in den Strom aus Apfelmost, ruderte eifrig bis ich die Strudel von verlorenen Eiern in Senfsauce erreichte und legte endlich am Ufer der Fressinseln an. Ich sprang in den Küstenstreifen aus zerlassener Butter, watete hindurch, wobei ich meinem wilden Tier einige der darin schwimmenden Krapfen zukommen ließ. Ich wanderte durch Wiesen von Speckstreifen, zwischen Bäumen, die voller reifer Zwetschken- und Marillenknödel hingen, durch den Hain mit den fliegenden Grillhühnern und herumlaufenden gebratenen, gefüllten Wachteln, von denen mein wildes Tier einige verschlang. Ich gelangte zum Palast meines Freundes, des Königs der Fressinseln, bewunderte einen Augenblick lang die prächtige Fassade, die sich harmonisch aus Schinkenseiten und Käserädern fügte, flankiert von kannelierten Schwarzwurzel-Säulen. Ich schritt über die Teppiche aus Räucherlachs mit einem auserlesenen Muster von Meerrettichsahne bis zum Thronsaal, wo der König auf einem Thron aus Cordon Bleu lagerte und mich huldvoll begrüßte. Mein wildes Tier hatte bei jedem Schritt etwas Gutes bekommen und war daher ungewöhnlich friedlich, aber ich wusste, das war nur die Ruhe vor dem Sturm. Deshalb hielt ich mich nicht lange mit Höflichkeiten auf, verneigte mich, sodass der Bratenduft der Bodenfliesen mir verlockend in die Nase stieg, und sprach, sobald es mir schicklich erschien: ›Eure Majestät, wäre es auch in Eurem Sinne wenn ich nachschauen gehe, ob sie in der Küche bald das zweite Frühstück fertig vorbereitet haben?‹ Freudig stimmte der König zu und ich machte mich auf den Weg.«

Anier McConglinney prüfte das erste Lammfleischstück, befand es für gar und ließ es nahe vor des Königs Nase vorbei durch die Luft… in seinen eigene Mund wandern, wo er es schmatzend zerbiss und genüsslich seufzend hinunterschluckte.

Der König gab seltsame Geräusche von sich und bäumte sich gegen seine Fesseln auf. Aber Anier lächelte ihn nur an, bereitete ein neues Stück Lammfleisch zu und erzählte weiter: »Ich spürte, wie mein wildes Tier unruhig wurde und hielt mich deshalb nicht lange mit den im Palast verbauten Köstlichkeiten auf. Ich gelangte über die Stiegen aus Kartoffelpuffern hinunter in den Keller, wo in großen Kesseln Gulasch und Rotkraut brodelten, im Kaminfeuer Kartoffeln knusprig wurden, die Braten in den Öfen brutzelten und gelegentlich mit Bier übergossen wurden und Spanferkel über dem Feuer gedreht wurden. Ich fragte, ob denn nun bald Essenszeit sei.«

In diesem Moment erklang vom König Cathal ein unmenschlicher Schrei und das wilde, gesetzlose, gefräßige Tier sprang aus seinem Magen auf seine Lippen, wo es Aniers Fleischstück zu erhaschen versuchte.

Das war der Augenblick, auf den der gelehrte und gefuchste McConglinney gehofft hatte. Er zögerte nicht, sondern ergriff das wilde Tier und warf es ins lodernde Kaminfeuer. Das Feuer züngelte hoch auf, als habe man eine Welle Fett hinein geworfen. Anier, der auf all das vorbereitet war, ließ in Windeseile den König Cathal, der erschöpft auf dem Sessel niedergesunken war, aus der Halle tragen. Im Palast wurde er losgebunden, gebadet, erhielt ein kleines, leichtes Mahl, legte sich nieder und schlummerte, als wäre es zum ersten Mal in seinem Leben.

Die Halle loderte hoch auf und verbrannte mitsamt dem wilden Tier, das auf diese Weise gewiss in Zukunft niemandem mehr schaden wird.

König Cathal fand nach langem, erholsamem Schlaf zu seinem früheren weisen Selbst zurück, worüber seine Untertanen unendlich froh waren und Anier McConglinney erhielt seinen vereinbarten Lohn.

So gelang es ihm, mit einer gut erzählten Geschichte im richtigen Moment für sein Lebtag reich zu werden.

Paddy Ahern

Es war einmal ein Bursche, der war freundlich. Er konnte zupacken, war geschickt und half gern, wo Hilfe gebraucht wurde. Er bot dem Auge einen recht erfreulichen Anblick und roch nicht schlechter als andere, aber er war in keinem Haus als Gast willkommen, einzig deshalb, weil er, wenn Geschichten erzählt wurden, stumm wie ein Fisch dasaß und nichts, aber auch garnichts zur Unterhaltung beitragen konnte.

Dass Paddy diese Eigenart hatte, sprach sich herum und in einer Zeit, in der es üblich war, auf der Wanderschaft an eine Haustür zu klopfen, um Unterkunft für eine Nacht und ein Abendmahl zu bitten und es beides auch zu bekommen, war es für den armen Paddy kein leichtes Leben.

Es geschah aber, dass er eines Abends, schon etwas verzagt, nachdem ihm viele Türen vor der Nase zugeschlagen worden waren und er manche sonderbare Ausflucht gehört hatte, an die Tür eines großen, dunklen Hauses klopfte, das er in der Dämmerung hinter den Ackerfurchen entdeckt hatte.

Die Tür öffnete sich. Ein großer, dunkler Mann stand da und rief: »Paddy Ahern, nur herein, die Suppe ist gerade fertig geworden und das Lager für dich ist bereit. Wie gut, dass du kommst!«

Wenn an einem völlig fremden Ort auf einmal jemand, den du noch nie gesehen hast, deinen Namen weiß, wenn du es nicht gewöhnt bist, willkommen zu sein, du aber überschwänglich begrüßt wirst, ohne zu wissen, warum, und wenn zudem die Dämmerung und die allgemeine Stimmung des Ortes etwas Gänsehautverdächtiges hat, das sich nicht erklären lässt, dann kann es schon sein, dass jemand wie du oder ich oder Paddy am liebsten dankend umdrehen und unter einem Baum ein Lagerfeuer machen würde, aber das war Paddy, selbst wenn er es gewollt hätte, nicht möglich, weil der große, dunkle Gastfreund ihn schon ins Haus hinein gezogen, ihm die Jacke abgenommen und ihn an den Schultern, ihn fest umarmend, in die Stube an den Tisch geschoben hatte. Paddy bekam sehr gut zu essen und fand sich bald auf einem behaglichen Lager liegend wieder.

Aber kaum war er zur Ruhe gekommen und spürte seine Glieder schwer werden, da holperte und polterte es. Die Haustür flog mit Schwung auf und drei klobige Gesellen kamen mit einem großen, langen Kasten herein, den sie krachend auf den Boden setzten.

»Wir sind nur drei. Wir müssen zu viert sein, um das zu tragen«, verkündete einer der drei Ankömmlinge und schaute sich mit leuchtenden Augen in der Stube um.

»Natürlich Paddy Ahern«, riefen sie alle drei wie aus einem Munde, nickten einander zu und blickten sich Zustimmung heischend um.

Sie packten Paddy, zerrten ihn aus dem Bett und brachten ihn in Position, wo sie ihn nötigten, einen der vier Griffe des großen Kastens zu nehmen.

Schon stapften sie zu viert aus dem Haus hinaus, über die von der Trockenheit hart gebackenen Ackerfurchen bis zu einer groben Mauer, die im Mondlicht schemenhaft zu erkennen war.

»Wer hilft, den Sarg über die Mauer zu heben?«, fragte einer der Gesellen lauthals.

»Natürlich Paddy Ahern!«, erklang es aus drei Kehlen und schon wurde Paddy genötigt, mit Heben und Schieben den Sarg, denn nichts anderes war die große Kiste, über die Mauer hieven zu helfen. Mit Ziehen und Schubsen brachten sie es alle vier fertig, über die Mauer zu klettern und Paddy erkannte im bleichen Licht, dass sie sich auf einem Friedhof befanden.

»Wer trägt den Sarg mit uns hinüber, dorthin, wo er hin gehört?«, brüllte einer der Kerle.

»Natürlich Paddy Ahern!«, erklang die Antwort.

Wieder wurde seine Hand zu einem Griff geschoben und zu viert trugen sie den Sarg zwischen den Gräbern und Kreuzen hindurch bis zu einer offenen Grube, in die sie den Sarg hinabgleiten ließen. Als er aber fast unten angekommen war, entglitt er ihren Händen, krachte unten auf den Grund der Grube und der Deckel sprang vom Aufprall auf. Der Sarg war leer.

»Wer legt sich hinein?«, fragte einer der Kerle.

Aber während das gewohnte »Natürlich Paddy Ahern!« erklang, war Paddy schneller, als er es sich je zugetraut hätte, los gerannt, über die Mauer halb geklettert, halb gesprungen und zuletzt gestürzt, hatte sich aufgerappelt, war übers Feld zum Haus, dessen Tür zum Glück noch offen stand, gelaufen, hatte sie hinter sich zugeworfen und verrammelt, war zu seinem Lager geeilt, hatte sich die Decke über den Kopf gezogen und war augenblicklich tief und fest eingeschlafen, was ihm die einzige noch vorhandene Fluchtmöglichkeit schien.

Als er am nächsten Morgen erwachte, stand ein deftiges, duftendes Frühstück für ihn bereit. Der Gastgeber drängte ihn, ordentlich zuzugreifen und als Paddy sich endlich auf den Weg machte, schlug er ihm fest auf die Schulter und meinte: »Nun, Freund Paddy, ab heute wirst du immer etwas zu erzählen haben. Es war nicht zum Ansehen, wie du stumm und still da saßest, wenn man eine Geschichte von dir hören wollte und du, als hättest du dein Lebtag lang noch nichts erlebt, geschwiegen hast. Es war, als würden die Geschichten, besonders die unterhaltsamen, vor dir Reißaus nehmen, wenn sie dich nur von ferne sahen… aber dieses Gebrechen ist ab heute geheilt.«

Paddy taumelte, ungläubig und benommen, über die Ackerfurchen hinüber zur Landstraße und nahm seinen Weg wieder auf, wo er ihn am Vorabend verlassen hatte. Aber als er nach einigen Schritten innehielt, sich umdrehte und noch einen Blick zum Haus, in dem er die Nacht zugebracht hatte, werfen wollte, da rieb er sich die Augen, suchte überall und konnte beim besten Willen kein Gebäude entdecken.

Was der große, dunkle Mann in dem Haus, das es nicht gab, gesagt hatte, war jedoch in Erfüllung gegangen: Paddy Ahern hatte von nun an immer etwas zu erzählen und war überall als Gast willkommen.

Wie Ananse, der Spinnenmann, die Geschichten vom Himmelsherrscher kaufte

Eines Tages machte sich Kweku Ananse, der Spinnenmann, auf den Weg zu Nyankonpong, dem Himmelsherrscher.

»Ich möchte deine Geschichten kaufen«, verlangte er. »Was muss ich dir dafür bringen?«

»Du, Ananse, willst meine Geschichten kaufen?«, staunte der Himmelsherrscher. »Wie soll dir das gelingen? Du bist nur ein einziger. Große Städte und ganze Horden von Helden wollten meine Geschichten kaufen und es ist ihnen nicht gelungen.«

»Wir werden sehen«, sprach Ananse. »Es kostet dich nichts, mir zu sagen, was deine Geschichten kosten sollen.«

»Also gut«, meinte der Himmelsherrscher: »Ich verlange von dir Mmboro, die Hornisse, Onini die Pythonschlange, Osebo, den Leoparden und Mmoatia, die Fee. Wenn du mir diese alle bringst, sollst du meine Geschichten bekommen.«

»Alle diese sollst du haben«, verkündete Ananse. »Und außerdem gebe ich dir noch Nsia, meine Mutter, das siebte Kind.«

»Wenn es dir gelingt, mir Mmboro, Osebo, Onini und Mmoatia zu bringen, sollen die Himmelsgeschichten dein sein und du kannst frei über sie verfügen«, sprach Nyankonpong.

Ananse nickte und ging nach Hause, um Akuba, seiner Frau, von dem beabsichtigten Handel zu erzählen. Sie hörte sich alles an, wiegte das Haupt und fragte: »Womit willst du anfangen?«

»Mit dem Anfang«, antwortete Ananse. »Der Himmelsherrscher hat Mmboro, die Hornisse, zuerst genannt. Was rätst du mir? Was soll ich tun?«

Er hörte gut zu, was Akuba ihm sagte, nahm die beiden Kürbis-Kalebassen an, die sie ihm gab, eine trocken und leer und die andere mit Wasser darin, dankte ihr und machte sich auf den Weg.

Er kam am Baum vorbei, in dessen Höhle, wie er wusste, ein großer Hornissenschwarm hauste. Da begann er, aus der gefüllten Kalebasse Wasser um sich zu spritzen, auch hoch hinauf zur Mmboro-Höhle.

»Oh«, rief er, »ich glaube, der Regen wird immer stärker. Was für ein Unglück für Wesen mit Flügeln. Werden sie nass, dann könne sie nicht mehr fliegen und das ist schlimm!«

Da kamen die Hornissen verzweifelt heran gebrummt.

»Was sollen wir nur tun?«, fragten sie. »Du, der du weise bist und dich mit den Gefahren des Regens auskennst, weißt du auch, wie wir uns vor ihm retten können?«

»Gewiss«, antwortete Kweku Ananse, der Spinnenmann. »Ich weiß es und ich werde euch helfen. Diese tragbare Höhle, die ich in Händen halte, ist ganz trocken und sicher. Ich erlaube euch, darin Zuflucht zu suchen.«

»Bssssss...« brauste Mmboro, der Hornissenschwarm, in die Kalebasse hinein. Und plopp! – da hatte Ananse die Kalebasse mit dem mitgebrachten Stöpsel fest verschlossen.

Er trug die Kalebasse, in der es brummte und summte, zu Nyankonpong, dem Himmelsherrscher.

»Ich habe meine Hand darauf gelegt. Du brachtest mir Mmboro, die Hornisse. Es bleibt zu tun, was noch zu tun ist«, sprach er.

Ananse kehrte nach Hause zurück und Akuba erklärte ihm, er brauche einen langen Stock und eine Lianenranke, dreimal so lang wie der Stock. Sie erzählte ihm genau, wie eine Pythonschlange überlistet werden könne.

Ananse dankte und machte sich auf den Weg. Dort im Urwald, wo die Schlange Onini lebte, legte er den Stab auf den Boden, ging um ihn herum, als wolle er etwas herausfinden und murmelte unentwegt vor sich hin: »Bestimmt ist Onini nicht so groß... wenngleich, sie kann schon sehr lang sein… aber so lang? Nein, das kann sie wohl nicht sein…«

Schon lugte Onini, die Pythonschlange, durchs Laub.

»Was machst du da?«, fragte sie.

»Ich wüsste gern, ob du so lang bist, aber ich glaube nicht…«, sprach Ananse und maß die Schlange zweifelnd mit seinen Blicken.

»Ich bin sehr lang!«, verkündete die Schlange.

»Hmmm, das kann schon sein… aber wenn wir es sicher wissen wollen, leg dich ganz gerade neben den Stab, dann können wir dich richtig messen und wissen es genau.«

Das tat Onini, deren Neugier größer war als ihre Vorsicht.

Kaum lag sie neben dem Stock ausgestreckt, wickelte Ananse die mitgebrachte Liane um den Stab und die Schlange. Sehr flink und geschickt tat er das, wie Akuba es ihm geraten hatte. Er zögerte nicht und es klang, als er wickelte, wie: »Nwenene, Nwenene, Nwenene…«

Er verknotete die Liane gut, hob mit einer großen Kraft-Anstrengung die Schlange, den Stock und die Liane zusammen auf seinen Rücken und trug sie zu Nyankonpong, dem Himmelsherrscher.

»Ich habe meine Hand darauf gelegt. Du brachtest mir Onini, die Pythonschlange. Es bleibt zu tun, was noch zu tun ist«, sprach der Himmelsherrscher und sah ein wenig beeindruckt aus.

Kweku Ananse, der Spinnenmann, machte sich wieder auf den Weg zu Akuba, seiner Frau.

»Jetzt gilt es, Osebo, den Leoparden, zu fangen. Wie mache ich das?«, fragte er.

»Wenn Kweku Ananse, der Spinnenmann, eine Grube graben und sie mit Palmwedeln bedecken wird, sodass niemand sehen kann, dass unter ihnen kein Boden ist, und wenn er die Grube genau auf Osebos gewohntem Pfad gräbt, dann kann es sein, dass Osebo hineinstürzt. Wenn die Grube tief genug ist, wird Osebo jämmerlich dort unten sitzen und erleichtert sein, wenn er eine Weile gewartet hat und nun ein Gesicht am Rand der Grube auftaucht, zum Beispiel Kweku Ananses Gesicht. Ananse könnte dann dem armen Leoparden sagen, er werde Holzstämme hinunter in die Grube legen, an denen Osebo hinaufklettern solle. Was Osebo nicht wissen wird, ist, dass Ananse einen großen Knüppel und Seile bereithält. Und wenn Osebo dann hinaufklettert, kann mein Ananse ihm mit dem Knüppel ordentlich eins überziehen, sodass er betäubt ist, ihn an den Vorderpfoten über die Baumstämme hochziehen, fesseln und zum Himmelsherrscher schleppen. Mein Ananse wird, schlau wie er ist, nicht zu früh den Knüppel hervorholen und nicht zu früh zuschlagen, sondern er wird warten, bis Osebo schon die Pfoten auf die Erde bringt und ein wenig keucht, weil es mühsam ist, über Baumstämme aus einer tiefen Grube hinauszuklettern, in die man gestürzt und in der man eine Weile gelegen ist. Osebo wird in diesem Moment so mit sich beschäftigt sein, dass Ananse ihn leicht überwältigen kann. Osebo muss bereits weit genug aus der Grube hinaus geklettert sein, dass sein schwerer Leib nicht in die Grube zurückfällt, sondern seine Krallen ihn schon oben am Rand der Grube festhalten.«

Ananse jubelte und dankte. Dann machte er alles so, wie Akuba es erzählt hatte.

»Ich habe meine Hand darauf gelegt. Du brachtest mir Osebo, den Leoparden. Es bleibt zu tun, was noch zu tun ist«, sprach der Himmelsherrscher.

Ananse ging zu seiner Mutter Nsia, dem siebten Kind, und erzählte ihr, welchen Handel er mit dem Himmelsherrscher abgeschlossen hatte. Er erzählte, wie er mit Akubas Hilfe bereits drei mächtige Wesen zu Nyankonpong gebracht hatte und dass er sie, seine Mutter, auch zum Himmelsherrscher bringen wolle.

Da machte sich Nsia reisefertig.

Ananse fragte Akuba, seine kluge Frau, was er tun müsse, um Mmoatia, die Fee, zum Himmelsherrscher bringen zu können. Er bekam von ihr wie üblich erzählt, was er tun müsse und besorgte sich alles, was er dazu brauchte.

Tags darauf schlenderte die Fee Mmoatia an einer Palme vorbei und sah am Fuß des Baumes eine Gestalt sitzen, die eine große Schüssel Jamsbrei vor sich hatte. Mmoatia näherte sich der Frau, die dort saß: »Guten Tag«, fragte sie höflich. »Darf ich etwas von deinem Jamsbrei essen?«

Die Gestalt aber schüttelte den Kopf. Was die Fee, die wohl nicht die scharfsichtigste war, nicht bemerkte, war, dass die Gestalt kein lebendes Wesen, sondern eine Puppe war, die nur deshalb den Kopf bewegte, weil Kweku Ananse, der Spinnenmann, hinter dem Baum stand und den Kopf mit feinen Fäden bewegte.

»Was bist du so unhöflich! Du antwortest nicht auf meinen Gruß und findest es nicht einmal der Mühe wert, mir freundlich zu sagen, warum du mir nichts abgeben willst?«

Wieder schüttelte die Gestalt den Kopf.

Da ärgerte sich Mmoatia so sehr, dass sie der Puppe (die sie für eine Frau hielt) eine Ohrfeige gab. Weil aber Akuba genau das vorhergesehen hatte und Ananse ihrem Rat folgend die Wange der Puppe mit festem, klebrigem Baumharz eingestrichen hatte, blieb die Hand von Mmoatia, der Fee, im Gesicht der Puppe kleben. Mmoatia griff mit der anderen Hand hin, um die erste Hand zu befreien, blieb aber ebenfalls kleben. Da trat sie die Puppe mit einem Fuß, blieb auch mit diesem kleben und ob sie es geschafft hat, auch mit dem zweiten Fuß zu treten und kleben zu bleiben, das ist mir nicht bekannt. Ich weiß aber aus zuverlässiger Quelle, dass Kweku Ananse, der Spinnenmann, seine Mutter an die Hand nahm, die Fee Mmoatia an der Puppe klebend unter den Arm nahm und ein viertes Mal zum Himmelsherrscher hinaufwanderte.

»Ich habe meine Hand darauf gelegt«, sprach der Himmelsherrscher, als ihm Mmoatia, die Fee, überreicht wurde. »Ananse brachte mir alles, was für den Tausch gegen die Himmelsgeschichten vereinbart war. Nun nimm sie. Sie sind dein und du bist frei, mit ihnen zu tun, was dir beliebt.«

Kweku Ananse winkte seiner Mutter Nsia, die sich im Himmel häuslich einrichtete, nahm vom Himmelsherrscher die Geschichten entgegen, brachte sie hinunter auf die Erde und seitdem kennen, erzählen und hören wir sie. Sie werden jetzt Spinnengeschichten genannt, zu Ehren des Spinnenmanns und seiner Frau Akuba, die sie mit Kraft, Erfahrung, List und Handelsgeschick erworben haben.

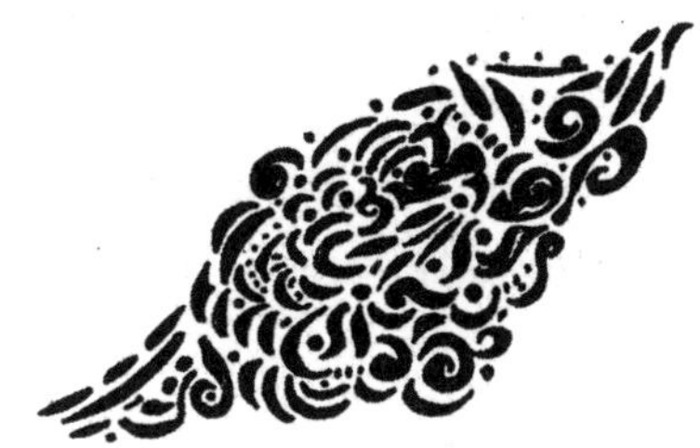

Genau die richtige Geschichte finden

Es war einmal eine Erzählerin, deren Tochter auf ihren eigenen Wunsch hin bei ihr in die Lehre ging. Eines Tages fragte die Tochter, als Lehrling, die Erzählerin: »Ich habe beobachtet, dass Menschen, denen du persönlich eine Geschichte erzählt hast, oft in begeisterte Rufe ausbrechen: Ja, das war genau meine Geschichte' oder … das ist mein Märchen! Danke! Wie machst du das?«

Die Erzählerin deutete auf einen Sitz neben sich, die Lernende nahm Platz und ihre Mutter antwortete. Womit? Natürlich mit einer Geschichte: »Es war einmal ein König, der überaus geschickt in der Kunst des Bogenschießens war. Er hatte sich mit allen Meistern und Meisterinnen des Bogenschießens gemessen, die es in seinem Reich und den angrenzenden Ländern gab.

Eines Tages ging der König an der Stadtmauer spazieren, sah etwas und hielt inne. Sieben Pfeile steckten in der Mauer. Jeder von ihnen in der genauen Mitte einer Zielscheibe, die mit abwechselnden roten und weißen Ringen auf die Mauersteine gemalt war. Der königliche Bogenschütze prüfte genau Einschlagtiefe und -winkel der Pfeile. Sein Staunen wuchs, denn er erkannte, aus welcher Entfernung und mit welcher Kraft die Pfeile geschossen worden waren. Er schreckte aus seinen Betrachtungen, als er gleich hinter sich eine Stimme hörte:

›Wollt Ihr wissen, wer der Schütze ist?‹

›Ja!‹, antwortete der König, noch bevor er sich umgedreht und einen alten Mann mit einem Gehstock erblickt hatte.

›Dann kommt‹, riet der Alte.

Er führte den König durch das Stadttor hinein, durch das vornehme Wohnviertel, das Händler- und das Handwerkerviertel bis zu den Hütten der Armen, die an der anderen Seite der Stadtmauer kauerten. Dort klopfte er an eine Tür. Ein Bub öffnete und begrüßte den Alten erfreut als seinen Großvater.

›Rasch, mein Junge‹, forderte der Alte ihn auf. ›Nimm Pfeil, Bogen und was du sonst noch brauchst und zeige dem Herrn hier deine Kunst.‹

Miteinander gingen sie zurück an jenen Ort außen an der Stadtmauer. Der Bub trug seinen Bogen um die Schulter gehängt, einen Köcher mit ähnlichen Pfeilen, wie sie der König inmitten der Zielscheiben gesehen hatte, auf dem Rücken und in jeder Hand einen Farbkübel mit einem Pinsel.

Vor der Mauer angelangt nahm der Bub weiten Abstand, schoss sieben Pfeile in die Mauer, ging dann näher hin und malte mit roter und weißer Farbe säuberlich die Zielscheiben um die steckenden Pfeile herum.«

Die Erzählerin und die Lernende schwiegen und schauten vor sich hin.

»Ich verstehe…«, sagte dann die Tochter. »Aber sag mal… Zieht die Erzählerin die Ringe um die Mittelpunkte? Oder werden die Zielscheiben von den Zuhörenden gemalt?«

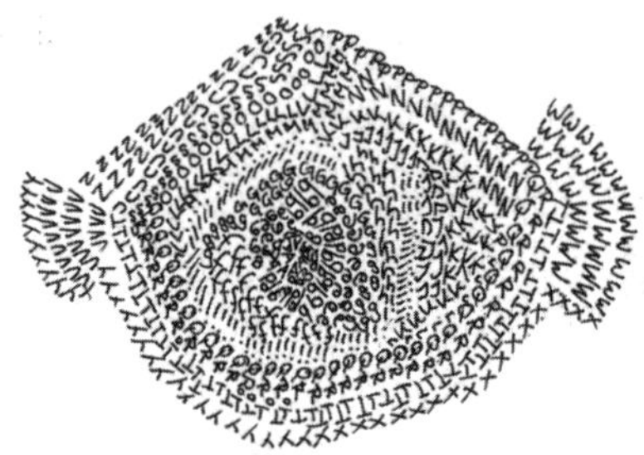

Im Zeitraffer erzählt

Ein »Zeitraffer« ist ein erzählerisches Werkzeug, das Verdichtung und Überblick-Schaffen ermöglicht. Was im Zeitraffer gezeigt wird, können wir als Ganzes sehen, auch wenn es »im Originalzustand« seine Struktur nicht so leicht offenbaren würde. Wenn für einen Film eine Kamera ein Jahr lang genau die gleiche Landschaft aufgenommen hat und wir dadurch den Wechsel von Tagen und Nächten, den Wechsel der Jahreszeiten und der Licht- und Wettersituation dahinfließen sehen können, dann wird uns auf diese Weise etwas »erzählt«, das in Worten erklärt sehr kompliziert und wenig anschaulich werden könnte.

Im Zeitraffer und im Fluss der Bilder wird das, was über lange Zeit hin vor unseren Augen geschieht, verdichtet. Wir hätten kaum die Möglichkeit, nur diesen einen Aspekt aus unseren Wahrnehmungen herauszufiltern, aber die Technik tut das für uns und wir können es deutlich sehen.

Wenn ich die einunddreißig hier erzählten globalen Geschichten und später auch die neunzehn ursprünglich schriftlich erzählten Stoffe in ihrer von mir gewählten Folge »im Zeitraffer« auffädele, möchte ich dadurch die Grundidee, um die es in diesem Buch geht, leichter zugänglich machen:

Erzählen ist eine wertvolle und wirksame Kulturtechnik. Es lohnt sich, sie zu pflegen und zu nützen. Es lohnt sich, ihre Aspekte und Facetten zu erlauschen und sie anzuwenden. Das Buch »Erzählen^2« soll es erleichtern, diese erzählerischen »Werkzeuge« und ihre Nutzung zu entdecken. Es soll Lust darauf machen, sie zur Hand zu nehmen (und in den Mund… und in die Ohren… und zu Herzen...).

In den hier erzählten traditionellen mündlichen Geschichten verbinden sich inhaltliche und narrative, also erzählerische)Motive, sowohl in den Kurzbeschreibungen der »Essenz«, die ich zu jeder Geschichte oben im Inhaltsverzeichnis hinzugefügt habe, als auch im Spannungsbogen ihrer Abfolge, den ich jetzt erzählen möchte.

»Globale Geschichten« haben eine Art gemeinsamen Moralkodex, eine Reihe menschlicher Grundhaltungen, die sie mitteilen, und eine Kollektion von Themen, um die es in ihnen geht.

Das ist so, weil sie Geschichten sind, die die einfachen Menschen einander in ihren Mußestunden erzählt haben, also in den Zeiten, in denen sie miteinander ihr »Höheres Ich«, ihre Vorstellungen, »wie die Dinge sein sollen« und »was leben hilft« pflegten, in Zeiten, in denen es nicht darum ging, von Sorgen geplagt oder von Mächtigen unterdrückt zu werden, sondern darum, sich miteinander verbunden, frei, stark, wirksam, handlungsfähig und »gut« zu fühlen. Es geht hier sowohl um diese Grundhaltungen mündlicher Geschichten, als auch um Aspekte des Erzählens selbst.

Es führen also sozusagen »zwei rote Fäden« durch dieses »Zeitraffer«-Kapitel. Oder sind es ein roter und ein goldener Faden?

Das bleibt der individuellen Vorstellungskraft überlassen.

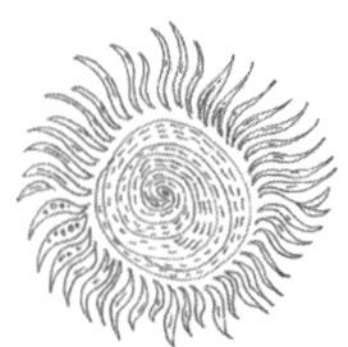

Unsere Sonne — S. 46

Der Bogen beginnt mit einem Schöpfungsmythos und mit dem Licht. Erzählen erleuchtet! Die Götterbotin und die Sonnen sind von Geschichten gleichermaßen begeistert, wenn auch aus verschiedenen Gründen.

Die kleine Sonne, die wir im Lauf des Geschehens als unsere persönliche Wohltäterin kennenlernen, will der gehörten Geschichte eine gute Wendung geben. Das veranlasst sie zum Handeln.

Die Götterbotin hatte auf diese Wirkung der Erzählung gehofft und ihren Plan auf sie aufgebaut. Er gelingt aufgrund einer intuitiven Zuhörerinnen-Reaktion der »kleinen Sonne«. Wäre jede zuhörende Sonne »auf der Hut« und stünde dem Narrativ vorsichtig gegenüber, um nicht manipuliert zu werden, dann würde der Plan der Götterbotin misslingen und es gäbe uns womöglich jetzt nicht mehr.

Im Schöpfungsmythos geht es um »ein gutes Werk«. Aber damit die edle Tat geschehen kann, wird List angewendet. Offensichtlich wollen alle Sonnen »sich an ihrer gegenseitigen Gesellschaft erfreuen«. Sie wollen nicht hinaus ins finstere Universum reisen, um dort Leben zu spenden.

Auch die kleine Sonne will das vorerst nicht, aber die Geschichte, der sie sich öffnet, bewirkt einen Sinneswandel.

Wir sehen es geschehen, wenden den Blick nach oben und denken an die Sonne, als hätte sie wie unseresgleichen eine Persönlichkeit mit eigenen Wünschen und Bedürfnissen. Wenn wir im Sinne dieser Geschichte, deren insgeheime Hauptpersonen wir selber sind, tun-als-ob, dann sieht es so aus, als wäre die Sonne nicht nur ein gedankenloses Gestirn, dem »wir egal sind«, sondern als wäre sie – zum einen dank der Geschichte der Götterbotin, zum anderen aber auch aus eigener Entscheidung heraus – persönlich für uns da und spendete uns »absichtlich« Wärme, Licht und damit Lebensqualität.

Die Erzählung von »unserer Sonne«, in der eine erzählte Geschichte bewirkt, dass es uns gibt, springt über die Schwelle, die die Geschichtenwelt von unserer Wirklichkeit zu trennen schien. Wenn wir die Sorge, naiv zu erscheinen, beiseite lassen und uns erlauben, »mitzuspielen«, kann das Erleben dieser Narration Freude und Dankbarkeit erzeugen. Sie kann Erzählen als wirksame Handlungsweise spürbar machen und uns ein Gefühl geben, im Universum gut aufgehoben und versorgt zu sein. Sie kann den Blick weiten und ein Schmunzeln auf unsere Lippen und in unsere Augenwinkel zaubern, das jedes Mal, wenn wir »unserer Sonne« begegnen, wiederkehrt, weil wir »wissen, was ihre Geschichte ist«.

Wenn wir danach wieder Zeuginnen und Zeugen einer Begegnung von personifizierten ideellen Kräften werden, bleiben wir auf der Ebene des »ganz Großen«, das aber anthropomorph, also: »mensch-förmig«, dargestellt wird. Das Personifizieren ist ein wirksamer Kunstgriff, den traditionelle mündliche Geschichten lieben und über den anderswo in diesem Buch noch mehr gesagt wird.

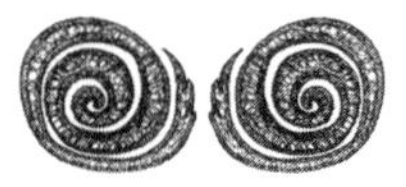

Weggefährtinnen mit Ideen — S. 49

Zwei Wandernde begegnen einander. Sie haben schon von einander gehört. Jemandes »Ruf« ist etwas, das ihm oder ihr wider Willen anhaftet, eine Zuschreibung, die durch das entsteht, was »die Leute über einen erzählen«.

Warum fragen »die Leute« denn jene, über die sie so sprechen, nicht, ob ihnen das recht ist? Eine gute Frage, auf die es viele Antworten gibt.

Die beiden Weggefährtinnen erkennen, dass sie in einer ähnlichen Situation sind, verbünden sich und helfen einander. Wir Zuhörende sind bei dieser »Gipfelkonferenz« dabei. Wir erfahren aus erster Hand, wie sich gewisse Gerüchte, die wir vielleicht auch schon gehört oder vielleicht sogar weitererzählt haben, auswirken.

Wenn wir, so wie die kleine Sonne in der vorigen Geschichte, unsere Herzen für die Gefühle und Anliegen der Geschichtengestalten öffnen, wenn wir also in eine vertrauensvolle und wohlwollende Zuhörhaltung gehen, werden vielleicht auch wir motiviert, Märchen zu rehabilitieren, sie genauer und mit neuem Blick anzusehen und die Wahrheit, mit der sie sich verbündet haben, in ihnen zu finden.

Wenigstens davon erzählen — S. 52

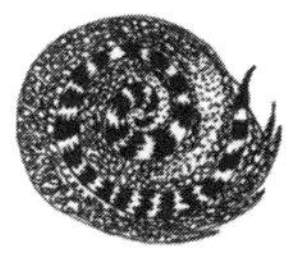

In der Erzählung vom Ritual, das aus den aktuellen Gegebenheiten heraus immer minimaler wird, aber seine Wirksamkeit behält, erleben wir eine Reihe von Überraschungen. Jedes Mal wenn etwas verloren gegangen ist, steht die Möglichkeit im erzählerischen Raum, die Hände zu ringen und in Verzweiflung zu verfallen. Aber jedes Mal bekommen wir zu spüren, wie »alles noch einmal gut wird«, bis das Erzählen sich als »minimale Handlung«, die wirklich viel kann, herausgeschält hat.

Was macht es möglich, dass das Erzählen so wirksam ist?

Es ist nicht schlampige Wurschtigkeit, die sagen würde; »Egal, haben wir es halt nicht, dann machen wir's halt irgendwie…«. Da ist stattdessen ein gewisser Respekt vor der wunderbaren heilenden Wirkung, die ersehnt wird. Das Fehlende wird genannt und gewürdigt, bevor die Handelnden, statt in Verzweiflung über den Mangel zu verfallen, Mut und Hoffnung schöpfen. Sie wagen es und freuen sich über das Gelingen wie über ein Geschenk.

Es ist auch immer eine Person anwesend, die das Ersehnte wirklich noch selbst erlebt hat. Sie legt Zeugnis dafür ab, dass es möglich ist und dass es das ‚»obwohl es sagenhaft klingt«, wirklich schon gegeben hat. Und die anderen geben ihr eine Chance und vertrauen dem, was diese Person berichtet.

Beim »Abschälen der Schichten« dringen wir Schritt für Schritt zur Mitte vor. Mit Furcht und Zittern. Und mit einem freudigen Prickeln der Erleichterung, als das Wunderbare trotz aller Verluste gelingt. Dieses Erleben ermöglicht die Geschichte, wenn wir sie mit offenen Herzen und in Empathie hören.

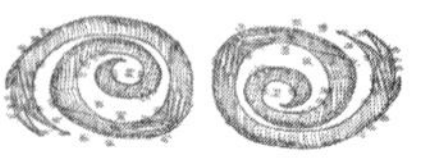

Familientradition — S. 54

In der Familie des Hutmachers wird Erzählkultur gelebt. Ich als Erzählerin der Geschichte habe eine eigene biografische Erzählung darin eingebettet, die zeigen kann, wie verbreitet das beschriebene Phänomen des »Familien-Erzählers« in der Wirklichkeit ist.

Dass die Natur uns umgibt, »mit uns korrespondiert« und nicht unterschätzt werden will, ist ein typisches Märchenmotiv, das nicht nur in »native Communitys« vorkommt, sondern auch in den Volkserzählungen in Europa, Asien und anderswo. Mündliche Geschichten bringen immer wieder zur Sprache, dass die Natur und ihre Lebewesen mit uns Menschen verwandt sind und wir ihnen mit Respekt begegnen sollen. Und – siehe da! – sogar die Tiere haben Erzählkulturen.

Wer will wissen, dass es nicht so ist?

Das Thema wird später im Kunstmärchen von Scheh wieder anklingen.

Die erzählte Ähnlichkeit menschlicher und tierischer Charaktere ist ein Kunstgriff von Fabeln, Tiermärchen und Schöpfungsgeschichten. Interaktion und Respekt, auch wenn wir äußerlich verschiedenartig sind, klingen durch.

Wenn wir »so tun, als wäre es so«, weitet sich wieder unser Blick. In Märchen und Mythen werden Gestirne personifiziert. Das geschieht zum Beispiel in der Geschichte von »unserer Sonne«. Es gibt auch viele Märchen, in denen Mond und Sterne sich menschlich verhalten. Allegorisiert und personifiziert werden auch Naturgewalten (der Wind) und ideellen Größen (das Märchen, die Wahrheit, der Tod…).

Wenn wir uns durch »Vermenschlichen« ermöglichen, die Perspektive dieser Gestalten einzunehmen und uns mit ihnen zu identifizieren, gewinnen wir Spielraum fürs Denken und können uns mit der ganzen Welt verbunden fühlen. Globale Geschichten mögen das. Und ich lausche ihnen das Personifizieren ab, auch wenn es sich auf den ersten Blick sonderbar liest. Es wirkt.

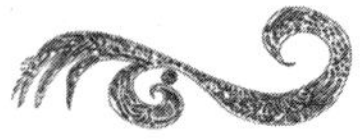

Dschinroku — S. 59

Als Dschinroku, einer der vielen jüngeren Brüder, die oft ein wenig närrisch erscheinen, aber die wahren Helden der Erzählung sind, geschichtenfreudig, jedoch nicht erzählfähig, in die Welt aufbricht, ist klar, wohin das führen wird.

Er wird es lernen. Sein Initiationsweg muss ihn zum Erzähler machen. Aber wie? In dieser Hinsicht wartet die Geschichte mit einer Reihe Überraschungen auf: Da sind die großzügigen Bettler, dann Dschinrokus eigene Freigiebigkeit, die er als Logik verkleidet, der Handel mit dem Geschichten-Verkäufer, der so närrisch ist, dass wir Dschinroku gern davor warnen würden und der an »Hans im Glück« erinnert. Da ist unsere Überraschung, als unser Held auf unerwartete Weise das genau Richtige tut, das sonst nirgends je gut gehen könnte, aber es ist ja seine Geschichte, in der er intuitiv am besten Bescheid weiß... dann das Wagnis, erzählerisch gleich beim ersten Versuch »aufs Ganze zu gehen« und sein Leben aufs Spiel zu setzen. Und da ist die wunderbare Wendung, als bewiesen werden muss, wie wahr die Geschichte ist. »Zufällig« ist der »Wirklichkeitsanteil« auch für den mächtigen Herrscher existenziell und das macht Dschinrokus Erzählleistung so besonders »wahr«.

Die Geschichte nimmt uns mit in eine sehr sonderbare Handlungsfolge, die aber so bildstark ist, dass das Mitgehen sich lohnt… Es lohnt sich für uns genau wie für Dschinroku. Unser Held hat keinen Grund, jemals wieder an seinen Herkunftsort, wo seine Eigenart unverstanden blieb, zurückzukehren. Die Erzählung führt von einem Ort des Ungenügens an einen Ort des Willkommen-Seins… im Erzählen.

Wir sind, nachdem Sonnen und ideelle Größen die ersten Geschichtenheldinnen waren, mit dem Hutmacher und seiner Familie und mit Dschinroku, der aus seiner Familie hinauswächst, bei Geschichten von Menschen angekommen, die an einem Ort und in einer Zeit vorstellbar sind. Sie erscheinen wie historische Persönlichkeiten. Wir sind aus der Zeitlosigkeit der einleitenden globalen Geschichten bei Protagonisten angekommen, die in einer realistischen Szenerie, in einem menschlichen Lebensraum, Erfahrungen mit dem Erzählen machen. Und so geht es auch weiter.

Iwan Zarewitsch und seine Schwestern — S. 71

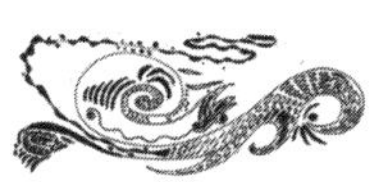

Iwan Zarewitsch, was ein so typisierender Name wie »Hans, der Königssohn« ist, ist vorerst Zuhörer. Als der Stallknecht, Iwans »Erzählmentor«, seinem Schützling sagt, jetzt sei die Zeit des Geschichtenhörens vorbei und die Zeit des Handelns gekommen, ist ein Wendepunkt erreicht. Jetzt wird sich zeigen, ob Iwan aus den Erzählungen genug gelernt hat, um seine große Lebensaufgabe zu meistern. Dass traditionelle Geschichten die Essenz von Lebenswegen und Handlungsanweisungen transportieren, ist eine ihrer »Überlebensstrategien« in der mündlichen Überlieferung. Sie wird zum Grundmotiv von Iwans Geschichte.

Später wird es um die »unmännliche« Entscheidung gehen, die Wärme von Schwester Sonne anzunehmen, nicht »cool« sein zu wollen, sondern ihr den persönlichen Kummer anzuvertrauen, um so zu den nächsten benötigten Geschichtenweisheiten zu kommen und die wohltuende Wirkung des Erzählens, das beim Visionieren, Planen und Konzipieren hilft, zu nützen. Iwan ist ein meisterhafter Zuhörer und Nach-den-Geschichten-Handelnder.

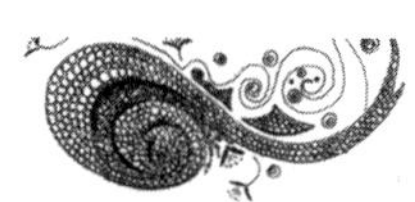

Der Märchenprinz — S. 78

Wie Iwan ist auch der Märchenprinz an der Schwelle zum Erwachsensein. Auch für ihn geht es ums Entwickeln von Beziehungen zu realen Menschen, aber nicht um eine böse und eine gute Schwester, sondern um die geeignete Frau an seiner Seite.

Natürlich wird diese mit einer Geschichte angelockt. Und zwar mit der »aktuellen Story wie aus der Regenbogenpresse«, die sich um das seltsame aber konsequente Verhalten des Prinzen selbst spinnt. Dieses Narrativ hat offensichtlich alles, was es braucht, um bis in den letzten Winkel des Landes vorzudringen.

Und dort bringt »das Märchen vom Märchenprinzen« die Bauerntochter, um die es geht, und die normalerweise nie in Reichweite des Prinzen gekommen wäre, auf eine Idee. Sie stellt in dem geforderten »endlosen« Erzählstoff die Eigenart des Prinzen dar: Der König im Märchen will immer noch mehr Vögel haben, ebenso wie der Märchenprinz in der Wirklichkeit-dieser-Geschichte immer mehr Geschichten begehrt.

Die Bauerntochter hat den Symbolgehalt eines realen Geschehens erspürt: Die Vögel, die die Saat stehlen und durch diese kleine Handlung großen Schaden anrichten könnten, wenn man nicht jetzt schon aufpasst und es verhindert, spiegeln die Leidenschaft des Königssohnes, die sich wenn er König wird zu einem großen Problem für das Reich auswachsen könnte. Durch das Netz wird das Geschehen entschleunigt, ästhetisiert und auch für den Prinzen interessant gemacht. So nützt die Bauerntochter die Leidenschaft des Prinzen, um den für ihn anstehenden Entwicklungsschritt zu initiieren. Aus der Not wird eine Tugend.

Die Bauerntochter schafft es, ihre lehrreiche Geschichte sehr geschmeidig in Bilder zu kleiden und darzubieten. Sie punktet mit Stimme, Wortwahl, Timing und Interaktion. Sie verbündet sich mit den eigenwilligen Stärken des Märchenprinzen, die sie zu schätzen weiß und denen sie gewachsen ist, mit seiner Fantasie, seiner anspruchsvollen Art, seiner Zuhörfähigkeit und Zielstrebigkeit.

Indem sie seine Schwäche und Stärken in geeignete Positionen zurechtrückt, bringt sie die unreifen Anteile des hochwohlgeborenen Jünglings zum Reifen.

Wie Scheherazade erzählt sie auf diese Weise auch ihr eigenes Glück herbei.

Das Märchen vom König und den Vögeln und das Erzählereignis lassen die Seelenverwandtschaft zweier Menschen mit völlig verschiedener Herkunft, des Königssohnes und der Bauerntochter, sichtbar werden; Unwahrscheinliches wird Wirklichkeit. Und wie das geschieht, verrät uns Zuschauenden viel über Wahl und Wirksamkeit innerer Bilder und die Gestaltung des Erzählgeschehens.

Die Bauerntochter offenbart sich als Meistererzählerin, von der wir viel lernen können und der Märchenprinz wird, mit ihr zusammen, gut und weise, weit über das hinaus, was zu erst zu hoffen war. Eine erstaunliche Entwicklung… für diese vereinten Gegensätze und das Reich.

Der Märchenbeutel — S. 85

Der Prinz in der Erzählung von den erbosten, in einem Beutel gefangenen Märchen und Geschichten, ist wie der Märchenprinz jung und macht offensichtlich einen Fehler. Ein Geschichten-Liebender ist auch er, was ihn uns Geschichten-Hörenden trotz allem irgendwie sympathisch macht.

Aber er schwebt in großer Gefahr, weil die Märchen, hier wieder personifiziert und mit klaren, wenn auch »geschichtentypisierten« Charaktermerkmalen ausgestattet, starke Stoffe sind. Sie wissen sich zu wehren, wenn sie falsch behandelt werden. Auch hier braucht der Prinz einen erzählenden Helfer, der das Fehlende hinzufügt.

In diesem Fall überspringt eine der Geschichten die Grenze zwischen Mensch und personifiziertem Sinngefüge. Dies gelingt ihr, weil sie im Traum auftritt. Die unbewusste Dichtung mit ihrer eigenen Lebhaftigkeit ist der »Zwischen-Raum«, durch den die verschiedenartigen Existenzen kommunizieren können.

Dass Träume Vorhersagen treffen, ist ein anerkanntes Geschehen.

In der märchenhaften Geschichte von Sophiechen und dem Riesen, die in diesem Buch unter den ursprünglich schriftlich erzählten Stoffen zu finden ist, werden die Träume aus bestimmten Zutaten gebraut und bilden ein ganz spezifisches Informationsgefüge, das eine wahre und wirksame Geschichte transportieren kann.

In der Erzählung von den im Beutel gefangenen Geschichten schlüpft das Märchen, das mit List und Geschicklichkeit zum guten Zweck der Gefangenschaft entkommen ist, unters Polster, auf dem des Übeltäters Kopf zum Schlafen ruht.

Von hier aus vereitelt das freundliche, friedliche Märchen die möglichen tragischen Entwicklungen des Lebensweges des Prinzen und gibt, ähnlich wie die kleine Sonne, allerdings mit einem leicht verräterischen Beigeschmack, der Geschichte durch ihr entschlossenes Handeln eine neue Wendung.

Wir hoffen, dass die anderen Märchen, denen diese Wendung ja auch zugute kommt, ihrer ehemaligen Mit-Gefangenen diese »Untreue« verziehen haben.

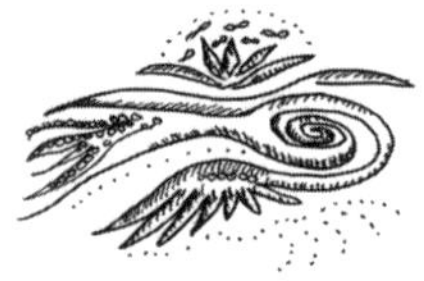

Wer kann das wissen? — S. 89

Der Rätselkönig frönt, wie die beiden vorigen Märchenprinzen, einer Leidenschaft. Und wie bei ihnen entsteht aus ihr wahrscheinlich auf lange Sicht gesehen eine Gefahr. Denn gekrönte oder zu krönende Häupter tragen große Verantwortung und was ihre Gemüter aus dem Gleichgewicht bringt, kann erhebliche Folgen haben. Für diesen König spiegelt ja auch seine Kompetenz im Rätsellösen seine Fähigkeit zu regieren. Wie leicht kann das schiefgehen.

Bereits schief gegangen ist es bei König Schahrear, den Scheherazade mit ihrer Geschichtenweisheit von seiner mörderischen Wut heilt und bei Cathal, der dem gesetzlosen gefräßigen Tier zum Opfer fiel und vom gelehrten Anier McConglinney wieder in sein erwünschtes gütiges Selbst zurückverwandelt wird.

So wäre es sicher auch beim Herrscher, den Dschinroku durch eine wahre und wirkliche Geschichte überzeugt. Und auch beim Rätselkönig. Jede und jeder dieser Erzählenden ist in Lebensgefahr.

Und es steht mehr als das eine Leben auf dem Spiel, denn wenn der König »spinnt«, kann Chaos im Reich herrschen. Das macht diese »um den eigenen Kopf und Kragen Erzählenden« zu Heldinnen und Helden.

Der Reiz des Rätselhaften begleitet das Erzählgefühl in der Geschichte vom König und den drei gleichen Puppen. Darin ist ein guter Tipp für uns, die wir uns nach gelungenen Erzählerlebnissen sehnen, zu finden: Ein zu lösendes Rätsel kann auf verschiedene Weise in einen Geschichtenverlauf eingewoben sein, zwischen den Zeilen oder ganz offensichtlich. In jedem Fall macht es die Geschichte spannend und attraktiv.

Es fordert von den Erzählenden ein gutes Gespür beim Grenzgang zwischen Verheimlichen und Verraten. Es fordert Hellhörigkeit für Timing und Struktur des Erzählstoffes und Gespür für die Aufmerksamkeit und das Begreifen der Zuhörenden.

Gosso — S. 94

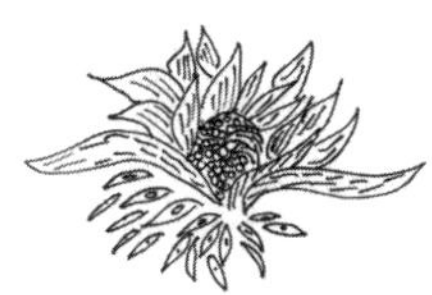

Von der Hof-Erzählerin zum Dorf-Erzähler scheint es ein weiter Sprung zu sein. Aber beide Erzählenden sind »eine Institution«, die erste von des Königs Gnaden, der zweite durch die Begeisterung und Liebe seines jugendlichen Publikums. Von der Gunst der Zuhörenden abhängig sein… und auch nicht abhängig sein, ist ein Motiv des professionellen Erzählens.

Gosso ist »eine Bildungsinstitution«. Ich gehe davon aus, dass sein Geschichten-Erzählen die einzige Schule in dieser Gegend ist.

Erzählende sind in der Situation, in der sie ihre Kunst ausüben, in Führung. Sie »führen« das Publikum auf innere Reisen in andere Welten und bringen sie sicher in die Gegenwart und an den realen Ort des Geschehens zurück. Sie sind es, die die Geschichte und ihre Welt schon kennen und damit sind sie die »Reiseleiter«.

Der Rätsel-König lässt sich von der Hof-Erzählerin führen, indem er ihren Widerspruch akzeptiert. Er wollte genau das nicht, zeigt ihr aber sein Problem, weil er sich für die Logik ihrer Erklärung geöffnet hat.

Die Kinder, die »detektivisch« Gossos Todesursache erforschen, folgen ihrer eigenen Logik. »Geschichten-Logik« entsteht aus Analogien und der Dynamik vorgestellter Bilder, die symmetrisch ist, wie eine Spiegelung. Die Logik des Erzählens besteht oft in einer strukturellen Ähnlichkeit von Motiven, manchmal in der Haltung und Sprechweise des oder der Erzählenden, die suggeriert, dass etwas zusammengehört und manchmal in einer komplexen inneren Dynamik, deren Quelle unter Umständen erst später aufgedeckt wird.

Erzählende führen und begleiten die Zuhörenden durch eine vorgestellte Welt. Vertrauen und Gewissenhaftigkeit, aber auch eine Prise Schalk und Narretei haben dabei ihren Platz.

Deshalb wird auch später in dieser Geschichtenfolge die Tochter, die dem Rat der Mutter aus Gründen, die wir kennenlernen, nicht folgen kann, eine mitreißende Lüge erzählen und damit das bisschen Brot, das ihr nach all ihren Mühen geblieben ist, für sich und die Mutter retten.

Der Geist der Erde — S. 100

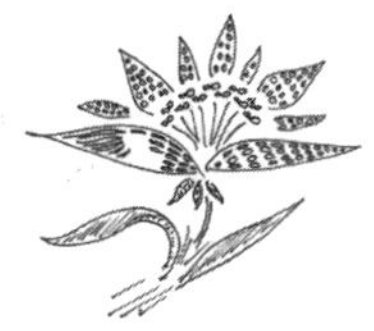

Aber bevor wir dort hin kommen, werfen wir noch einen Blick auf die Entstehung des Menschen und der Geschichten aus der Sehnsucht nach Gemeinschaft und Individualität. Wir sehen den Geist der Erde handeln und erfahren erst am Ende der Geschichte, was sein Tun bezweckte. Wir brauchen Geduld. Und wenn es uns gelingt, das Zuschauen bei seinem Handeln einfach zu genießen, dann werden wir es zu guter Letzt erfahren.

Es ist eine Ausprägung meiner Erzählerinnen-Entscheidung beim »Zubereiten« dieser Geschichte, dass keinen Moment früher verraten wird, worum es beim Handeln des Geistes geht. Ich stelle mir vor, dass er selbst sich intuitiv dem Schaffensrausch und dem Fluss seines eigenen Handelns hingibt und also auch nicht früher als wir erfährt, was aus seiner Sehnsucht Neues entsteht.

Fühlt sich sein Handeln rätselhaft und geheimnisvoll an? Wenn es das tut, dann ist es uns als Erzählgemeinschaft (zu der sowohl die Erzählenden als auch die Zuhörenden gehören) gelungen, in die Geschichte einzutauchen, weit durch die Zeit zu reisen und mit neuem Begreifen des »Jetzt« und »Hier« zurückzukehren.

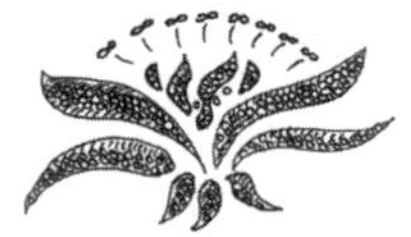

Der Baum mit den wunderbaren Früchten — S. 105

Auch die kleine Schildkröte, die in der Geschichte vom Baum mit den herrlichen Früchten erst belächelt und dann bejubelt wird, greift weit durch die Zeit zurück auf das alte Erzählwissen ihrer Ur-Ur-Urgroßmutter. Denn Geschichten sind für viele Wesen leichter zu merken als trockenes Faktenwissen.

Die kleine Schildkröte greift auf die lebendige Erinnerung an die Erzählungen ihrer Ahnin zurück und verwirklicht in der Gegenwart die lebensrettende Botschaft, die in der alten Geschichte verpackt war. Sie erkennt anhand der Bilder die Ähnlichkeit der Geschichten mit der Gegenwart und ihrem Geschehen und tut, was die Geschichten raten. Geschichten enthalten Wissen

Wie es zu Sigurds Verwandlung kam und Der weiße Wolf — S. 114 und S. 132

Im Märchen von Sigurd und seiner tapferen Frau bleibt die Verwandlung des Hundes in einen Mann eine Weile rätselhaft. Erst nachdem die Vor-Geschichte erzählt wurde, kennt sich die Heldin besser in ihrer aktuellen Geschichte aus. Die Erzählung in der Erzählung lässt manipulative und sonderbare Charakterzüge der zaubernden Stiefmutter von Sigurd vermuten und enthält, wenn auch mit negativen Vorzeichen (»Was nicht geschehen soll...«) die Lösung. Sie wird für Sigurds Liebste zum Leitmotiv, das ihr hilft, die richtigen Handlungen auszuführen und nach langen Abenteuern seine Erlösung zu bewirken.

Die Zauberin wollte nicht, dass die Erlösung eintritt, konnte aber, wie es aussieht, ihrem eigenen Erzählfluss nicht widerstehen und verriet daher, wie das von ihr nicht Gewünschte eintreten könne. Das Erzählen hat sich damit ein wenig verselbstständigt und bekam eine aufklärende Eigendynamik.

Sigurd wunderte sich, merkte sich alles und erzählte es im richtigen Moment der richtigen Person, sodass die verzwickte Verwünschung nach vielen Windungen und Wendungen gelöst werden konnte.

Auf den ersten Blick erleben die Königstöchter mit dem rotbraunen Hund und dem weißen Wolf sehr Ähnliches. Die geschwisterliche Verwandtschaft der beiden Geschichten tritt hervor. Sie sind aber auch wie Geschwister unterschiedlich: Die Prinzessin mit dem schwarzen Männlein und dem weißen Wolf erträgt im wilden Wald Einsamkeit und Ausgesetztsein. Und die Braut des rotbraunen Hundes erlebt beides im Schloss mit ihrem Tierbräutigam, über den sie ihrer Herkunftsfamilie nichts erzählen darf, der von ihr verlangt, über den Verlust ihrer Kinder nicht zu weinen und der eine Menge Geheimnistuerei betreibt, bis endlich »die Katze aus dem Sack« und sein Gestaltwandel verraten ist.

In seiner Hundegestalt *sprach* er zwar, aber so umfassend *erzählen*, dass er damit die Lage klärt, kann er erst in Menschengestalt. Die Prinzessin musste »etwas falsch machen« und ein Tabu brechen, damit diese Offenbarung möglich wurde.

Und damit beginnt ein anderer Teil der Geschichte, nämlich ihre Suchwanderung, die, wie bei der Prinzessin mit dem weißen Wolf, in einer wesentlichen Erzählsituation gipfelt: Zweimal erzählt sie ihre Erlebnisse dem schlafenden und dann, mit des jüngsten Onkels Hilfe, einmal dem wachen Sigurd.

Auch die Prinzessin mit dem weißen Wolf hat Hilfe gesucht und gefunden: Eine weise Alte, eine Naturgewalt und zwei Gestirne wurden von ihr aufgesucht, haben sie genährt und ihr geraten. Ein übereilter Moment hat sich gerächt. Bei jeder Begegnung mit den helfenden Gestalten hat sie ein wenig mehr erzählen können. Und jetzt kommt der Moment, in dem es auf den ersten Blick schon zu spät für eine gute Lösung zu sein scheint. Was geschieht? Die Königstochter tritt – wie auf einer Bühne – erzählend auf und geht aufs Ganze. Und durch das Erzählen der ganzen Geschichte, die jetzt vorhanden ist und von den richtigen Personen gehört wird, wird – oh Wunder! – alles gut.

Durch die Sigurd-Geschichte zieht sich eine Fülle von Motiven und ein Netz von Zusammenhängen. Ein Teil der Erzählung ist durch die drei Besuche der Königstochter im Elternhaus mit den Hochzeiten ihrer Schwestern, durch die Gaben, die sie vom rotbraunen Hund bekommt und später zur Rettung braucht, strukturiert. Einiges wird ihr gesagt und sie handelt danach. Sie bewahrt die goldenen Dinge auf und setzt sie im geeigneten Moment auf die richtige Weise ein.

Zwei Erzählmomente sind Wendepunkte: Sigurds Erzählen der Vorgeschichte und die drei Male, in denen seine Liebste ihm das soeben Erlebte erzählt.

Die Königstochter mit dem rotbraunen Hund erzählt an einer ähnlichen Geschichten-Stelle wie ihre »Schwester« mit dem weißen Wolf ihre Abenteuer und gibt damit dem Geschehen eine wesentliche Wendung. Aber die beiden Erzählsituationen sind sehr verschieden und jede ist so speziell, dass sie denen, die sie mündlich erzählen wollen, reichlich Stoff zum Gestalten bietet.

Eine »kleine«, analoge Erzählszene gibt es in beiden Geschichten: Die Rückkehr der Vater-Könige aus dem Wald und die Erzählung ihrer für die jüngsten Töchter folgenreichen Versprechen.

Die beiden Prinzessinnen, die darauf beharren, diese Versprechen einzulösen, gehen mit Entschiedenheit hinaus in ihr eigenes Leben und gestalten mit Mühen, eigenständig und allein, Schritt für Schritt, ihr persönliches Glück, indem sie »ihre« verwunschenen Männer erlösen.

In beiden Geschichten bekommen wir als Betrachterinnen und Betrachter viele Ereignisse nicht erklärt. Wir sehen sie nur vor unseren Augen ablaufen. Wir wissen mehr oder weniger sicher, dass verschiedene Wesen verwandelte Erscheinungsformen des gleichen Individuums sind und wodurch die Metamorphosen stattfinden.

Wir bekommen durch das Vorher-Wissen des oder der Erzählenden ein gewisses Vertrauen suggeriert, dass es einen inneren Zusammenhang der Geschehnisse gibt und dass »sich alles lösen wird«.

Hier liegt beim mündlichen Erzählen die Kunst in der sprachlichen, körpersprachlichen und stimmlichen Darstellung: Wie lassen sich in diesen langen, detailreichen Geschichten alle bis zum Erzählaugenblick und zum Kipppunkt aufbewahrten Rätsel stimmig und berührend wiedergeben?

Wie können wir gleichzeitig die natürlichen Zweifel und die Verwunderung der Zuhörenden mit ins Spiel bringen und spürbar machen, dass all das »wirklich so geschah«? Wie gelingt es, dass eine Fülle von Geschehnissen, die eigenartig sind, ihren Zauber entfalten? Und wie können wir sie zugleich glaubwürdig erscheinen lassen?

Das sind Aspekte einer Könnerschaft des Erzählens, ebenso wie die Frage, wie die Erzählung in der Erzählung in der Erzählung, die Sigurds zukünftige Stiefmutter zum besten gibt, mündlich sinnvoll zu erzählen ist. Ist diese Frau listig und berechnend? Oder ist sie wahrhaftig und ihre Situation passt »zufällig« so gut zu der des Königs? Ist ihre »böse« Erscheinung unter anderem aus der einseitigen Perspektive des unwilligen Stiefsohnes zu sehen, der sich dagegen wehrt, seine verstorbene Mutter durch eine neue Frau an des Vaters Seite »ersetzt« zu sehen?

Und wie werden die verschachtelten Ebenen des Erzählten veranschaulicht und präsentiert?

Es wäre spannend, unterschiedliche Lösungen zu erleben, die verschiedene Erzählerinnen- und Erzähler-Persönlichkeiten zu diesen Fragen finden.

Lügen für Brot — S. 141

Die junge Frau, die mit dem ehr- und bartlosen Müller um die Wette lügt, deklariert sich zwar nicht als Erzählerin, aber sie ist, wie sich in der Reaktion des Müllers zeigt, ein Vorbild darin, jemand, wie es beim gelungenen Erzählen geschieht, Schritt für Schritt in eine vorgestellte Welt zu entführen. Was bei ihr mit gutem Grund fehlt und was Erzählerinnen und Erzähler natürlich unbedingt können und tun sollen ist, die Zuhörenden unbeschadet und bereichert wieder in ihrer eigenen Wirklichkeit abzusetzen.

Ähnlich stimmig ist es, dass in der Geschichte von Dermot, die weiter unten erzählt wird, die Kräfte und Geister, die den Protagonisten auf Zeitreise geschickt haben, ihn hinterher wieder in sein ursprüngliches eigenes Leben zurück bringen, wo seine Erfahrungen ihm und anderen nützen werden.

Die Geschichte von der Lügenwette hat von Anfang an den unehrlichen Status des Müllers zugrunde gelegt und erlaubt sich deshalb, ihn der Geschichte, die die junge Frau meisterhaft fabuliert, »zum Opfer fallen zu lassen«. Wenn er nach ihrer Erzählung »nicht zurückgeholt wird«, sondern noch eine Weile mit der Illusion beschäftigt ist, ist zu hoffen, dass er wenigstens eine Zeit lang niemanden betrügen wird.

Das Bübchen, das sich nicht waschen wollte — S. 147

Als ich ein Seminar für SOS-Kinderdorfeltern hielt und vom Bübchen, das mit sieben Jahren beschloss, sich nicht mehr zu waschen, erzählte, rief eine Teilnehmerin lauthals wiedererkennend: »Das ist meiner!«

Das Märchen stammt aus einem alten Buch und ist vor mindestens hundertfünfzig Jahren aus der mündlichen Überlieferung aufgezeichnet worden. Aber Märchen greifen Motive auf, die allgemeinmenschlich und zeitlos sind. Ein Grund, trotz des genannten Gender-Ungleichgewichts immer wieder zu diesen Quellen zu greifen.

Diese Geschichte folgt auf die von der Lügenwette, weil sie mit einer Wendung endet, die die Zuhörenden ein wenig »auf den Arm nimmt«: Zum Abschluss fällt die Erzählerin aus der Rolle und verkündet schmunzelnd den Gegensatz zwischen dem Geschichten-Helden und ihr selbst. Das ist ein überraschender Dreh, ähnlich wie bei der Erzählung, die vom Zuhörerlebnis einer kleinen Sonne berichtet und dann bei uns selbst, den wirklichen Zuhörenden, ankommt.

Immer wieder kann es geschehen, dass ein Erzählerkommentar die Schwelle zwischen Geschichten-Welt und Wirklichkeit der Erzählsituation überspringt. Besonders am Ende eines Märchens, wo sich bis in die Schriftversion erhalten hat, wie Erzählende »durch die

Blume« nach Applaus, einem Lohn oder zumindest einem Bier, das sie vor Beginn der nächsten Geschichte genießen wollen, verlangen.

Der Erzähler überbrückt den Weg aus der Geschichtenwelt schwungvoll in die Wirklichkeit hinein und die dazu gehörende Interaktion und Körpersprache können wir hinzudenken, wenn wir aus der Erfahrung mit solchen Situationen schöpfen.

In der Geschichte von der Lügenwette nimmt die Erzählung der jungen Frau einen Großteil der Geschichte ein, was die Zuhörenden in einer mündlichen Erzählsituation vergessen lassen kann, dass dies eine »Geschichte in einer Geschichte« ist. Die Lügen des Müllers wurden nur verallgemeinert benannt, weil diese Geschichte »nicht seine Bühne ist« und er nur als Gegenspieler der Tochter wichtig ist.

Es ist wahrscheinlich, dass bei der jähen Wendung, mit der die Erzählende in die Geschichten-Wirklichkeit zurück springt, das Brot packt und es festhaltend davonläuft, auch die realen Zuhörenden der Erzählenden, die die Geschichte vom »Lügen für Brot« präsentieren, überrascht und ein wenig verwirrt sind. Das kann ein Teil des Erzähl- und Zuhörvergnügens sein. Der Erzählfokus springt sogar zweimal in kurzer Folge: Zuerst von einer Ebene auf die nächste und von da flink in die Wirklichkeit.

Erst wenn der Müller auf seiner Ofenbank sichtbar wird, der noch immer der Lüge aufsitzt, haben wir Zeit, den Rahmen der Erzählung als Ganzes zu sehen und aus ihr sicheren Schrittes auszusteigen.

Verwirrspiele und Überspringen von Schwellen: Das sind Motive von Erzählkunst, die Sorgfalt und gute Orientierung erfordern.

Das eigenwillige Bübchen verschwindet aus dem Dorf, wird nach einer Weile vergessen und reift im Verborgenen zum Mann. Dieser kehrt, um einige einzigartige Erfahrungen reicher, in seinen Herkunftsort zurück und punktet mit Schweigen über den »Dreck«, den andere »am Stecken haben«.

In dieser Geschichte ist das Spiel mit der Metapher wesentlich. Der real verdreckte Körper gibt Anlass zu starken Reaktionen und inspiriert die Fantasie. Etwas wird »auf die Spitze getrieben«, überzeichnet und in der Bilderwelt deutlich vor Augen (und unter die Nase) geführt. Und die symbolische Ebene des körperlich-konkreten »Drecks« wird ausgespielt. Es ist gut vorstellbar, dass diese Geschichte, wie es in Erzählkulturen üblich ist, im Alltag dazu dient, jemandes Verhalten zu kommentieren: »Ah, er macht es wie das Bübchen, das sich nicht waschen wollte!«

Die Anspielung kann bedeuten, dass hier »schmutzige Geschäfte« im Gange sind und jemand erpresserisch von seinem Schweigen profitiert, oder sie warnt einen Kleinen davor, was aus ihm werden könnte, wenn er so weitermacht, wohlwollender als im »Struwwelpeter« der schwarzen Pädagogik.

Das Nicht-Erzählen spielt nicht nur bei dieser Facette des gezielten, bezahlten Verschweigens eine Rolle. Erzählende können besonders lebendige Szenerien schaffen, indem sie über eine Geschichte und deren sinnliche Qualität viel mehr wissen, als sie in Worten aussprechen. Die starken inneren Bilder färben von selbst Stimmklang und Körpersprache, »klingen durch« und erzeugen bei den Zuhörenden das Gefühl, der oder die Erzählende »sei wirklich selber dort gewesen«.

So dürfte es dem Publikum gehen, wenn Dermot, der weiter unten erwähnt wird, die berühmte uralte Geschichte von Deirdre und König Concubar erzählt: Selbst wenn er explizit behauptete, selbst dort gewesen zu sein, würde das als erzählerischer Kunstgriff und eine »figure of speech« wahrgenommen werden. Aber das Flair der Geschichte profitiert von diesem »mehr wissen als man sagt«.

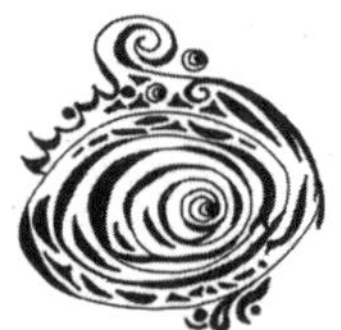

Nasreddin Hodscha — S. 152 bis 160

Vom raffinierten Bübchen führt uns unser Geschichtenweg zu Nasreddin Hodscha, dem weisen Narren. Geschichten über ihn hinterlassen ein Gefühl amüsierter Verstörtheit. Sie werfen Fragen auf und laden zu nachdenklichen Gesprächen ein.

Die Spur, die die erlebten Überraschungen bei den Zuhörenden hinterlässt, ist bunt und voller Licht-und Schattenspiele.

Die Erzählenden werden von Nasreddin herausgefordert, kein Wort zu viel und keines zu wenig zu sagen, die Pointe sehr sorgfältig herauszuarbeiten und ins Timing zu investieren. Sie tun gut daran, für den Fall eines Kommentars aus dem Publikum noch weitere Gedanken in Reserve zu haben, die das philosophische Feld der Geschichte nicht durch eine Antwort verkleinert, sondern um Möglichkeiten erweitert.

Was wäre, wenn es doch ginge?

Die Geschichte vom Mantel, der Vater eines Kindes war — S. 162

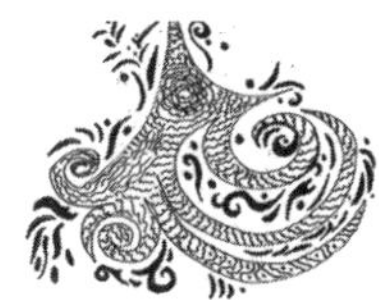

Die Tochter des Beduinen, Khadidja, will ihre unerlaubte, aber leidenschaftliche Liebe mit einer erstaunlichen Geschichte bemänteln. Damit und mit der abschließenden Wendung ihrer erzählerischen Verteidigung qualifiziert sie sich als weibliche »weise Närrin«, die Nasreddin Hodscha das Wasser reichen kann.

Es gelingt ihr, mit einem metaphorischen Manöver, arglos und dreist zugleich, den Kadi und (fast) alle Anwesenden »auf ihre Seite zu bringen«. Sie hat zuvor durch ihre Geschichte den Groll des »einfach tickenden« Vaters entfacht. Wir bekommen in dem Moment Einblick in die Szene, in dem die Erzählerin fast das Leben verliert. Aber wir sehen auch gleich danach die überraschende Wendung des Geschehens: Die einfallsreiche Khadidja, deren Geschichte in ihrer Herkunftsfamilie so gar nicht geschätzt wurde, bekommt »zufällig« – zum Glück – hochgebildete Unterstützung in Gestalt des Unterhaltung suchenden Harun al Raschid und seines Wesirs. Diese beiden wissen die Qualität von Khadidjas Narrativ und ihre erblühende Schönheit zu schätzen. Sie verbünden sich mit der »jungen Unschuld« und verhelfen der Geschichte zu einem guten Ende. Was ist ein »gutes Ende«? Eines, das der Protagonistin Glück und Entfaltung schenkt und das Leben weitergehen lässt.

Nebenher hat der legendäre Kalif Harun al Raschid wieder seine Eigenart gezeigt und ein neues Ruhmesblatt in seinen Lorbeerkranz als Geschichten-Gestalt gefügt.

Wiederkehrende Gestalten mit einem klaren Profil wie Till Eulenspiegel, Nasreddin Hodscha, König Salomo, das Schicksal, der Tod, das Glück, der Retter in der Not Mushkil Gusha oder die Jungfrau Maria bauen ihren Charakter in der Welt des mündlichen Erzählens nicht nur in einer Geschichte aus.

Sie tauchen immer wieder auf, ergänzen in jeder Geschichte den Facettenreichtum, gewinnen einen Ruf und bringen, wenn sie in eine Geschichte treten, Kometenschweife von Anspielungen und Anklängen mit.

Vier Freunde und ein Sieger — S. 168

Die vier Freunde aus der orientalischen Sammlung »101 Nacht« – kein Verschreiber! Die gibt es auch – agieren in einem immer wiederkehrenden Geschichten-Muster, das eine Art »Team-Thematik« spiegelt. Verschiedene Kunstfertigkeiten machen mit einander kombiniert etwas möglich. Sie treten in Wettbewerb, der aber letztlich dafür gut ist, aus jedem Könner sein Bestes herauszuholen.

Gegenüber anderen Ausprägungen dieser Grundidee tritt hier die in der Gender-Thematik noch sehr veraltete Haltung zur Frau, um die es geht, zu Tage.

Das ruft wiederholt meinen Erzählerinnen-Kommentar hervor.

Eine Gelegenheit, diesen Kunstgriff zu thematisieren, der in der Mündlichkeit mit einem Aus-der-Rolle-Fallen, einem Wechsel des Stimmklangs und der Körpersprache einhergehen kann. Er kann auch in ein Gespräch oder zu Einwürfen der Zuhörenden überleiten. Natürlich ist es dann die Aufgabe der Erzählenden, dieser anderen Ebene, die ins Geschehen kommt, einen klaren Rahmen zu verleihen. Wer Übung hat, nimmt im geeigneten Moment, nachdem das Gespräch mit den Zuhörenden der Geschichte weitere Ebenen verliehen und sie mit der realen Gegenwart verknüpft hat, den Faden wieder auf.

Auch wenn ein Erzählerkommentar nur nonverbale Publikumsreaktionen hervorruft, ist er doch jedenfalls eine Erweiterung des Weges durch die Geschichten-Welt und will sehr achtsam gehandhabt werden, damit er den Zuhörgenuss nicht unterbricht und stört, sondern um eine Dimension bereichert.

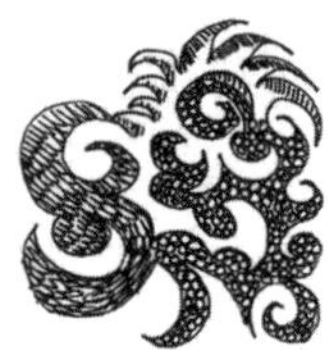

Lernen und Vertrauen — S. 175

Das Bild des Raumes, in dem alles Wissen körperlich erfahrbar gemacht wird, des Generationen überlebenden weisen Lehrers Sindbad und des erzählerischen Ringens um Leben und Tod korrespondiert mit der Erfahrung, in eine Geschichte »wie in eine andere Welt hinein zu gehen« und sich »von ihr umgeben zu fühlen«.

Das kann so weit gehen, wie ich es einmal erlebte: Ich erzählte die Geschichte von den fünf Alis, die in diesem Buch etwas weiter hinten unter dem Titel »Eine Wette und ein Fingerspiel« auf Seite 265 zu finden ist. Erschrocken spürte ich, dass mir das mittlere Ding, das das Geschichten-Publikum genannt hatte, nicht einfallen wollte. Im Wissen um meine Aufgabe, »die Zuhörenden nicht aus ihrer Trance zu kicken«, erzählte ich »im Raum herum«: Ich ließ den Duft des Basars, seine Farben und Geräusche in unserer Vorstellung entstehen und fand dabei (innerlich jubelnd, das aber für mich behaltend) den silbernen Hammer, der jeden Rost entfernen kann und der merktechnisch zum Mittelfinger und zu Ali Mittendrin gehört.

Ein Ausruf wie: »Mist, jetzt habe ich vergessen, was das Dritte war!« oder »Ach, da ist er ja! Der Hammer war´s, wie konnte ich das nur vergessen!« könnte Erzählenden in einem solchen Moment entfahren. Das wäre zwar sehr authentisch, würde aber wahrscheinlich den Fluss der Geschichte stören. Das Erlebnis, mich selbst mit dem spontanen Basar-Besuch zu überraschen und gleichzeitig die Zuhörenden mitzunehmen und in Sicherheit zu wiegen, um beim Silberschmied das Gesuchte zu finden, war für mich eine Sternstunde. Zuerst hatte ich über den Kummer, nicht weiter zu wissen, Stillschweigen bewahren müssen und nun durfte ich auch über dieses geschenkte Gelingen nicht in Jubel ausbrechen.

Erzählende verraten nicht alles, was sie über die Geschichte und das Erzählen wissen, sondern wählen das zu Sagende sorgfältig aus. Das Nicht-Gesagte kann auf sehr verschiedene Weise daherkommen. Einmal wird etwas, das für die Erzählenden präsent ist, noch nicht ausgesprochen, damit es wirksam an einem späteren Höhepunkt auftreten kann. Ein anderes Mal wird etwas nicht gesagt, sondern fließt nur in die eigenen inneren Bilder der Erzählenden ein, wo es auf subtile Weise wirken und in Stimmklang und Körpersprache mitschwingen kann. Manche Inhalte werden den Zuhörenden erspart, wenngleich Erzählende es zu ihrem Fachwissen zählen, aufgrund dessen sie Entscheidungen treffen. Und manchmal geht es um den Wert des aktiven Verschweigens, wie beim

»Bübchen, das sich nicht waschen wollte«. Es gibt viele Facetten davon, als Erzählende »nicht alles zu sagen«.

Im Volksmärchen werden oft nur Handlungen berichtet und die Gefühle, Anliegen, Wünsche und Gedanken der Geschichtengestalten bleiben ein Spielraum für die Empathiefähigkeit der Zuhörenden. Ob das Vermutete Sinn ergibt, lässt sich dann – wie im wirklichen Leben – oft nur zwischen den Zeilen lesen.

In der Erzählung vom Lehrer Sindbad und seinen loyalen Schülern (König-Vater und Königssohn)[3] spielt ebenfalls etwas Ungesagtes, Rätselhaftes und Geheimnisvolles mit, das die Erzählgemeinschaft einlädt, Vermutungen anzustellen, aus Hinweisen etwas zu schließen und sich parallel zum Ausgesprochenen eine eigene Logik und Stimmigkeit des »hinter den Kulissen Geschehenden« auszudenken.

Einige der dabei auftauchenden Fragen sind als Erzählerinnen-Kommentar in diese Schriftversion eingebunden. Der Raum des Mitdenkens kann in der realen mündlichen Erzählsituation noch viel weiter aufgespannt werden.

In dieser Geschichte geht es für Erzählende um Timing, Atmosphäre, emotionale Verfassungen, die Dynamik einer Gesamtsituation und deren Gestaltung. Es geht um das Erspüren von Geschichtenhunger und Geschichtensattheit, um die Entsprechung der gewählten Geschichte und dem, was im realen Raum, in dem Erzäh-

3 Wer mehr Geschichten vom Lehren und Lernen sucht, kann sie finden in: »Es liegt in deiner Hand. Geschichten vom Lehren und Lernen«. Hier ist unter dem Titel »Was ist die Wahrheit?« auch die Geschichte von den Blinden und dem Elefanten zu finden, die in dieser Erzählung eine Rolle spielt: S. 66-69. Der Titel findet sich im Lietraturverzeichnis.

lende und Zuhörende sich befinden, präsent ist. Und es geht um das »Argumentieren« mit Geschichten.

Es geht damit um wesentliche Tools des Erzählenkönnens.

Datteln und Rosinen — S. 182

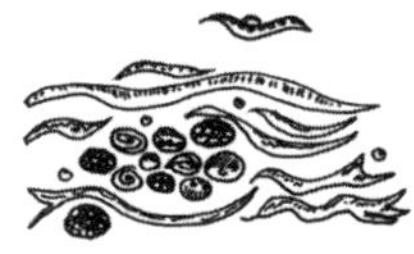

Mushkil Gusha, der als Retter aus dem Nichts auftaucht, wieder verschwindet und dessen Forderung, man solle von ihm erzählen, auch wenn man ihn nicht mehr sieht, doch so nachdrücklich zur zentralen Botschaft der Geschichte wird, ist in der persischen Überlieferung eine Gestalt, um die sich eine Fülle von Episoden dreht, die erzählerisch verschieden eingesetzt und zusammengefügt werden können.

Der Zusammenhang zwischen dem Ausführen des Erzählrituals, das Mushkil Gushas Eingreifen und die Wohltaten, die er gebracht hat, würdigt, dem Glücken des Lebens und weiteren wunderbaren Wendungen des Geschehens, dieser Zusammenhang bleibt »freischwebend«. Er wird nicht direkt erklärt, aber es »liegt die Botschaft in der Luft«, dass schon das bloße Erzählen von Mushkil Gusha Wunderbares bewirkt, ohne dass er persönlich auftauchen muss. Eigenart des Erzählrituals mit Datteln, Rosinen und Mushkil Gushas Geschichte ist, dass es den Lohn in sich selbst trägt. Wir werden verlockt, anzunehmen, dass es Heilung, Befreiung und glückendes Leben bringt. Dies klingt nur durch die Abfolge der Geschehnisse an, ist aber, wenn es erzählerisch gelingt, implizit ganz klar.

Kein moralisierender Zeigefinger wird gezückt, sondern die Atmosphäre eines beschwörenden, stillen Appells erlaubt uns, vor allem die verschmitzten und kostbaren Bilder der Geschichte zu genießen und »die Moral« schmunzelnd nebenbei mitzunehmen, um aus ihr zu machen… was wir persönlich mit ihr machen wollen.

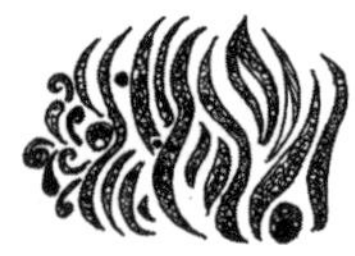

Wie Scheherazade um ihr Leben erzählte und das Reich rettete — S. 194

Wenn die Meister-Erzählerin Scheherazade nur in der Rahmenhandlung, ohne Tausende Textseiten der Geschichten der Tausendundeins Nächte, gezeigt wird, tritt sie als Mensch hervor.

Die hier wiedergegebene Variante stammt direkt aus der mündlichen Überlieferung. Sie folgt der mündlichen Kunst der Großmutter meiner kurdisch-syrischen Erzählpartnerin Roukan Khalil[4] und hat daher Facetten, die in den gängigen schriftlichen Erzählungen dieses Stoffes anders akzentuiert sind, wie die Rollen von Scheherazade Schwester Dinarzade oder die des Henkers. Was das Erzählen an sich betrifft, erfahren wir aus dieser Geschichte etwas über Perspektivenwechsel: Die positive Haltung des Henkers zum Geschehen ist nachvollziehbar, für uns Beobachtende aber erschreckend und verstärkt damit auf paradoxe Weise den Eindruck, dass

[4] Mehr über Roukan Khalil ist in den Projektbüchlein »1001 fach lebenswert« und »2002fach lebenswert«, www.vereinnarrare.at zu finden.

König Schahrear und sein Tun »gemeingefährlich« sind. Wir können zweitens beobachten, wie Erzählungen zu einem aussagekräftigen, bild-starken und wirksamen Gesamtbogen verbunden werden. Zum Dritten erfahren wir etwas über das Moderieren und Gestalten der Erzählsituation, also über die Führungsrolle der Erzählenden. Sie gipfelt (wiederum insgeheim) im Mehr-Wissen Scheherazade, die den Löwen durch das Wohlbehagen und die innere Aktivität des Erzählgeschehens beruhigt, um ihm den Dorn aus der Pfote ziehen zu können. Sie leistet, sehr eigenständig in der Höhle des Löwen Wesentliches für das Reich und die Menschen, indem sie den König von seinem Wahn heilt. Ihr Lohn ist beträchtlich. Sie wird dank ihrer erzählerischen Leistung Königin. Sowohl als sie um ihr Leben erzählt als auch als gekröntes Haupt an der Seite Schahrears ist sie allein und ganz auf sich gestellt. Und auch wer kann, was sie kann, muss eine mutige Entscheidung getroffen haben, um dieses Wagnis einzugehen.

Anier McConglinney — S. 199

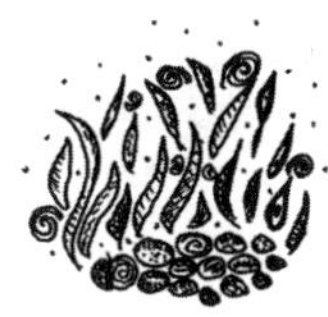

Wie Scheherazade bricht Anier McConglinney auf, um in einer Situation, die für das Reich und alle, die dem König nahekommen, bedrohlich ist, »der Geschichte eine Wendung zu geben«. McConglinneys Erzählleistung punktet mit Übertreibung, Gedankenspiel und einer gekonnt gestalteten Erzählsituation.

Wer vom Kollegen McConglinney und dessen erfolgreichstem, aber auch gefährlichstem Auftritt erzählt, hat weiten Raum, an der Grundidee der Fressinsel entlang zu improvisieren. Auch die Inszenierung, in der König Cathal nach Aniers Regeln mit ihm fastet bietet Gestaltungsraum. Aniers Erzählung hat, wie schon andere, einen Sprung in die Realität an einem haargenau angezielten Punkt in sich und fordert, wie auch schon erlebt, aktuelle Erzählende des Stoffes heraus, besonders bei diesem Kipppunkt genau auf das Timing zu achten. Und es ist für jene, die aktuell von diesem Erzähler erzählen die Verlockung da, zum Schluss ihrerseits mit einem ironischen Sprung auf sich selbst und die reale Situation zu sprechen zu kommen.

Auch das ist, wie Erzählen², eine Metabewegung. Sie spiegelt ein Motiv, das in der Horizontalen liegt, in die Vertikale und bereichert damit das Erzählgeschehen um eine Dimension.

Paddy Ahern — S. 207

Mit Paddy Ahern schlagen wir Bögen zu den Geschichten-Novizen Dschinroku, Dermot, Nuri und anderen. Er ist allerdings schon ein erwachsener Bursche, daher wird ihm auch wirklich etwas zugemutet. Wie bei »einem, der auszog, das Fürchten zu lernen« muss es gleich »unter die Haut gehen«, damit seine Verwandlung möglich wird.

Ist Erzählenkönnen so wichtig? In unserer westlichen Gesellschaft des 21. Jahrhunderts wird es oft nicht so wahrgenommen. Und gerade deshalb lohnt es sich, diese Geschichte im Repertoire zu haben, um mit ihr für den Wert des Erzählenkönnens einzutreten und eine innere Reise in die Erzählkultur anderer Orte und Zeiten zu unternehmen.

Wie Ananse, der Spinnenmann, die Geschichten vom Himmelsherrscher kaufte — S. 212

Auch Kweku Ananse, der afrikanische Spinnenmann, weiß um den Wert des Erzählens und der traditionellen Stoffe. Mithilfe seiner Frau Akuba unternimmt er großen Aufwand, um die Himmelsgeschichten auf die Erde zu bringen. Diese Erzählung reiht Handlung an Handlung. Implizit ist der hohe Wert der Erzählstoffe das Zentrum, um das es geht.

Dass Akuba, Ananses Frau, ihm vorauserzählt, was er machen wird, ist meine persönliche Zutat zu dieser Geschichte. Dieser Einsatz des Erzählens ist möglich und wird hier als sehr suggestiv gezeigt. Indem Akuba Ananse sehr anschaulich, unwiderstehlich und zugleich mit dem Anschein, er sei selbst darauf gekommen, Handlungsanweisungen gibt, wird die weibliche Kraft in eine wesentlichere Rolle im Geschehen gehoben. Das geschieht vor dem Hintergrund des erwähnten Gender-Themas bei traditionellen mündlichen Stoffen. Solche Ergänzungen und Umgewichtungen erfordern Mut, Respekt und Sorgfalt. Erzählende haben eine Menge Möglichkeiten, traditionell ausgegrenzte Inhalte und Personengruppen auf stimmige Weise in Geschichten einzubringen.

Genau die richtige Geschichte finden — S. 219

Die Mitte, das Zentrum, im Blick zu haben und »zu treffen« ist eine starke Metapher für das Gelingen der Kulturhandlung »Erzählen« und die innere Haltung, die dazu beiträgt.

Natürlich wird der Bogen traditioneller Erzählungen, die hier im Zeitraffer verbunden wurden, von einer Geschichte abgeschlossen, in der auf eine Frage gekonnt mit einer Geschichte geantwortet wird und die Lernende weise weiter fragt, sodass zum guten Ende eine Verneigung vor der Gemeinsamkeit zwischen Erzählenden und Zuhörenden stattfindet. Es liegt ein weiter Raum des Möglichen vor Augen, denn die Antwort können wir – in unserer Zeit – selber finden.

Kapitel 3

Geschichten, die ursprünglich schriftlich erzählt wurden

In diesem Kapitel werden vorwiegend Stoffe erzählt, die von Autorinnen und Autoren als ganzes Buch ausgearbeitet wurden. Sie haben diese Narrative geschaffen. Wenn ich sie weiter-erzähle, wieder-erzähle oder von ihnen erzähle, tue ich das in Wertschätzung des ursprünglichen Werkes. Beim In-Worte-Kleiden für »Erzählen²« habe ich jeweils eine Bedeutungsebene angesehen und diese aus einem Gesamtgefüge heraus genommen, das Hunderte von Seiten Text hat. Ich habe »meinen ausgewählten Aspekt« in einer halben bis zwei Seiten erzählt und in manchen Fällen noch etwas aus dem Kontext des Buches und des Autors hinein geflochten.

Die Idee bei diesen Erzählungen ist nicht, das literarische Werk, das sie aufgreifen, zu ersetzen oder zu wiederholen. Sie laden implizit ein, das Werk, auf dem sie beruhen, zu lesen. Sie sind aber auch eigenständig, denn ihre Versionen im hier vorliegenden Buch orientieren sich an der Vielfalt dessen, was mündliches Erzählen ist und kann.

Es kommen zwei Geschichten vor, die ursprünglich in Rahmenhandlungen ganzer Bücher eingebettet sind (mit den hier verwendeten Titeln »Eine Wette und ein Fingerspiel« und »Scheh und seine Sinne«) und eine Erzählung, die eher als Kurzgeschichte einzustufen ist und in den Buchversionen meist mit anderen kurzen oder mittellangen Geschichten kombiniert zu finden ist (»Naftali, der Geschichtenerzähler«).

Während die oben erzählten globalen Geschichten nur sich selbst gehören, weil sie aus der mündlichen Überlieferung hervorgegangen sind, gibt es bei den nun folgenden »ursprünglich aus der Schriftlichkeit stammenden Erzählungen« Autorinnen- und Autorennamen. Damit nachvollziehbar ist, auf welches Buch die jeweilige Erzählung zurückgreift, stehen diese Namen und die Titel der Bücher in der Randspalte.

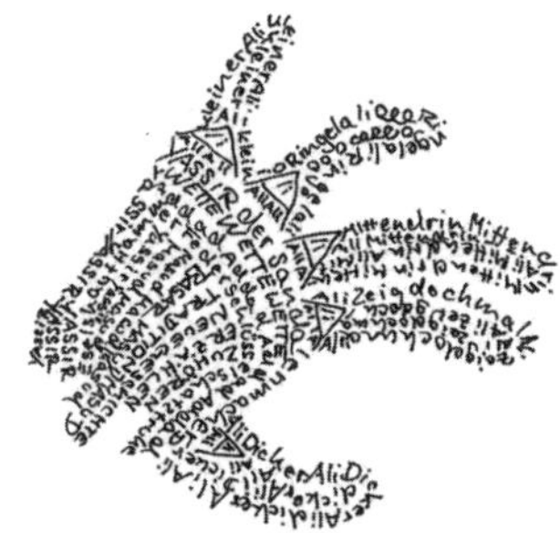

Eine Wette und ein Fingerspiel

Es war einmal ein Geschichtenerzähler namens Masud, der ein tüchtiger Schüler seines Lehrers gewesen war und schon ein halbes Leben lang auf dem Basar eben jene Geschichten erzählte, die er von seinem Lehrer gelernt hatte, die dieser von seinem Lehrer gelernt hatte, die dieser von seinem Lehrer gelernt hatte.

Eine ganze Reihe angesehener, wohl geschulter Erzähler hatten diese Geschichten für das Volk und seine Kultur bewahrt und von ihrer Kunst gelebt.

Eine Wette und ein Fingerspiel: frei erzählt nach James Krüss: Märchen, Verlag Friedrich Oetinger, Hamburg 1991, S. 41-48. Dort unter dem Titel »Fünf Finger, fünf Söhne oder die Geschichte von Addad, dem Geschichtenerzähler«.

Masuds liebster Erzählplatz war der große Arbeitstisch von Yassir, dem Sandalenmacher. Der Tisch war hoch genug, dass die Zuhörenden den Erzähler, der mit gekreuzten Beinen darauf Platz nahm, gut sehen und hören konnten, und groß genug, dass Yassir, während er mit seinem Gemüt den Geschichten lauschte, seine Arbeitssachen zurechtlegen und mit den Händen und dem Verstand schöne Sandalen machen konnte.

Eines Tages tranken die beiden Freunde Tee miteinander. Da fragte Yassir: »Mein Freund, darf ich offen zu dir sprechen?«

»Frage nicht, tu es, mein Guter«, war Masuds Antwort.

»Wenn ich an meinen Sandalen arbeite, mache ich immer wieder etwas Neues«, erklärte Yassir. »Einiges ist immer gleich. Sicher ist, dass es eine Sohle geben muss. Sie muss haltbar sein, die richtige Form haben und die Riemchen müssen gut befestigt sein. Aber das ist nur der Anfang. Danach kommt der Freiraum, den ich liebe: Jedes Mal entscheide ich neu, wie ich die Riemchen an der Sohle und an einander befestige. Jedes Paar Sandalen, das ich anfertige, sieht ein wenig anders aus. Und von Jahr zu Jahr, von Mal zu Mal werden meine Sandalen ein wenig besser, zumindest für den, der sie besitzen und benützen wird.«

»Das ist schön, mein Freund, und du hast es gut erzählt«, lobte Masud. »Aber warum hast du gezögert, davon zu sprechen und was hat all das mit mir zu tun?«

»Du erzählst immer das gleiche, immer auf die gleiche Weise, so wie es Erzähler seit Generationen machen. Ich fürchte, du könntest nie eine eigene und neue Geschichte erzählen. Wenn damals Menschen Geschichten erfinden konnten, die seitdem erzählt werden, warum ist es nicht auch heute so? Ich wette, du kannst keine neue Geschichte aus dem ‚Jetzt und Hier' schaffen. Ich bedaure dich, mein Freund!«

Masud erhob sich wortlos und ging nachdenklich und etwas verstört seiner Wege.

In der Nacht wälzte er sich im Bett herum, sodass seine Liebste fragte, was geschehen sei.

Er erzählte es ihr. Sie hörte zu.

»Und«, fragte sie. »Was ist dein Handwerk? Was ist die Sohle deiner Geschichten und wo setzt du die Riemchen an?«

Da ging ein Lächeln über Masuds Gesicht und er entspannte sich, denn er hatte eine Idee. Die beiden erfreuten sich an einander und schliefen zufrieden bis in den Morgen hinein.

An diesem Tag schlug Masud Yassir eine Wette vor und weil beide gute Geschäftsleute waren und vom Verkauf ihrer Künste gut leben können wollten, machten sie diese Wette in der ganzen Stadt bekannt, sodass sich in der Abendkühle eine ansehnliche Menschenmenge vor Yassirs Geschichtentisch versammelte.

»Yassir sagt, ich könne keine neue Geschichte erzählen«, verkündete Masud. »Wer glaubt das?«

Er schaute herausfordernd in der Runde herum, die sich weiterhin vergrößerte, und suchte die Blicke der Anwesenden. Dann fuhr er fort:

»Und wer glaubt, dass ich hier, vor Euren Augen und Ohren einen Stoff erfinden kann? Eure Wetten könnt ihr bei Yassir bekannt geben.«

Rufen und Palavern setzten ein... und die beiden Freunde zwinkerten einander zu. Die Zuhörenden begannen, auf Masud oder Yassir und ihre Meinungen zu setzen. Die Spannung stieg und Zweifel wurden laut: »Wie sollen wir wissen, dass es wirklich eine neue Geschichte ist?«

»Ich verspreche, dass ihr das ganz genau wissen werdet!«, rief der Erzähler.

Endlich waren genug Wetten abgeschlossen. Yassirs Kasse war voll.

»Wenn es dir gelingt, eine wirklich neue Geschichte zu erzählen«, rief er Masud heimlich zwinkernd zu, »dann bekommst du dein Lebtag lang alle Sandalen, die du brauchst, gratis von mir.«

»Und wenn es wahr ist, dass ich keine neue Geschichte erzählen kann«, erwiderte Masud, »dann kaufe ich mein Lebtag lang alle Sandalen für meine Liebste, mich, meine Kinder und Kindeskinder nur bei dir.«

Erwartungsvolles Murmeln ging durch die Zuschauermenge.

»Nennt mir Dinge, die in der Geschichte vorkommen sollen!«, verlangte der Erzähler. »Die ersten fünf muss ich nehmen, was auch immer es sei, ich habe keine Wahl. Wenn ich mit dem, was Ihr mir von Ungefähr zuwerft, eine Geschichte erzählen kann, werdet ihr wohl glauben, dass ich sie jetzt ganz neu geschaffen habe?«

Da wurde genickt und »Ja!« gerufen.

»Schatzkiste!«, erklang es. »Schlüssel«, »Feder« – eine Pause – »Hammer« war zu hören und zugleich auf einem anderen Winkel der Versammelten: »Eselshaut«

»Oh!«, seufzte Masud. »Fünf sind es und sie gelten!«

Er schwieg. Die Spannung stieg.

Genau einen Hauch bevor die Pause zu lang wurde, begann Masud: »Addad war mit fünf Söhnen gesegnet. Aber warum, warum nur hießen sie alle Ali? Das wurde Addad oft gefragt. Eine Antwort gab es dazu nicht, aber damit jeder der fünf Alis, wenn er gerufen wurde, wusste, dass er gemeint war, wurde der älteste und rundlichste ›Dicker Ali‹ genannt. Der jüngste war der ›Kleine Ali‹. Der mittlere hieß ›Ali Mittendrin‹. Der zweitälteste hatte eine auffallende Eigenschaft und eine besondere Angewohnheit. Er war sehr neugierig und konnte vieles spannend finden, das sonst niemanden kümmerte. Also konnten seine Brüder, Freunde und Verwandten wieder und wieder erleben, dass er auf etwas hinwies und sich darüber wunderte. Er wurde mit dem Spitznamen ›Ali Zeigdochmal‹ gerufen. Der zweitjüngste Ali, der zugleich der Viertälteste war, hatte wunderschöne Naturlocken, die sich rund um seine Finger schmiegten, wenn er darin herumspielte, also wurde er ›Ringel-Ali‹ genannt.

Eines Tages, als seine wackeren Söhne erwachsen waren, rief Addad alle fünf Alis zu sich. ›Meine Lieben‹, sprach er. ›Ich habe nur ein Haus zu vererben und wenn jeder von euch, was ich hoffe, eine eigene Familie gründen, eine Frau und Kinder haben wird, dann ist hier nicht genug Platz für unsere ganze Sippe. Geht hinaus in die Welt, lernt etwas und bringt in sieben Jahren etwas Nützliches mit. Wer das beste Ding mitbringt, soll das Haus erben.‹ Er gab jedem Sohn einen Beutel Goldstaub aus dem Ersparten und seinen väterlichen Segen mit auf den Weg. Sie umarmten einander zum Abschied und gingen verschiedener Wege.«

Masud hielt inne, schaute die Zuhörenden an und fragte: »Wollen wir schauen, was die fünf Alis erlebten?«

Erwartungsvolles Raunen und Nicken ging durch die Menge. Masud nahm seelenruhig einen Schluck Tee... und noch einen, atmete tief durch und sprach dann weiter: »Der kleine Ali gelangte in den Wald, wurde dort Gehilfe eines Vogelfängers, lernte Vögel fangen, Vögel hüten, ihre Stimmen, ihre Namen und ihr Aussehen erkennen und konnte sie verkaufen. Nach sieben Jahren war er geübt, erfahren und selbst ein patentierter Vogelfänger. Er kehrte ins Elternhaus zurück und hatte im Gepäck ein seltenes Federchen. Es stammte von einer Goldölammer und hatte, wie sein Lehrer dem Ali versichert hatte, eine besondere Eigenschaft.

Der Ringel-Ali war ein Stück weit mit seinem Bruder gegangen und dann aus dem Wald hinaus in die Stadt abgebogen. Er hatte vor dem Werktisch eines Schlossers so lange ausgehalten und dessen Arbeit zugeschaut, dass sie ins Gespräch kamen und der Handwerker den Jungen zum Lehrling nahm. Bald kannte Ali sich mit

Schlössern und Schlüsseln bestens aus. Als Meisterstück schuf er einen Schlüssel, der jedes, aber auch jedes Schloss öffnen konnte.

Ali Mittendrin war bei einem Gold-und Silber-Schmied in die Lehre gegangen. Sein Meister vermachte ihm zum Ende seiner Lehrzeit einen alten, zierlichen, silbernen Hammer, der jeden Rost entfernen konnte.

Der dicke Ali aß gern und konnte auch gut kochen. Als er zu einer Gruppe Holzfäller kam, die gut verdienten, aber keine Zeit und keine Lust zum Kochen hatten, wenn sie nach einem Arbeitstag müde in ihre Hütte zurückkehrten, stellten ihn diese kurzerhand als Koch an. So lebte er glücklich und satt sechs Jahre lang. Doch dann sanken die Holzpreise so sehr, dass die Holzfäller sich kaum mehr die Zutaten für ihre Speisen leisten konnten, geschweige denn den Luxus, einen siebten starken Esser zu versorgen. Sie wollten den dicken Ali wegschicken, aber er war stur und träge. Er blieb, bis die rauen Burschen ihn, um ihn loszuwerden, in den Wald zu einer hohen Klippe lockten und ihn hinunterstießen.

Zu Alis Glück war da unten ein See. Hoch spritzte das Wasser auf, als der kugelrunde Koch hineinfiel. Dass er sich einen blauen Fleck holte, lag daran, dass er am Grunde des Sees auf die Kante einer dort versenkten Schatztruhe gestoßen war.

Er beförderte die Truhe aus dem Wasser, beschaffte sich einen kleinen Leiterwagen und kam nach sieben Jahren mit einer Schatztruhe im Schlepptau als letzter der fünf Alis zu Hause an.

Und, habt ihr aufgepasst? Wer muss noch vor ihm angekommen sein?«

»Ali Zeigdochmal« erklang es aus der Menge.

Masud lächelte und nickte. Yassir reichte ihm ein neues Tässchen süßen Tees und der Erzähler trank in gemächlichen Schlucken.

»Ali Zeigdochmal«, setzte er endlich die Erzählung fort, »war nicht so eifrig wie seine Brüder. Er besorgte sich das Nötigste zum Leben von Vaters Goldstaub. Die anderen vier Alis, wisst ihr, hatten ihre Reserven nicht gebraucht und brachten sie nach sieben Jahren unversehrt zurück.

Ali Zeigdochmal wanderte kreuz und quer durch die Welt und schaute sich um. Er sah Städte und fremde Länder, Wälder und Wiesen, Paläste und Moscheen, Wirtshäuser und Wohnhäuser. Er lernte Menschen, Tiere, Pflanzen, Dinge und Tätigkeiten kennen und kam aus dem Staunen nicht heraus. Eines Tages, als schon vier Jahre vergangen waren, war er mit einem Weggefährten auf der staubigen Landstraße unterwegs.

Da entdeckte er etwas, das sonderbar aussah und im Straßengraben lag. Es war ein toter Esel.

›Da, schau nur!‹, rief Ali. Der Weggefährte hielt sich angewidert die Nase zu, ging schimpfend weiter und ließ ihn allein zurück. Aber Ali Zeigdochmal blieb unverzagt. Er schaute, staunte und hatte endlich die Idee, die Haut des Esels, die doch sonst niemand gehörte, abzuziehen und gerben zu lassen.

Er verkaufte die gegerbte Eselshaut mit gutem Gewinn. Das war sein Glück, denn der Goldstaub war gerade aufgebraucht gewesen.

Drei Jahre lang betrieb Ali Zeigdochmal erfolgreich ein Gewerbe mit Eselshäuten, denn Esel gab es viele und viele von ihnen rackerten sich zu Tode. Das war nicht Alis Schuld. Aber er zog seinen Nutzen daraus.

Und als er endlich zurück zum Vater wanderte, hatte er im Gepäck eine ganz besondere Eselshaut. Wenn man sie auf etwas Verschlossenes legte, konnte man hineinschauen, als wäre die Hülle durchsichtig geworden.

Eines Tages waren die sieben Jahre vergangen und alle fünf Söhne wieder zuhause beim Vater. Sie erzählten, was sie erlebt hatten. Sie zeigten, was sie mitgebracht hatten.

»Nun, Vater«, rief Ali Mittendrin. »Wer erbt dein Haus? Sicher der Dicke Ali mit der Schatztruhe?«

»Aber Ali«, sann Addad. »Was wenn in der Truhe kein Schatz sondern, wie wir es oft in den Geschichten hören, ein böser Geist ist, der uns schaden will?«

Da legte Ali Zeigdochmal seine magische Eselshaut auf die Truhe und sie sahen es funkeln. Schätze und Kostbarkeiten!

Der Ringel-Ali zückte seinen Zauberschlüssel, steckte ihn ins Schloss, konnte ihn aber nicht drehen und zog ihn wieder heraus. Während die anderen ratlos dreinschauten, nahm der kleine Ali seine Goldölammerfeder, strich mit ihr das Schlüsselloch sorgsam aus und Ali Mittendrin klopfte mit seinem Wunder-Hammer den Rost von Schloss und Truhe, sodass der kleine Ali die Truhe aufsperren konnte und der dicke Ali jedem seinen Anteil des Schatzes gab, weil jeder von ihnen etwas dazu getan hatte, ihn zu finden.

›Jetzt sind wir alle reich und haben jeder ein Handwerk gelernt. Wir können heiraten und Familien gründen‹, sagte der dicke Ali bedächtig. ›Du, lieber Vater‹, ergänzte der kleine Ali, ›kannst noch lange in unserem Haus leben und wenn wir uns in der Nähe ansiedeln, können wir einander besuchen, so oft wir wollen.‹

›Wie schön das Leben ist!‹, riefen alle fünf Brüder, als wären sie einer. Es gelang genau so, wie sie es gesagt hatten. Und wirklich blieben sie all ihre fünf Leben lang ›ein Herz und eine Seele‹.«

Masud hob die linke Hand, spreizte die Finger und staunte sie an, als habe er sie noch nie zuvor gesehen. Er trank ein weiteres Tässchen Tee und schmunzelte über den Jubel, der von den Zuhörern erklang.

Die kunstreichen Freunde Yassir und Masud hatten gezeigt, wie viel Freude es macht, etwas Neues zu schaffen. Sie teilten das Geld, das nach Auszahlung der Wettgewinne übrig blieb, brüderlich. Sie hatten mit ihrer Wette gut verdient und den Zuhörenden etwas zum Staunen gegeben.

Masud hatte für sein Lebtag Sandalen gewonnen. Und das verdankte er der Hilfe seiner Frau, seinem eigenen Erzählgeschick und einem Fingerspiel.

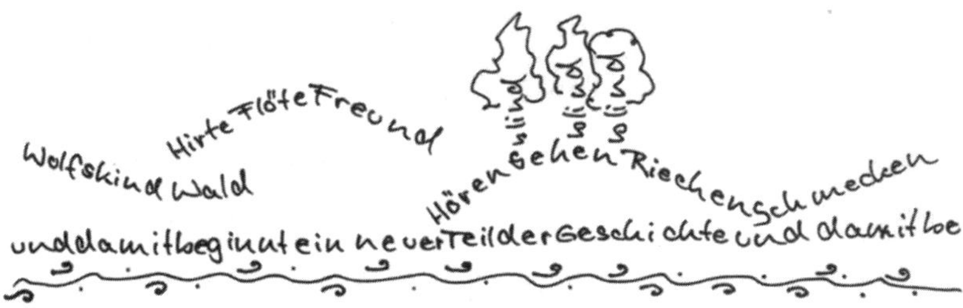

Scheh und seine Sinne

Es war einmal im fernen Märchen-China ein Fürst namens Yang Su. Der Fürst wünschte sich nichts sehnlicher als einen Sohn und Thronfolger. Aber bisher hatten seine Gemahlinnen ihm nur Töchter geboren, eine nach der anderen.

Scheh und seine Sinne: frei erzählt nach James Krüss: Märchen, Verlag Friedrich Oetinger, Hamburg 1991, S. 27-40. Dort unter dem Titel »Das Wolfskind oder die Geschichte von Scheh, dem Geschichtenerzähler«,

Eines Tages war es doch so weit und im Palast kam ein hochwohlgeborener Kronprinz zur Welt. Fürst Yang Su war ganz unmajestätisch außer sich. Jedem, der es hören oder nicht hören wollte jubelte er vor: »Ich, Yang Su, der Fürst dieses Landes, habe einen Sohn! Ja, da staunst du!«

Große Feste wurden gefeiert. Die gekrönten Häupter aus der Nachbarschaft und die Untertanen feierten den neuen Erdenbewohner mit Zeremonien, Banketten, Musik und Tanz.

Und dann wuchs der kleine Fürstensohn so auf, wie jedes Kind es tut. Schreien und Glucksen konnte er schon. Früh sprach er die ersten Worte. Er lernte greifen, krabbeln, stehen und gehen. Aber das Seltsame war: Immer wieder stieß er sich an den Ecken und Kanten der fürstlichen Möbel und des Palastes.

Die Amme, die ihn umsorgte, berichtete ihre Sorge nach guter Überlegung dem Fürsten. Dieser beauftragte alle weisen Männer bei Hofe, den Kronprinzen zu begutachten.

Sie schauten lange zu, wie der junge Prinz sich stieß und stolperte. Sie strichen sich die Bärte und schauten bedeutsam drein.

»Fürst Yang Su, Euer Sohn ist etwas besonderes. Er ist eckenanstößig«, verkündete der jüngste der Weisen.

»Er ist blaufleckig, fürwahr«, fügte ein weiterer Gelehrter hinzu.

»Dieser fürstliche Knabe ist wunderbar, möbelmagnetisch und stolperstark!«, beschönigte ein dritter.

Eine Gruppe von Narren und Schelminnen kam vorbei, auf dem Weg, die Vornehmen bei Hofe zu unterhalten. Einige von ihnen hüpften auf den kleinen Buben zu, um ihn aufzuheitern. Aber als sie dem Prinzen nahe gekommen waren, warfen sie erst einander und dann dem Herrscher Yang Su scheue Blicke zu und wollten rasch verschwinden.

Das ließ der Fürst nicht zu. Auf seinen Befehl versperrten Wachen den Ausgang. Yang Su befahl den Narren bei Androhung schwerer Strafen, zu sagen, was sie wüssten, und sei es noch so schlimm. Da stellte eine von ihnen sich auf die Zehenspitzen und flüsterte ihm ins Ohr: »Fürst Yang Su, dieses Kind hat kein Augenlicht. Es ist wunderschön, aber blind.«

Yang Su erlitt den Wutanfall des Jahrhunderts. Er tobte und schrie. Er verfluchte die Amme, die seinen blinden Sohn gestillt hatte, seine Gemahlin, die ihn empfangen und geboren hatte und alle, die ihm nahe kamen.

Es fragt sich, was geschehen wäre, wenn er auch auf sich, der diesen Sohn gezeugt hatte, geschaut hätte. Aber dazu war er zu sehr außer sich. Er tobte und alle guten Worte seiner Frauen und Töchter waren vergebens.

Der Fürst befahl, seinen blinden Sohn in den Wald zu bringen, ihn zu töten und seinen Leichnam den wilden Tieren zum Fraß zu überlassen.

Die Wachen fügten sich widerwillig seinem Befehl. Sie kamen mit dem erst so heiß ersehnten und nun im Verdruss zum Tode verurteilten Kind im wilden Wald an. Hier fühlten sie sich frei vom Blick des Fürsten. Sie taten dem blinden Jungen nichts, sondern ließen ihn nur dort allein, in der Hoffnung, damit sei dem Befehl Genüge getan, denn das Kind könne hier ohnehin nicht überleben.

Und damit beginnt ein anderer Teil der Geschichte, denn was dort im Walde das Eichkätzchen entdeckt, das sagt es dem Eichelhäher und dieser erzählt es allen, weit und breit. So erfuhr eine Wolfsmutter vom Menschenkind, das zwischen Bambus und Holunder tastend umher stapfte. Sie holte den kleinen Fürstensohn zu sich und zog ihn zusammen mit ihren eigenen Jungen auf. Die wilde Wolfsmilch tat dem Menschlein gut. Er wuchs heran, balgte und jaulte mit seinen Wolfs-Geschwistern und fühlte sich bei ihnen daheim.

Als er größer wurde, brachte die Wölfin ihn zu ihrem Onkel, der im Rufe großer Weisheit stand.

»Lehre ihn«, sprach die Pflegemutter. »Er ist anders als die anderen, aber er weiß es noch nicht. Es gibt vieles, das er kennen und wissen sollte. Nur du kannst es ihm zeigen.«

Von nun an lernte der kleine Wolfs-Mensch viel Neues. Bald konnte er mit den Eichkätzchen keckern, mit den Maulwürfen grübeln und mit Finken zwitschern.

»Wieso kann unser Bruder mit allen Tieren im Wald ihre Sprache sprechen?«, fragte eines Tages seine Wolfs-Schwester den Großonkel Lehrer.

»Er ist in vielem anders als ihr anderen Geschwister«, antwortete der weise Wolf. »Und er hat eine besonders gelenkige Zunge.«

Diese Antwort sprach sich im Wald herum und durch sie bekam der junge Wolfs-Mensch seinen Namen: Scheh, was in der Sprache jenes Ortes und jener Zeit Zunge hieß.

Die Sprache der Wölfe hatte Scheh von klein auf gelernt. Viele andere Tiersprachen verstand und sprach er. Und nun lehrte der weise Wolf seinen Schüler auch die Menschensprache.

Eines Tages wurde Scheh, als er im Unterricht war, sehr aufgeregt: »Was war das?«, rief er. »Ich bin gelaufen, Löwen und Affen begegnet, auf Bäume geklettert und habe Früchte gefunden... aber all das ist nicht wirklich geschehen und hat sich doch so wirklich angefühlt... wie Zauberei.«

»Ich habe dir eine Geschichte erzählt«, erklärte sein Lehrer. »Beim Zuhören versetzt du dich in eine andere Welt hinein. Du erlebst sie. Auch wenn dein Körper zugleich hier bleibt, reist du in deiner Vorstellung. Das geht in der Menschensprache, die ich Dich jetzt gelehrt habe, besonders gut. Du wächst bei uns Wölfen auf, aber du bist ein Mensch, und zwar ein besonderer. Du bist anders als andere Menschen. denn du kannst nichts sehen.«

»Ist denn das schlimm?«, fragte Scheh. »Ich sehe die Bäume und Sträucher zwar nicht, aber ich erkenne sie ganz genau an ihrem Geruch und daran, wie sie sich anfühlen.«

»Das schon…«, spann der Wolf den Gedanken weiter. »Und wenn ich dir sage, dass alle Bäume und Sträucher grün sind, kannst du dir das merken, aber du weißt nicht, wie das Grün sich in den eigenen Augen anfühlt.«

»Ja«, meinte Scheh, »das kann ich nicht wissen. Aber erzählen könnt ihr es mir. Übrigens: Wie war das noch mit dem Erzählen und den Geschichten? Ich möchte mich daran gewöhnen. Erzähle mir noch eine Geschichte… und noch eine! Wenn ich auch die Welt nicht sehen kann. Zuhören kann ich gut. Und dabei sehe ich alles ganz genau vor mir!«

Schneller als erwartet hatte Scheh alle Geschichten, die im Wald bekannt waren, in allen Sprachen, die es dort gab, gehört und konnte sie auch erzählen. Die Tiere staunten über die lebhaften Farben, die er seinen Erzählungen verlieh.

»Mein Lieber«, sprach da eines Abends der weise Wolf. »Du hast nun alles gelernt, das was hier im Wald für dich zu lernen gab. Es wird Zeit, dass du deiner Wege gehst und die führen, so weit ich sehen kann, aus dem Wald hinaus, zu den Menschen, von denen du auch einer bist.«

Scheh war neugierig auf die Menschen und ihre Geschichten. Also nahm er beim nächsten Morgenlicht von seinen Lieben im Wald Abschied und wanderte hinaus in die weite Landschaft. Er tastete sich mit einem Stock weiter und spürte staunend eine ebene

Fläche unter seinen Füßen, die anders als der Waldboden war. Diese Fläche war von Menschen gemacht. Es war eine Straße.

Und damit beginnt ein anderer Teil der Geschichte, denn Scheh war nun der Einzige weit und breit, der die Sprachen der Tiere und der Menschen verstehen und sprechen konnte.

»Hallo! Wer bist du? Und woher kommst du?«, hörte Scheh eine freundliche Stimme fragen.

»Ich bin Scheh aus dem Wald«, erklärte dieser.

»Und ich bin Kai Mu, der Hirte«, stellte der freundliche Mensch sich vor. »Ich wohne in dem Haus, das du dort drüben siehst, gleich neben dem großen Apfelbaum.«

»Sei gegrüßt, Kai Mu, der Hirte!«, sprach Scheh. »Aber dein Haus kann ich nicht sehen, denn ich bin blind.«

»Was es nicht alles gibt, ein Blinder, der allein die Welt durchwandert…« staunte Kai Mu. »Komm mit zu mir und sei mein Gast.«

Scheh nahm die Einladung an und lebte lange bei Kai Mu und seiner Familie. Er half die Schafe zu hüten. Er lernte von Kai Mu, aus Bambus eine Flöte zu schnitzen und auf ihr zu spielen. Seine Melodien klangen wild und fein, als hätten sie die Stimmen all der scheuen und kühnen Tiere im Wald in sich aufgenommen. Scheh fühlte sich wohl mit Kai Mu, dem Hirten.

Aber es kam der Tag, an dem er wieder Abschied nahm.

Er wanderte durch die Welt, kam zu Bauernhöfen und Köhlerhütten, wanderte durch Dörfer und Städte, erzählte und lauschte Geschichten, spielte auf der Flöte und bekam zum Dank alles, was er zum Leben brauchte.

Eines Tages kam er in eine große Stadt, in der er einige Tage hinter einander auf dem Marktplatz erzählte. Er lernte, mit den wirbelnden Menschenmengen umzugehen und gewöhnte sich an die vielen Gerüche, die hier ebenso gedrängt wie die Menschen waren.

Eines Morgens trat ein Mann an ihn heran:

»Verkauf mir deine Geschichten!«, verlangte er.

Scheh spürte einen dicken, schweren Beutel mit Münzen, der in seine Hand gelegt wurde und reichte sie zurück in die Richtung, aus der die Stimme kam.

Aber bevor er etwas sagen konnte, erklang nahe bei ihm eine andere fordernde Stimme: »Ich biete dir mehr, Geschichtenerzähler. Hör nicht auf den da! Verkaufe deine Geschichten mir. Ich habe dir schon oft gelauscht und weiß, was deine Erzählstoffe wert sind. Hier!«

Und ein größerer und schwerer Geldbeutel wurde in Schehs Hand gezwängt.

Da fingen die beiden Käufer an zu streiten. Immer lauter wurden ihre Stimmen. Immer boshafter verhandelten sie und Scheh fühlte sich bedrängt und bedroht. Er zog sich so weit es möglich war zurück, stieß aber bald an eine Mauer.

Da erklang zu seiner Erleichterung eine ruhige, selbstsichere Stimme: »Geht zur Seite. Lasst mich durch. Hier wird nicht gestritten. Kommt alle mit zum Fürsten. Er soll entscheiden.«

Eine Hand berührte Scheh am Arm und er wurde durch die Straßen geführt. Ab und zu war von den zwei Geschichtenkäufern ein Murren zu hören, aber der Wächter, der sie alle zum Palast begleitete, brachte sie rasch wieder zur Ruhe.

Sie betraten Räume, die Scheh sonderbar bekannt vorkamen. Wie vertraut erschienen ihm der glatte, kühle Boden, die gedämpften Klänge, die von einem dauernden leisen Plätschern begleitet waren, und die leisen, vornehmen Stimmen. Scheh wusste nicht, wann er je dergleichen gespürt haben konnte, aber er fühlte sich zuhause und gut aufgehoben.

Der Sitz, zu dem er geleitet worden war, war weich wie ein Moospolster, aber glatt wie ein See bei Windstille. Er konnte sich nicht erinnern, wo er Gleiches schon einmal gespürt hatte, aber irgendwo tief im Innersten kannte er das Gefühl. Auch die voll tönende Stimme, die nun zu hören war, erschien ihm seltsam vertraut: »Kaufleute, was wollt ihr?«

»Die Geschichten von diesem Erzähler kaufen. Ich habe einen guten Preis geboten«, forderte ein Geschichtenkäufer.

»Edler Fürst, ich biete mehr! Die Geschichten sollen mir gehören!«, keifte der andere.

»Still, ihr zwei!«, gebot die Stimme majestätisch und erklang dann sanfter: »Erzähler, stehen deine Geschichten zum Verkauf?«

»Das wäre nicht möglich«, antwortete Scheh. »Meine Geschichten sind ein Teil von mir. Es hätte keinen Sinn, wenn ich mein Herz, meine Stimme oder meine Hände verkaufen würde. Eben so wenig kann ich meine Geschichten verkaufen. Wir leben von einander und können ohne einander nicht sein.«

»Habt ihr gehört?«, knurrte der Fürst. »Hinaus! Die Geschichten sind nicht zu kaufen. Hinaus aus meinem Palast!«

Stille kehrte ein.

»Da bist du nun, Geschichtenerzähler«, hörte Scheh den Fürsten leise sprechen. »Überall in der Stadt und bei Hofe spricht man von dir. Ich hätte dich bald zu mir eingeladen. Aber nun bist du da. Erzähl mir etwas.«

Scheh flötete und erzählte.

»Von wem hast diese Geschichten gelernt?«, fragte der Fürst endlich.

»Von den Tieren und den Menschen.«

»Wie, du kannst die Sprache der Tiere? Wie kann das möglich sein?«

»Ich wurde im Wald von einer Wölfin gesäugt. Wölfe sind meine Milchgeschwister und da ich im Wald aufgewachsen bin, eine geschickte Zunge habe und viel Wohlwollen erfuhr, kenne ich die Sprachen der Lebewesen der Erde, des Wassers und der Luft.«

»Du, ein blinder Mensch, bist im Wolfswald aufgewachsen? Dann kann es keinen Zweifel geben. Du bist mein Sohn. Weil du blind bist, habe ich dich verstoßen. Wie oft habe ich seitdem meinen Zorn und diese unüberlegte Entscheidung bereut. Wie oft habe ich gewünscht, ich hätte dich hier im Palast mit allem versorgt aufwachsen lassen. Aber trotz des Unglücks, das ich verursacht habe, hast du deinen Weg gefunden. Du erreichst die Menschen, bist dem Leben gewachsen und bist ein aufrechter, tüchtiger Mann geworden. Verzeih mir, dass ich dich damals aus Unverstand zurückwies und gefährdete. Ich habe dafür gebüßt und viel Kummer ertragen. Bitte bleib hier im Palast und werde mein Thronfolger, wie es bestimmt war… Nun, was sagst du?«

»Fürst Yang Su«, flüsterte Scheh und ließ seine Stimme langsam an Klarheit und Tragweite gewinnen. »Ich kann nicht bleiben und ich will es nicht. Ich bin ein Hörender und Wandernder. Die Geschichten, die ich kenne, wollen zu den Menschen hin. Sie wollen erzählt werden, an verschiedenen Orten und auf verschiedenste Weise. Sie wollen auf dem Klang meiner Flöte reiten, aber ebenso auf dem Rauschen der Bäche, dem Zwitschern der Vögel und dem Lachen der Kinder. Sie wollen Antworten in den bedächtigen Worten der Alten finden und Menschen in den Jahren des Handelns zum Nachdenken bringen. Sie lassen sich weder besitzen noch befehlen. Sie folgen allein ihrer Natur, wie das strömende Wasser und der wehende Wind. Ich gehe hinaus und bleibe, der ich geworden bin. Habt Dank und lebt wohl.«

Lange Zeit tat der blinde Fürstensohn genau das, was wir ihn hier sagen hörten. So wurden Scheh und sein Leben zu einer Geschichte und wer diese Geschichte zuletzt erzählt hat, hat den Mund noch warm davon.

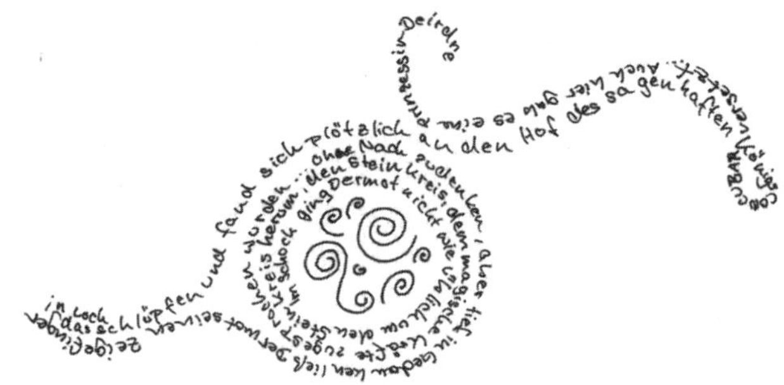

Auf der Zeitreise Erzähler werden

Auf der Zeitreise Erzähler werden: frei erzählt nach Frederik Hetmann, »Dermot mit dem roten Haar«, Arena Verlag Würzburg 1985.

Es lebte einmal ein Bursche namens Dermot in einem Fischerdorf. Eines Tages war er mit einem Korb voller Fische unterwegs in die nahe Abtei, hörte beim Aufstieg auf den Hügel seltsame Geräusche hinter sich, drehte sich um und sah, wie wilde Wikinger von einem Schiff aus an Land gingen, sein Heimatdorf plünderten und brandschatzten und seine ganze Familie töteten.

Er begriff, dass er seine Lieben nicht retten konnte und beschloss, den Kleinkönig und die Mönche in der Abtei vor der Gefahr zu warnen. Als er im Kloster anlangte, sah er, dass es bereits zu spät war. Alle Mönche waren getötet worden. Er sah von fern die Wikingerhorden und musste beobachten, wie diese Deirdre, die Tochter des Kleinkönigs, auf ihr Schiff schleppten.

Dermot kannte Deirdre aus dem Kloster, wo sie beide von Pater Anselmus unterrichtet worden waren. Er war in Deirdre verliebt, wusste aber, dass ein Fischersohn und eine Prinzessin kaum je zusammenkommen könnten, wenn die Welt ihre üblichen Wege ging.

Im Schock ging Dermot nicht wie üblich um den Steinkreis, dem magische Kräfte zugesprochen wurden, außen herum, sondern geriet zwischen die hohen, aufrechten Steine, von denen einer ein seltsames Loch hatte. Ohne Nachzudenken, aber tief in Gedanken, ließ Dermot seinen Zeigefinger in das Loch schlüpfen und fand sich plötzlich an den Hof des sagenhaften Königs Concubar versetzt, der zwei Jahrhunderte vor ihm gelebt haben sollte. Auch hier gab es eine Prinzessin Deirdre.

Dermot hatte in seiner Zeit ihre Geschichte gehört, die eine der beliebtesten Erzählungen war, denn in ihr kam alles vor, was eine Geschichte unwiderstehlich zum Erzählen am abendlichen Kaminfeuer machte: große Liebe, Kampf, Eifersucht, gekrönte Häupter und tragische Verwicklungen.

Dermot, der durch Vater Anselmus die Liebe zu Büchern gelernt hatte und der Geschichten liebte, wollte kein Fischer werden, sondern Erzähler. Und nun fand er sich mitten in einer der größten Geschichten seiner Kultur. Er verliebte sich in die sagenhafte Deirdre dieser Zeit. Er war aber ein Junge von dreizehn Jahren und sie eine umschwärmte, wunderschöne Frau. Sie war noch unerreichbarer als Deirdre, die Tochter des Kleinkönigs, in Dermots eigener Zeit.

Eines Tages rief König Concubar Dermot, der im Palast als Küchenjunge diente, zu sich und beauftragte ihn, sein Spion zu werden. Er solle Deirdre, die mit kleinem Gefolge in eine einsame Burg geschickt werden sollte, begleiten, beobachten und Concubar alles berichten, was sie tue. Dermot war froh über den besonderen Auftrag, weil er ihm ermöglichte, Deirdre nahe zu sein und nahm dessen widerwärtige Natur deshalb in Kauf. Deirdre liebte es, frei im Wald herumzustreifen. Sie hatte ein Wiesel, das, wollte man an solches glauben, magische Kräfte besaß und eine verwandelte Gestalt der Naturgöttin Aine war.

König Concubar hatte befohlen, Deirdre dürfe die Burg nicht verlassen. Aber gegen Deirdres Sehnsucht nach Freiheit kam er nicht an. Um ihr Wohlwollen zu gewinnen, gewährte er ihr Ausritte, auf denen Dermot sie begleiten sollte. So lernten die beiden einander kennen und Deirdre fasste, obwohl sie längst begriffen hatte, dass er Concubar Bericht erstattete, Vertrauen zu ihm. Sowohl Concubar als auch Deirdre nahmen Dermot ab und zu beiseite, um ihm

ihre jeweils persönliche Sicht des Geschehens zu erklären. Beide nahmen inzwischen an, Dermot sei ein Erzähler und werde aufgrund seiner Jugend derjenige sein, der ihre Geschichte in die Zukunft tragen werde. Das war ihnen beiden wichtig.

Nur Dermot wusste, um welches Ausmaß von »Zukunft« es dabei ging.

Gleich zu Beginn seiner Zeit in der Vergangenheit hatte Dermot sich die Legende von Deirdre in Erinnerung gerufen und sie sich - und uns - so erzählt, wie er sie zu diesem Zeitpunkt kannte.

Aber bald tauchte die Frage auf, ob er der Geschichte, da er sich nun wahrhaftig »in ihr« befand, eine andere Wendung geben könne. Tatsächlich gab es eine Handlung, die ihn aus der Rolle des Beobachters und nur am Rande Beteiligten zutiefst in Schuld geraten ließ: Sie geschah als Deirdre und ihr Geliebter Noisi zusammen auf der Flucht waren. Begleitet wurden sie von Noisis Brüdern und Dermot.

Ein Prinz, durch dessen Land sie gereist waren, hatte Deirdre entführt.

Dermot erstach den Übeltäter, während dieser schlief. Danach war ihm zu Mute, als habe er in einem Taumel gehandelt. Die böse Tat, über die Dermot selbst danach ratlos war, wurde durch ein Abenteuer mit einem weißen Geisterbären geahndet, der nur mit magischen Mitteln zu besiegen war.

Die Geschichte von Deirdre und Noisi entwickelte sich zusehends so, wie Dermot sie in seiner eigentlichen Zeit erzählt bekommen hatte. Concubar hatte die anmutige Deirdre, die viel jünger war als er selbst, heiraten wollen. Noisi, Deirdras Geliebter, war Mitglied der königlichen Elitewachen »Fianna« und also Concubars Wächter und Untergebener. Daher sah der König in Noisi einen äußerst beleidigenden Rivalen. Empört und verletzt griff er zu unlauteren Mitteln. Er brach ein Versprechen, log, missbrauchte althergebrachte Ehrenkodizes und führte letztlich einen erbitterten Vernichtungskampf gegen die beiden Liebenden.

Dieser entwickelte sich für Concubar beschämend. Noisi und seinen Brüdern brachte er Kampfesruhm. Den jungen Liebenden und ihren Getreuen brachte er den Tod.

Im letzten Moment, bevor die »Halle vom roten Zweig«, die Noisi und seine Brüder gegen eine Übermacht gehalten hatten, in Brand gesteckt wurde, schickte Deirdre Dermot aus der Halle in Sicherheit, damit er ihre Geschichte im Wissen darum, wie sie wirklich war, erzählen könne. Sie hatte durch ihre Helferinnen in der Anderswelt schon lange gesehen, dass ihr eigenwilliger Weg in den Tod führte und wünschte, dass ihre Geschichte weiterleben solle.

Concubar war sich als Herrscher bewusst, dass er immer auch ein wenig »Propaganda« mitdenken musste.

Deshalb hatte auch er Dermot seine Sicht der Geschehnisse persönlich geschildert. Und Dermot selbst war im Geschehen der Geschichten Handelnder geworden, ohne jedoch das Wesentliche ändern zu können. Seine Fantasien, wie die Geschichte seinen Wünschen folgend anders verlaufen könnte, hatte er lebhaft vor Augen. Daher erfahren wir in seine Erzählung eingeflochten zaghafte Vorstellungen, wie er selbst Deirdres Geliebter werden und mit ihr ein glückliches Ende erleben könnte. Eine Imagination, die sich rasch in den wirklichen Alters- und Machtverhältnissen verliert, aber dennoch dem ganzen Geschichtengewebe einen zusätzlichen Schimmer des Bedauerns, Den-eigenen-Platz-in-der-Welt-Findens, Involviert-Seins und Sehnens verleiht.

Dermot hatte während seines Abenteuers in der Vergangenheit immer wieder erste Erfahrungen im Erzählen gemacht und Geschichten zu hören bekommen. Es war fast so, als wäre diese Reise eine Art Trost für seinen Verlust. Zugleich erschien sie aber auch als Lehrzeit für seine Bestimmung, Erzähler zu sein.

Dermot kehrte auf magische Weise in seine eigene Welt zurück, an einen Zeitpunkt, der nicht lange nach dem Überfall der Wikinger lag. Er begegnete dem Kleinkönig und konnte ihm mitteilen, dass seine Tochter Deirdre nicht getötet, sondern entführt worden war.

Nachdem er mit berühmten Helden gelebt und eine große Geschichte aus erster Hand erfahren hatte, hatte er auf einmal einen Mut, der ihm selbst neu war. Er bot dem Kleinkönig an, Deirdre suchen und retten zu gehen, bekam ein Pferd und Geld für den Weg und zog nun selbst auf Abenteuer aus.

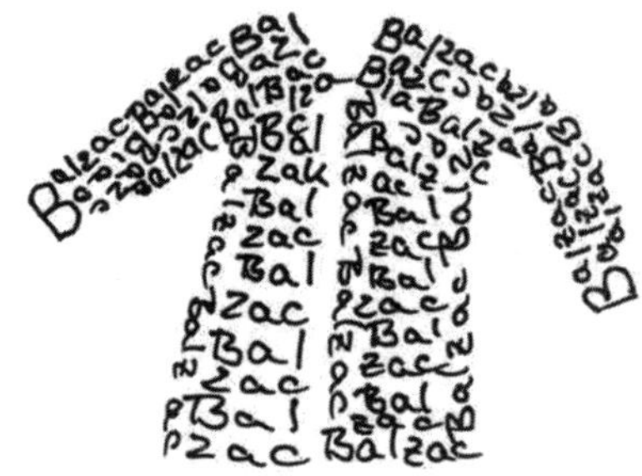

Umerziehung und ihre unerwarteten Wirkungen

Im kommunistischen China wurden einmal zwei junge Burschen in eine abgelegene ländliche Region, auf den Berg Phönix-des-Himmels, »zur Umerziehung« geschickt.

Dass sie als Intellektuelle eingestuft worden waren, verdankten sie nicht ihrer Schulbildung, die durch die Kulturrevolution sehr gelitten hatte, sondern den akademischen Berufen ihrer Eltern.

Umerziehung und ihre unerwarteten Wirkungen: frei erzählt nach Dai Sije, »Balzac und die kleine chinesische Schneiderin«, mit einem Autoreninterview, geführt von Helmut Schneider. Eine Stadt ein Buch. Echomedia Buchverlag, Wien 2010.

Die politische Stimmung wollte alles, was gebildet und zivilisiert war, als widerwärtig und ein erfundenes »revolutionäres Bauerntum« als wünschenswert erscheinen lassen. Die kommunistische Regierung arbeitete dazu mit Druck und Gewalt.

Den Burschen »in Umerziehung« wurde befohlen, Kübel mit schwappendem Kot bergauf tragen, um die höher gelegenen Felder zu düngen. Sie mussten nackt ins Bergwerk kriechen und Gestein durch enge Gänge schleppen oder den Pflug führen, während der Schwanz des Zugochsen ihnen das Gesicht peitschte. Sie bekamen eine grobe Felljacke und einen Pfahlbau zur Verfügung gestellt und taten, was sie konnten.

Und sie konnten etwas Besonderes.

Es gelang ihnen, in dem Ungemach, das ihnen zugefügt wurde, so hartnäckig ihrer Sehnsucht nach Kultur und Schönem zu folgen, dass sie an unerwarteten Orten Kultur und Schönes fanden. Mit List und Gespür machten sie das Beste aus ihrer Lage.

Einer von ihnen hatte eine Geige dabei. Als die Bauern das Instrument entdeckten, wollten es zerstören, aber als die beiden Burschen das Spiel auf der Violine, wenngleich es eine Mozart-Sonate war, als kommunistisches Lied ausgaben, erlaubten die Bauern sich, die Musik zu genießen.

Bald darauf entdeckten die beiden Burschen, dass der Laoban, der Dorfvorsteher, der über ihr Schicksal dort auf dem Berg Phönix-des-Himmels entschied, sich gerne Filme erzählen ließ.

Keiner der Bauern hatte je einen Film gesehen, aber die Burschen wurden beauftragt, in die nächste Stadt ins Kino zu gehen und nach ihrer Rückkehr den Film zu erzählen. Das taten sie so gründlich, sorgfältig und interessant, dass ihr Können sich herumsprach und sie das Wohlwollen des Laoban und der Bauern gewannen, von dem in ihrer Zeit auf dem Berg Phönix-des-Himmels so viel abhing.

Sie lernten dann eine »kleine Schneiderin« kennen, die - wie sie - nicht sehr gebildet, aber sehr sehnsüchtig nach Kultur war, und befreundeten sich mit ihr.

Bei einem dritten Burschen, der - wie sie - »zur Umerziehung« auf dem Berg Phönix-des-Himmels war, entdeckten sie einen Koffer voller Bücher mit chinesischen Übersetzungen westlicher Literatur, mit Büchern von Balzac, Alexandre Dumas und anderen, die von Liebe, Sex, Individualismus, Selbstbestimmung und ähnlichen vom kommunistischen Regime gebannten Themen handelten. Der Besitzer dieses verbotenen Schatzes hatte große Angst, bestraft zu werden und leugnete hartnäckig die Existenz der Bücher.

Aber es gelang den beiden Freunden dennoch, sich ein Buch zu leihen.

Als sie diese Kostbarkeit eines Tages zurückgeben mussten, wollte der nach schöner Sprache und inspirierenden Inhalten dürstende Erzähler ausgewählte Stellen aus dem Buch abschreiben. Aber er hatte dort in der bäuerlichen Umgebung kein Papier. Also schrieb er auf die glatte Innenseite der groben Felljacke und freute sich, Balzacs Worte auf diese Weise immer bei sich zu haben.

Er sollte später der Ich-Erzähler dieser Erlebnisse werden, denn natürlich zeigt ein Erzähler erzählend, wie er aus Not zu seiner Kunst kam.

Sein Freund begann eine leidenschaftliche Affäre mit der schönen Schneiderin.

Die Liebe dieser beiden jungen Leute stand unter dem Zeichen der Begeisterung für die Schönheit der Worte, Gedanken und Geschichten, vertreten durch Balzac.

Aus der Literatur, dem Vorlesen und den mündlichen Erzählungen von Büchern und Filmen entstand ein Bild des Möglichen, das viel größer war als die Enge der kommunistischen Doktrinen.

Auf erstaunliche Weise wuchs in dieser Enge, die »perfekte Kommunisten« hätte erzeugen sollen, eine so zielstrebige, so kraftvolle Sehnsucht nach Kultur und freier Entfaltung, dass die junge Schneiderin sich, literarische Ideen umsetzend, neues Gewand nähte, sich die Haare in einer Weise schneiden ließ, wie man sie nur in der Stadt erwarten konnte, und dorthin aufbrach.

Ihrem Geliebten erklärte sie zum Abschied, sie habe durch die Literatur begriffen, dass ihre Schönheit ein großes Kapital sei.

Es bleibt zu wünschen, dass dieses Kapital die kleine Schneiderin, die hinaus in die Welt ging, erfolgreich und glücklich gemacht hat.

Die bezaubernde, dichte, schlichte, tiefsinnige und humorvolle Erzählung von Balzac und der kleinen chinesischen Schneiderin hat der in Frankreich lebende Exilchinese Dai Sije ein Stück weit aus autobiografischen Motiven geschaffen. Er hat sie aber auch mit seiner besonderen Kunstfertigkeit ergänzt, variiert und weiterentwickelt.

Dai Sije erzählte in einem Interview, wie sehr sich für ihn, der Filmemacher und Schriftsteller ist, die Übung im Erzählen von Filmen auf seine Arbeit auswirkt. Er erklärt, er habe, als er in der »Umerziehung« damit begann, genau auf Kostüme und Ausstattung geachtet. Er wollte ja Menschen, die einfache Gemüter, aber auch eine natürliche Sehnsucht nach Inspiration hatten, und die noch nie selbst einen Film gesehen hatten, innere Bilder vermitteln.

Er selbst, so meint Dai Sije, achte heutzutage mehr auf Dialog und Darstellung, wenn er Filme mache.

Es wird sichtbar, wie viele Zutaten sich zu einer erfolgreichen Erzählung, die mündlich, im Film oder als Buch dargeboten wird, zusammenfügen. Es wird sichtbar, wie viel Spielraum dieses Gestalten mit inneren Bildern und gewählten Worten schafft – Spielraum, den Menschen unter heftigem Konformitätsdruck um so sehnsüchtiger aufspürten.

In der Enge der »Umerziehung« hat die Poesie des Erzählens und Kulturschaffens Lücken gefunden und sich entfaltet, wie bunte Blumen aus den Ritzen zwischen Pflastersteinen sprießen.

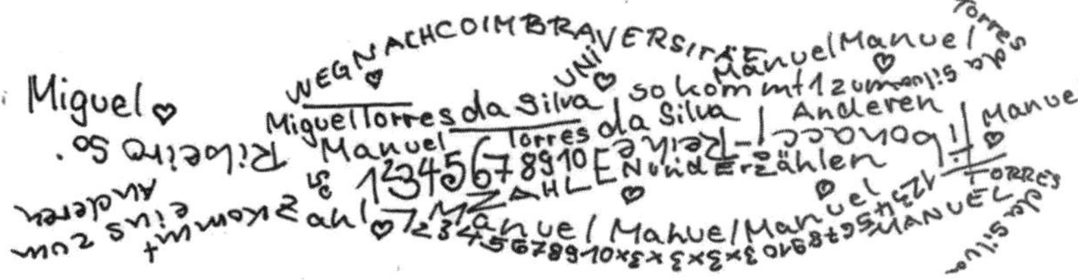

Zahlen und Erzählen meistern

Vor langer, langer, gar nicht langer Zeit wanderte ein junger Bursche aus dem Dorf in die Universitätsstadt Coimbra, um dort Mathematik zu studieren. Im Gepäck hatte er eine große Frage: Was es mit dem Geschichtenerzählen auf sich habe. Was machte diese Frage für den jungen Manuel Torres da Silva so wichtig?

Sein geliebter Großvater Miguel war ein ausgezeichneter Weinbauer und ein mindestens ebenso fabelhafter Geschichtenerzähler gewesen. Er war vor Kurzem mitten in einer Geschichte gestorben. Den Spuren des geliebten Großvaters folgend ging Manuel hinaus in die Welt. Er wurde, dank des Großvaters Empfehlungsbrief, an der Universität aufgenommen und rasch zum Vertrauten des Mathematikprofessors und Mathematik-Poeten Ribeiro, der hoffte, Manuel werde ein so guter Geschichtenerzähler werden, wie sein Großvater es gewesen war. Und wirklich versicherte Manuel, alle Geschichten seines Großvaters zu kennen, bis hin zu der letzten, die

Zahlen und Erzählen meistern: frei erzählt nach Thomas Vogel, »Die letzte Geschichte des Miguel Torres da Silva«, Klöpfer und Meyer in der DVA, Tübingen 2001.

unvollendet blieb. Aber er konnte sie noch nicht erzählen. Ribeiro und er spielten Schach. Sie philosophierten über die symbolische Bedeutung der Zahlen und ihre geheimnisvoll stimmigen Zusammenhänge.

Die Fibonacci-Reihe, eine mathematische Struktur, die sich sonderbar oft in der Natur manifestiert, wurde zur Grundstruktur von Manuels Tagebuch und begleitet uns durch die Geschichte.

Manuel Torres da Silva studierte eifrig Mathematik. Die Lebensthemen seines geliebten Großvaters, der Wein und die Geschichten, begleiteten seine Tage und Nächte.

Eines Tages lernte Manuel Maria kennen, eine temperamentvolle junge Frau, neben der Manuel etwas tollpatschig wirkte. Sie erlebten Liebe und Erotik.

Maria löste Manuels Fähigkeit, zu erzählen, die bis dahin blockiert gewesen war. Die Geschichten seines Großvaters Miguel Torres da Silva, die in Manuel geschlummert hatten, erwachten nun und bahnten sich neu ihren Weg in die Mündlichkeit. Manuel war durch die Liebe vom Geschichtenkenner zum Erzähler geworden.

Marias Vater war Tuchhändler und ein Freund von Manuels Großvater.

Ebenso wie der Mathematikprofessor Ribeiro, der inzwischen mit dem jungen Manuel befreundet war, nahm der Tuchhändler Manuel freundlich auf und lieferte ein weiteres Puzzleteil zur Geschichte Miguels, des Erzählers.

»So kommt eines zum anderen«, sprach Professor Ribeiro, zündete sich seine Pfeife an und schmunzelte.

In der Fibonacci-Reihe folgen die Zahlen erst dicht aufeinander und treten dann in immer größerem Abstand auf. Diese Reihe liegt der eben sich entfaltenden Geschichte zugrunde. War zuvor die Erzählung durch kurze Episoden, rasche Entwicklungen und wiederkehrende Wendungen geprägt, wird das Erzählen nun ausführlicher, detailreicher. Wir erleben eine Reihe von Szenen aus Manuels Alltag.

Der Refrain der Erzählung »Manuel Torres da Silva studiert Arithmetik…«, der zu Beginn, als die Zahlenfolge der Fibonacci-Reihe noch dicht ist, häufiger auftaucht, wird selten.

In der Erzählung werden diese Zeitverschiebung und ihre Wirkung auf die Erzählstruktur kommentiert.

Manuels Beziehung zu Maria, die ihm (mit Liebe und Erotik verknüpft) die Fähigkeit, Geschichten zu erzählen, geschenkt hat, wird auf eine Probe gestellt. Aber seine Geschichten fließen. Gut fügt sich diese Ausführlichkeit in den besprochenen großen Raum der Zahlen der fortschreitenden Fibonacci-Reihe, die Manuels Tagebuch strukturiert.

Ein drittes Mal – wir könnten mit Mathematikprofessor Ribeiro, wie er es immer wieder tut, zufrieden sagen: »Und so kommt eines zum anderen.« – begegnete Manuel einem Freund seines Großvaters, dem Wirt des beliebtesten Gasthauses von Porto, wohin Manuel mit Ribeiro gereist war. Die letzte Geschichte des Miguel Torres da Silva war, so erfahren wir, in diesem Wirtshaus unterbrochen worden. Hier wurde Miguel von einem muslimischen Reisenden befragt, wie eine Geschichte eine ihm bekannte Frau heilen könne, die selbst in einer schrecklichen Geschichte stecke. Sie sei, so erzählte er, jung und schön, erscheine aber alt und hässlich und nur eine Geschichte des Miguel Torres da Silva könne sie heilen und ihr ihre wahre Gestalt zurückgeben.

Miguel jedoch gab sich dem Suchenden nicht zu erkennen, sondern verwies auf das Erleben der eigenen Geschichte, in dem die einzig mögliche Heilung läge. Dies war seine letzte Geschichte, die er, so schien es, nicht nur inkognito zum Besten gegeben, sondern auch nicht zu Ende erzählt hatte.

Und nun können wir, die Lesenden, erleben, wie die letzte Geschichte des Miguel Torres da Silva, nach dessen Tod, mit dem Handeln seines Enkels Manuel, geführt von des Großvaters Freundschaften, zu einem guten Ende kam: Miguels Enkel und Geschichtenerbe Manuel verließ das Wirtshaus und begegnete dort einer schönen jungen Frau. Es stellte sich heraus, dass sie die Heldin von Miguel Torres da Silvas unfertiger Geschichte war. Ihr treuer Bote hatte ihr erzählt, was er vom inkognito bleibenden Erzähler erfahren hatte. Damit war der rote Faden ihrer Geschichte wieder in ihren eigenen Händen. Sie war damit nicht mehr die Leidende in ihrer Geschichte, nicht mehr diejenige, die ihre eigene Geschichte in Auftrag gab, sondern wieder selbst Handelnde und reiste persönlich an den Ort des Geschehens.

Das war heilend, wie der alte Fuchs von einem Weinbauern und Erzähler Miguel Torres da Silva, ohne seine Identität zu offenbaren, ohne sich in die geschehende Geschichte mehr als unbedingt nötig einzumischen, dem Boten erzählt hatte.

Manuel Torres da Silva fand auf der Suche nach dem Ende der letzten, unvollendeten Geschichte seines Großvaters Miguel, geführt von ihrer beider Zahlenliebe und Miguels treuen Freundschaften, sein Erzählenkönnen, seine Liebe und sein Lebensglück.

Ein Ende, mit dem neue Geschichten beginnen, die noch zu erzählen bleiben.

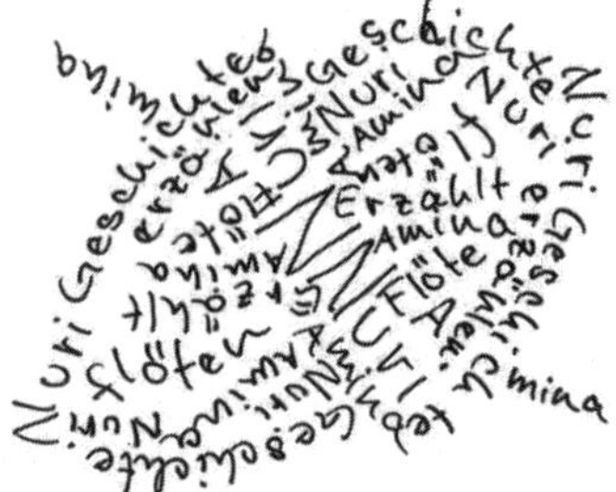

Von einem wahr gewordenen Traum

In der orientalischen Stadt Schamssar lebte einmal ein Bub namens Nuri. Er ging zur Schule, half seinem Vater in dessen Laden, in dem es alles zu kaufen gab, was die Menschen brauchten: Lebensmittel, Kochgeschirr und einige zauberhafte Kleinigkeiten, die die Seele erfreuen und die Neugier befriedigen.

Nuri konnte nicht gut rechnen, aber er liebte Geschichten und las, wann immer er konnte. Er überlegte, welchen Beruf er einmal haben werde, und dachte sich, dass er nicht wie sein Vater Händler sein wolle, aber was dann?

Von einem wahr gewordenen Traum: frei erzählt nach Faridah Busemann/ Aziza Gürth, »Der Mond auf meinem Kissen. Wie Nuri ein Geschichtenerzähler wurde«, Spohr Verlag, Kandern im Schwarzwald 2000.

Eines Nachts träumte er, er stehe auf dem Hauptplatz und erzähle Geschichten. In seinem Traum spielte ein Mädchen, das ihm sehr gut gefiel, zu seinen Geschichten auf der Flöte.

Bald darauf geschah etwas Wunderbares: Er kam in ein fernes Stadtviertel und hörte dort einen alten Geschichtenerzähler, der ihn sehr begeisterte. Der alte Erzähler war blind. Wie kann jemand, der nichts sieht, so lebhafte Bilder mit Worten malen? Erstaunlich. Aber das Erstaunlichste war, dass die Enkelin des alten Erzählers, Amira mit Namen, die zu ihres Großvaters Geschichten Flöte spielte, genau die gleiche war, die Nuri in seinem Traum zum ersten Mal in seinem Leben gesehen hatte.

Nuri freundete sich mit den beiden an, fuhr jeden Nachmittag zum Zuhören in jenen anderen Stadtteil und träumte davon, Erzähler zu werden. Eines Tages erfuhr sein Vater, dass Nuri beim Auftritt seiner Freunde mit dem Hut herumgegangen war und das Geld eingesammelt hatte. Das ärgerte ihn sehr. Er verbot Nuri den Umgang mit Amira und ihrem Großvater und befahl ihm, mehr als bisher im Laden mitzuhelfen, damit er nicht wieder in schlechte Gesellschaft käme.

Denn auch wenn »Amira« so viel wie »Prinzessin« heißt, waren der Erzähler und seine Enkelin arm und Nuris Vater wünschte sich etwas Besseres für seinen Sohn.

Nuri war verzweifelt, folgte widerwillig und tat, was sein Vater forderte, schlich sich aber doch so bald er konnte zu Amira, um ihr zu erzählen, was geschehen war und dass er nicht aus freiem Willen fern blieb.

Er war von Sehnsucht nach der Poesie und Kraft des Erzählens durchdrungen, die er mit Amira erlernen und erleben konnte. Aber er sah sich auch außer Stande, gänzlich gegen die Befehle seines Vaters handeln. In diesem Zwiespalt lebte er nun.

Nuri hatte von Amiras Großvater viele Geschichten gehört, die er sich in Erinnerung rief.

Er freute sich sehr, als seine Mutter eines Tages im Fastenmonat Ramadan eine Geschichte erzählte.

Eines Tages gelang es Nuri, seinen Schwestern ein Märchen zu erzählen, das ihnen gefiel. In vielen der Geschichten, die Nuri kannte, ging es um Allah, seine Erwartungen an die Menschen und ihre Erlebnisse mit ihm.

Nuri schrieb ein Märchen, das, wie verlangt wurde, ein gutes Ende hatte, in der Schule preisgekrönt und sogar in der Zeitung abgedruckt wurde.

Davon war sein Vater begeistert, lobte ihn und wurde großzügiger gegenüber Nuris Eigenart.

Eines Tages wurde in der Stadt der junge Prinz gefeiert, der gerade von einer vornehmen englischen Schule in sein Heimatland zurückgekehrt war. Amira überredete Nuri, dem Prinzen, dem die Stadt gezeigt wurde, eine Geschichte anzubieten.

Es gelang ihnen, dem Prinzen nahe zu kommen, Nuri bot dem Prinzen, der bei aller Vornehmheit auch ein Bub wie er selbst war, an, ihm etwas zu erzählen und der Prinz stimmte zu. Die Geschichte und Nuris Erzählen gefielen ihm.

Eine Weile später geschah etwas Märchenhaftes: der Prinz besuchte Nuri und Amira zuhause und lud beide ein, bei ihm im Palast zu leben, als seine Freunde aufzuwachsen, eines Tages Hof-Erzähler und Hofmusikerin zu werden, und bis dahin guten Unterricht in ihren Künsten zu bekommen.

Nuri konnte sein Glück kaum fassen und als Amiras Großvater zu Nuris Eltern zog und von nun an in Nuris Zimmer wohnte, war wirklich -auf bis dahin undenkbare Weise- alles gut geworden.

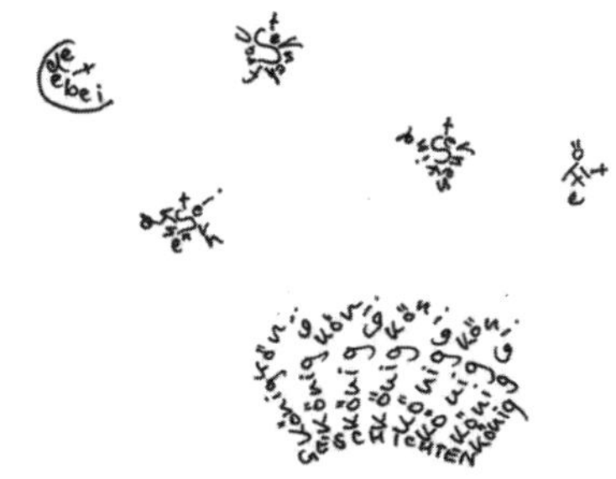

Selber suchen und finden

Selber suchen und finden: frei erzählt nach Henning Köhler, »Der Geschichtenkönig und das Sternenkind«, Verlag Freies Geistesleben, Stuttgart 1992.

Es war einmal ein König, der sich gegenüber seinen Untertanen, die alle ein Handwerk beherrschten und etwas Nützliches herstellten, überflüssig fühlte und den das ganze Königsein langweilte.

Die Königin wünschte sich ein Kind, aber der König wollte nicht Vater werden.

Dringend wünschte sich der König eine Lösung. Zwei Ratgeber, Adebeit und Bedebeit, schlugen ihm Tätigkeiten vor, die so dumm und unnütz waren, dass der König, der trotz seines Kummers ein gesundes Bauchgefühl hatte, die beiden bestrafte, indem er befahl, sie sollten ihre eigenen Vorschläge verwirklichen.

Und dann kam Cedebeit. Er lud den König ein, mit ihm zu reisen. Er könne dabei lernen, wie er Sterne pflücken und zu den Menschen bringen könne. Dann werde er einen eigenen Beruf haben und könne etwas Sinnvolles im Leben tun.

Das leuchtete dem König ein und verlockte ihn. Er nahm Abschied von der Königin und reiste mit Cedebeit, der wunderschön Flöte spielen konnte, durch die Welt. Sie trafen Tutu, das Sternenkind, das mit Cedebeit befreundet war.

Es stellte sich heraus, dass Cedebeit, um mit seiner Weisheit zum König zu gelangen, eine abenteuerliche Reise hinter sich gebracht hatte. Er erzählte sie nun ganz genau. Angefangen hatte alles damit, dass er die Gabe hatte, Menschen durch seinen Gesang, sein Flötenspiel und seine Scherze zu überzeugen und beglücken. Er hatte aber, angestiftet vom falschen Versprechen eines Mächtigen, eine Lüge verbreitet und für wahr erklärt. Er hatte dadurch einen ehrlichen Menschen, den Kaufmann Joschka, an den Bettelstab gebracht.

Der König war, als er hörte, was Cedebeit getan hatte, sehr empört. »Ich bin nicht wirklich böse«, meinte Cedebeit verschämt. »Ich habe nur leider eine Zeit lang sehr böse Dinge getan. Ich wurde dafür bitterlich bestraft. Ich verlor, weil ich sie missbrauchte, meine Gabe, Menschen durch Gesang, Flötenspiel und Scherze zu überzeugen. Aber das war noch nicht alles. Ich habe auch die Zuneigung meiner Geliebten verloren. Als sie von meiner Gemeinheit erfahren hatte, wollte nichts mehr mit mir zu tun haben.«

Cedebeit erzählte dem König und Tutu, dem Sternenkind, wie viel Gutes er getan hatte, um all das Böse auszugleichen. Er hatte dem Kaufmann Joschka, den er durch seine Lüge geschädigt hatte, so lange gedient und geholfen, bis Joschka wieder Glück und Erfolg hatte. Cedebeit hatte durch sein Flötenspiel, seine Scherze und eine heilende Geschichte Miriam, Joschkas Tochter, von der Traurigkeitskrankheit geheilt. Er hatte Tutu, das Sternenkind, in den wilden Wäldern von Stromberg aus der Gewalt einer Räuberbande befreit und ihn wieder nach Hause zu seiner Mutter, der Sternenfrau, gebracht.

»Durch diese guten Taten«, erzählte Cedebeit »habe ich die Gabe des Flötenspiels zurückbekommen und die Fähigkeit, den Sternen zu lauschen, gewonnen. Aber noch habe ich die Liebe meiner Freundin nicht wiedergewonnen. Ich bin zu dir, lieber König, gewandert, um weiterhin Gutes zu tun und deiner und meiner Geschichte eine glückliche Wendung zu geben.«

Zu dritt machten sie sich nun auf den Weg zur Sternenfrau, die dem König das Sternenlauschen beibrachte. Hinter dem Mond gab es nämlich einen Zwölffensterraum, von dem aus man die Menschen, wenn sie schliefen, mit der Geschichte, die ihnen gut tat, erreichen konnte.

Als der König aus dem Zwölffensterraum zur Königin hinuntersah, erschrak er. Eine Kälte hatte von ihr Besitz genommen, die sie unglücklich machte. Eigennützige Ratgeber hatten ihr eingeredet, sie solle den König für verrückt erklären und einen anderen, »vernünftigen« König heiraten.

Mithilfe der Sternenfrau sprach der König im Traum zur Königin, tröstete sie und versicherte ihr, er werde bald von der Reise zurückkehren und ihr ihr ganz persönliches Märchen mitbringen, das in den Sternen stünde. Er sah, wie sie sich beruhigte und einen zufriedeneren Ausdruck bekam.

Cedebeit, der Lieder der Sterne auf seiner Flöte spielte und der König, der jetzt den Sternen die persönlichen Geschichten der Menschen ablauschen konnte und überzeugt war, dies sei die schönste und nützlichste Fähigkeit, die er nur haben könne, machten sie sich eilends auf den Weg zurück ins Reich des Königs. Als Geschenk von der Reise brachte der König der Königin das versprochene ganz persönliche Märchen mit.

Sie wurden miteinander froh und glücklich, bekamen eine Menge Kinder (denn der König war durch seine Abenteuer gereift und wollte gerne Vater sein) und Cedebeit hatte genug Gutes getan, dass seine Liebste ihn wieder mochte und mit ihm zusammen sein wollte.

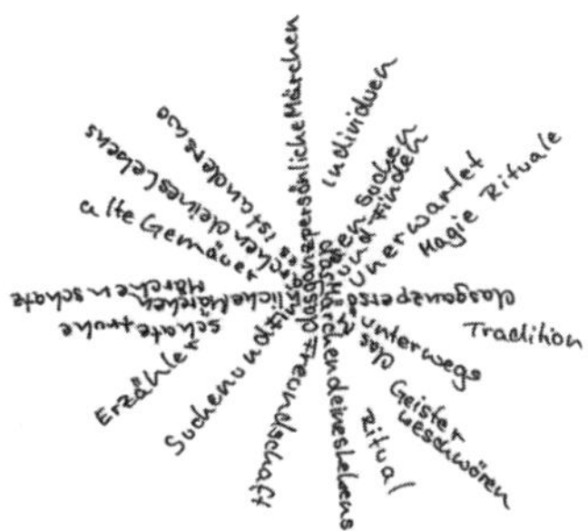

Marokkanische Märchensuche

Tahir Shah, dessen Vater Idris Shah unter anderem für Sufi-Weisheiten und fabelhafte Nasreddin Hodscha-Geschichten berühmt ist... Tahir, der Autoren-Sohn also, der selbst Reisender, Autor und Filmemacher ist, erzählt von der Suche nach »der Geschichte seines Herzens«.

Tahir hat von seinem Kaffeehausfreund, dem pensionierten Chirurgen Dr. Mehti gehört, in der Vorstellung der Berber werde jeder Mensch mit einer ganz persönlichen Geschichte geboren, die für ihn sorge und ihn beschütze. Wer sie gefunden habe, habe etwas Wesentliches im Leben erreicht.

Die Idee der einmaligen, unverwechselbaren »Geschichte des Herzens« berührt und bewegt Tahir. Er erinnert sich an eine kostbare Truhe, die er von seinem Vater erhielt und in der, auf Papier geschrieben, eine Geschichte aufbewahrt ist.

Marokkanische Märchensuche: frei erzählt nach Tahir Shah, »Der glücklichste Mensch der Welt«, Piper Verlag, München 2009.

Tahir schenkt seiner Tochter Ariane zum fünften Geburtstag eine eigens für sie angefertigte Truhe mit einer Geschichte darin.

Er kehrt immer wieder zur Frage nach seiner Herzensgeschichte zurück. Immer wieder begegnet er Menschen, die ihm, oft in unerwarteten Situationen und Momenten, etwas erzählen. Einige von ihnen antworten auf seine Frage, wie es mit der »Geschichte des Herzens« stehe, sie hätten die ihre gefunden. Aber eine solche Geschichte ist kein allgemeines Rezept. Nichts, was man einander abschauen könnte. Die »Geschichte des Herzens« zu finden, erfordert Geduld und Hingabe.

Tahir erfährt von Khalil, dem Geschichtenerzähler, dass es auf dem Weg zu dieser besonderen Geschichte gilt, den richtigen Personen zu vertrauen. Die Suche nach ihr verändere den Suchenden.

Mit der »Geschichte des Herzens« ist kein Film, kein Roman gemeint, sondern eine traditionelle mündliche Geschichte, in gewissem Sinne ein »Märchen«.

Und märchenhaft ist, was Tahir auf der Suche erlebt. Er lebt mit Frau und Kindern im »Haus des Kalifen« in Casablanca. Wir erfahren, dass Tahir in London aufgewachsen und viel gereist ist. Das »Haus des Kalifen«, das er gekauft hat, um mit seiner Familie dort einzuziehen, hat einen eigenen Zauber. Tahir Shah sieht sich hier Geistern unterworfen, von denen die Angestellten erzählen und die in ihren Augen Wirklichkeit sind. In einem Grenzgang zwischen

Amüsement und Faszination lässt Tahir sich auf Dämonenbeschwörung und Hellseherei ein.

Wir erleben, wie Tahir mit Menschen redet, die ihm zeigen, wie die Seele Marokkos »tickt«. Wir sehen zu, wie die Eigenart dieses Landes sich ihm Schritt für Schritt auf einer inneren Reise erschließt. Und dabei taucht immer wieder die Frage nach seiner Herzensgeschichte auf.

Tahir beschreibt Geschichten als »die universale Währung der Menschheit«. Er erinnert sich, wie sein Vater sagte, die Geschichten eines Landes könnten nie versiegen, weil - wie bei einer Badewanne – zum Ausgleich für das unten hinaus rinnende Wasser immer von oben welches nachkomme. Geschichten seien »Das Erbe der Menschheit«. Tahirs Frau Rachana nennt Geschichten die »Begleiter menschlichen Lebens« von der Kindheit bis zum Tod.

Tahir schreibt mit Lust und Leidenschaft von seiner Suche und den dazwischen erlebten Episoden. Er nimmt uns erzählend auf Abenteuer und Erkundungen des Alltags mit und wir sehen ihn ihre teils skurrilen Wendungen als Wesen Marokkos begreifen. Er begegnet Waleed, der den Beruf hat, sich mit seinem ausgezeichneten Gedächtnis Verträge, Gesetze und Vereinbarungen zu merken. Einwände, diese wichtigen Dinge seien in Schriftstücken doch viel besser aufgehoben, widerlegen Waleed und seine Verwandten mit Beispielen. Sie treten gelassen für die mündliche Kultur und ihre Qualitäten ein.

Tahir erlebt als Stammgast in einem Café die heimliche Verbundenheit der Stammgäste, findet Freunde und reist an Orte, an denen er Geschichten erzählt bekommt.

Zu guter Letzt findet er die Geschichte seines Herzens auf einer abenteuerlichen Reise, die er unternimmt, um seinem Freund Dr. Mehti einen Gefallen zu tun. Das mühsam errungene besondere Salz, das angeblich für ein Ritual gebraucht wurde, streut Dr. Mehti nun sorglos in den Garten. Aber auf dem beschwerlichen Weg hat sein Freund Tahir »wie durch Zufall« die Geschichte seines Herzens gefunden.

Tahir erzählt seinen Kindern zum Einschlafen ein Märchen von Kindern, die in einem Land aus Tausendundeiner Nacht in einem alten Haus voll guter Geister leben und glücklich sind, und er erinnert sich, wie sein Vater ihm, als er selbst ein Kind war, die Geschichte eines Jungen erzählte, der in die Wüste lief und dort träumte, er sei ein Fisch.

Idris fragte seinen Sohn, ob er die Geschichte gemocht habe.

»Ja«, sagte der Junge.

»Merke sie dir gut«, gab der Erzähler-Vater ihm zu denken. »Im Laufe deines Lebens wird sie sich verändern.«

»Wie denn?«, fragte Tahir.

»Sie wird Früchte tragen.«

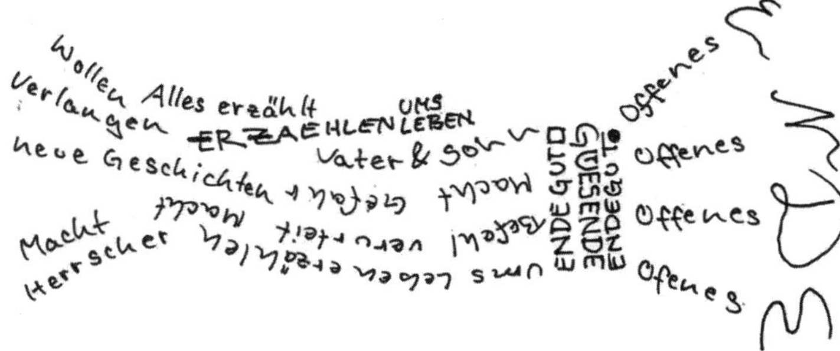

Ein Geschichtenerzähler unter Anklage

Es war einmal ein König, der ließ alles mitschreiben, was sein Geschichtenerzähler zum Besten gab. Als er eines Tages sah, dass eine Geschichte wieder erzählt wurde, die er bereits gehört hatte, wollte er den Erzähler hinrichten lassen.

»Es ist dein eigener Fehler! Es ist deine eigene Schuld!«, grollte er. »Du weißt keine Geschichten mehr. Du hast alles, was du kennst, bereits erzählt und hast nichts mehr. Dabei wäre das deine Aufgabe. Weg mit dir, aus meinen Augen!«

»Gnade!«, rief der Erzähler. »Wenn ich Euch eine ganz neue Geschichte erzähle, werdet Ihr mich dann verschonen?«

»Nun gut«, antwortete der König. »Du darfst mir noch eine letzte Geschichte erzählen und wenn sie endet, endet auch dein Leben.«

Der Geschichtenerzähler seufzte und sprach: »Es war einmal ein Vater, der am Abend seinen Sohn in den Schlaf erzählen wollte,

Ein Geschichtenerzähler unter Anklage: frei erzählt nach Dan Yashinsky, »The Storyteller At Fault«., Ragweed Press, Charlottetown Canada 1950.

aber der Bub tobte und schimpfte: ›Nein, ich will diese Geschichte nicht hören!‹.

›Nun gut‹, sagte der Vater und begann eine andere.

›Nein, nein, diese auch nicht!‹, rief der Sohn. ›Ich will keine Geschichte mehr mit einem guten Ende hören!‹

›Ah, du wirst sehen‹, meinte der Vater. ›Ich kenne viele Geschichten. Schau mal, ob du das Märchen von den Schildkröten, den Menschen und den Steinen magst.‹

›Na gut‹, stimmte der Bub zweifelnd zu.

Da erzählte der Vater, eines Tages seien Schildkröten-Mann und Schildkröten-Frau zum Schöpfer gegangen und hätten sich Kinder gewünscht. Wenn ihr Kinder habt, dann gibt es immer mehr von eurer Art auf der Welt. Damit es nicht zu viele werden, werdet ihr eines Tages verschwinden müssen. Ihr müsst dann sterben, gab der Schöpfer zu Bedenken. Die Schildkröten hörten das und waren einverstanden.

Auch die Menschen kamen und wünschten sich Kinder. Sie wollten so gerne Kinder haben, dass sie es in Kauf nahmen, eines Tages selber sterben zu müssen. So kam der Tod in die Welt‹, sagte der Vater.

›Ja‹, sagte der Sohn, ›das ist nicht … und sie lebten lange und glücklich ... das ist wirklich kein gutes Ende. Aber was war mit den Steinen?‹

›Die Steine‹, antwortete der Erzähler, wollten lieber ewig leben als Kinder haben.‹

›Papa, wie alt bist du?‹, fragte der Bub und sie sprachen über Leben und Sterben.

Von nun an erzählte der Vater seinem Sohn jeden Abend eine Geschichte ohne gutes Ende.

Er erzählte von zwei Soldaten, die während des Krieges durch einen erstaunlich klaren Traum ein Grab mit einer Armbanduhr und einem Familienfoto fanden, die sie in Ehren hielten. Er erzählte von einem kranken Mädchen, das aus Freude über eine Schlüsselblume den Sommer erlebte und danach starb, von einem Fremden, der in ein seltsames Haus kam und fragte, ob er zu Gast bleiben dürfe. Da wurde er an den Vater des Gefragten verwiesen, von diesem an seinen Vater und so immer weiter, weiter und weiter… und weiter, bis er den Vater des Hauses fand, der urururalt und verhutzelt war und ihm erlaubte, zu bleiben.

Der Vater erzählte seinem Sohn Geschichten, die seltsam und dabei zauberhaft waren. Er erzählte von einem Flugwettbewerb der Vögel, in dem ein kleiner, zauberhafter Vogel gegen den Adler durch eine List gewann. Er erzählte, warum das Herz der Menschen die Sehnsucht nach dem Schöpfer in sich trägt und wie ein Meister der Teezeremonie einen Samurai »besiegte«, weil er sich dem Tod gestellt hatte.

Der Vater erzählte dem Sohn, wie ein stiller Prinz unter Lebensgefahr zum Sprechen gebracht wurde und wie Ali der Perser dem Kalifen Harun al Raschid eine wahre, selbst erlebte Geschichte erzählte, um ihn aufzuheitern und behauptete, dies sei geschehen: er, Ali der Perser persönlich, habe sich mit einem anderen Mann um den Besitz einer Tasche gestritten. Sie hätten vor dem Kadi immer wildere Fantasien über deren Inhalt von sich gegeben und endlich habe der Kadi beschlossen, einfach in die Tasche hineinzuschauen.«

Viel ausführlicher als ich es Euch erzählen kann, malte der Erzähler, den der König schuldig gesprochen und zum Tode verurteilt hatte, jedes Detail seiner letzten Geschichte, die zehn Geschichten von Tod und Leben in sich trug, mit Worten und Gesten aus.

Als aber der Kadi in seiner Geschichte, nach Anhören der Litaneien der beiden, die um die Tasche stritten, endlich beschloss, in die Tasche zu schauen, schaute der schuldig gesprochene Geschichtenerzähler den König an und verkündete, hier könne er nicht weiter erzählen.

Das wollte der König nicht gelten lassen. Der Erzähler jedoch erklärte, seine Rahmengeschichte, die Erzählung vom Vater, der seinem Sohn Geschichten ohne gute Enden zum Einschlafen erzählte, sei noch nicht zu Ende, denn an eben dieser Stelle sei er, der wirkliche Vater eines Sohnes von den Wachen des König abgeholt worden, weshalb er wahrhaftig nicht wissen könne, wie die Geschichte ende. Und er werde es auch nie erfahren, weil er nun wohl sterben müsse.

Da hatte der König ein Einsehen. Er entschied, dass der Geschichtenerzähler nicht hingerichtet werden solle, sondern nach Hause zu seinem Sohn gehen dürfe.

›Aber was war wirklich in der Tasche? Wahrscheinlich nur ein paar Olivenkerne, eine getrocknete Brotrinde, eine dürre Orangenschale und eine Geschichte.‹

›Ja, genau das fand er‹, sagte Ali der Perser. ›Also ist es wahrscheinlich doch nicht meine Tasche gewesen.‹

Da lachte der Kalif Harun al Raschid. Er lachte und lachte und lachte.«

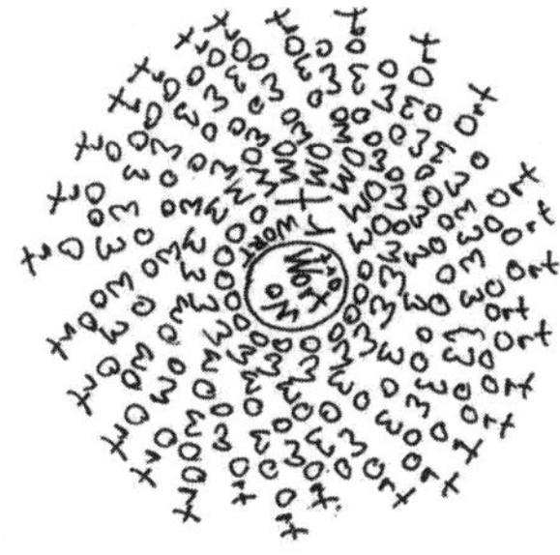

Eine Stimme macht Worte hörbar

Eine Stimme macht Worte hörbar: frei erzählt nach Joel Ben Izzy, »Der Geschichtenerzähler oder das Geheimnis des Glücks«, Verlag Herder, Freiburg im Breisgau 2007.

Joel ben Izzy, in einer jüdischen Familie in einem ärmlichen Vorort von Los Angeles aufgewachsen, war ein erfolgreicher Erzähler. Er wurde zu Auftritten in alle Welt eingeladen, an Orte, die verstreut waren wie die Sterne am Himmel. Er erzählte in Hawaii, am nördlichsten Ende Irlands, in Jerusalem und in der Schweiz. Überall reiste er mit den Zuhörenden an weit entfernte innere Orte. Er hatte als Kind zu erzählen angefangen, weil sein Vater eine seltene, stetig fortschreitende Krankheit hatte, und Joel seine Mutter, die die Last des Kummers und der materiellen Knappheit mit Lächeln überspielte, aufmuntern wollte. Das Auftreten und Geschichten-Erzählen ergab sich daraus wie von selbst. Er war verheiratet, hatte Kinder, liebte seinen Beruf und war erfolgreich.

Aber eines Tages fand ein Arzt bei Joel ben Izzy, dem berühmten Künstler, Schilddrüsenkrebs, der, wie der Arzt sagte, sofort operiert werden müsse.

Der Erzähler erwachte nach der Vollnarkose und hatte keine Stimme mehr. Und damit begann eine innere Reise, die ihn in ratlose, traurige und verzweifelte Stimmungen führte.

Sie führte ihn auch zu seinem früheren Lehrer Lenny, den er lange nicht mehr gesehen hatte. Lenny hatte eine schroffe, grobe Art, hielt ihm schonungslos den Spiegel vor und erzählte ihm dazu eine Fülle herber Geschichten, Geschichten, die schlecht oder gar nicht ausgingen.

»Du ärgerst dich?«, knurrte er. »Du vergehst vor Selbstmitleid? Du möchtest deiner eigenen Geschichte am liebsten entkommen? Aber das kannst du nicht. Es ist eine Geschichte, eine wahre Geschichte und du hast sie durchzustehen. Was würdest du sagen, wenn ein Held in einer deiner Geschichten, bevor du sie zu Ende erzählen konntest, zu protestieren beginnt und verlangt, dass du ihn da heraus holst?«

Joel ben Izzy hatte zwei kleine Kinder, die nicht verstanden, was geschah und sich stürmisch die Geschichten wünschten, die sie von ihrem Papa gewohnt waren. Joel und seine Frau Taly waren auf einmal wie in verschiedenen Welten.

Joel war verwirrt, verzweifelt und zutiefst unglücklich. Er wusste nicht, wie er mit all den seltsamen Situationen umgehen sollte, in die er kam. Am Telefon wurde er für ein kleines Kind gehalten, weil seine Stimme kaum hörbar war. Er gab es auf, mit seiner schwerhörigen Mutter zu telefonieren und brach den Kontakt mit ihr ab, um ihr Kummer zu ersparen.

Tag für Tag hoffte Joel, er werde nach und nach wieder hörbar sprechen können, wie die Ärzte es vorhergesagt hatten. Die Zeit verging, aber was er gehofft hatte, geschah nicht. Der Erzähler begriff, dass seine Stimme endgültig verloren war.

Sein Lehrer Lenny sagte ihm schonungslos, dass er am Ende sei: Ein Erzähler, der nicht mehr erzählen konnte, auch wenn er die allerschönsten Geschichten kannte.

Der Erzähler hatte sich den Künstlernamen »Joel ben Izzy« gegeben, weil sein Großvater namens Izzy in der Familie für seine schönen Geschichten bekannt gewesen war und »ben« so viel wie »Sohn von« heißt.

Joel ben Izzy hatte von seinem Lehrer einen Hut bekommen, den er stolz zu seinen Auftritten trug. Eines Tages, als sie beisammen saßen und Wasser tranken, Joel aus einem gewöhnlichen Glas und Lenny, sein Lehrer, aus einem grazilen, farbigen Kristallglas mit hohem Stiel, das er geerbt hatte, beklagte Joel sich mit leidender Flüsterstimme über sein Schicksal. Er malte in düstersten Farben aus, was es bedeute, dass er nicht mehr arbeiten könne.

Da warf sein Lehrer den Erzähler – Hut ins Kaminfeuer, wo er in Flammen aufging.

Er sagte keine freundlichen, aufmunternden Worte. Er machte ihm weder Hoffnung noch Mut. Er konfrontierte ihn nur wieder und wieder in Erzählungen mit der erschütternden Wirklichkeit.

Joel war, obwohl er darunter litt, oft bei Lenny, der selbst ein einsames, trauriges Leben führte, aber eines Tages auch von seiner liebevollen, wunderbaren Frau erzählte, die kurz nach der Hochzeit krank geworden und gestorben war.

Und dann, eines Tages, erlebte Joel so etwas wie ein Wunder. Er hatte noch immer keine Stimme. Seine Stimme war ein Stück seiner Identität gewesen. Er hatte vom Sprechen und vom »Ankommen« seiner Geschichten und seiner präsenten Persönlichkeit gelebt. Er war ein Auftrittsmensch gewesen und konnte es nicht mehr sein. Da entdeckte er das Zuhören, freute sich am Klang der Stimme seines Sohnes, freute sich an den Klängen der Welt, die er neu wahrnahm.

Als seine Mutter im Sterben lag, überschritt er eine Schwelle, die die beiden bis dahin immer vermieden hatten: er fragte sie eingehend nach ihrer eigenen Geschichte, hörte zu und erfuhr vieles von ihrem Leben und seinen Vorfahren, das sie bisher immer verschwiegen hatte. Er ließ sie endlich von seiner eigenen Erkrankung wissen. Sie, die im Sterben lag, tröstete ihn, wie eine Mutter ihr Kind tröstet. Und vieles löste sich.

Taly, seine Frau, und er verstanden sich wieder. Sie gestand sogar, dass sie »den neuen Joel«, der zuhörte, gerne möge, lieber als den alten, der immer etwas zu sagen gehabt hatte.

Lenny starb und vererbte Joel das kostbare Glas.

Der Erzähler hatte in kurzer Zeit Tode und Umbrüche erlebt. Er hatte viel Kummer gehabt und eines Tages begriffen, dass er selbst dem Tod von der Schippe gesprungen war, aber auch dass seine Krebserkrankung Vergangenheit und er geheilt war.

»Geheilt«, dachte er sich. »Aber ohne Stimme! Wer bin ich da noch?«

Da bekam Joel ben Izzy eines Tages einen Anruf von einem Arzt, der sagte, er habe eine Behandlung entwickelt, bei der eine Art Klötzchen auf ein Stimmband drücke und dem anderen Stimmband wieder ermögliche, zu schließen, sodass Joel vielleicht seine Stimme wiederbekommen könne, aber der Versuch sei nicht ungefährlich.

Der Erzähler fuhr zu einem Mann, bei dem die selbe Operation misslungen war. Mit kaum hörbarem Flüstern erzählte dieser, wie er damit lebte, dass er das Risiko angenommen und seine Chance gehabt habe.

Joel sagte mit sehr gemischten Gefühlen zu. Die Operation wurde bei wachem Bewusstsein durchgeführt. Das tat, dank der lokalen Narkose, nicht weh, aber Joel spürte, wie in seinem Hals etwas gemacht wurde. Zwei Mal wurde er aufgefordert, zu sprechen, aber es war kein Klang zu hören. Dann hörte er, dass ein begleitender Arzt empfahl, es aufzugeben, da sei eben nichts zu machen.

Der Arzt, der diese Operationsmethode entwickelt hatte, wollte es aber noch ein drittes Mal versuchen und dieses Mal hörte Joel fast ungläubig nach langer Zeit wieder seine eigene Stimme.

Nun hieß es warten und schweigen, bis nach einem Monat alles verheilt sei. Und dann war des Erzählers Stimme so kraftvoll wie vor seiner inneren Reise.

Joel ben Izzy schrieb diese erlebte Geschichte auf.

Er verflocht verschiedenste Motive und Geschichten-Fäden.

Er flocht in die Erzählung aus der rauen Wirklichkeit nachdenkliche Betrachtungen ein, und Wissen vom Erzählen und alten Traditionen.

Er gab dem Geschichten-Gewebe die ehrlichen Farben seiner Gefühle und Gedanken. Und er wob eine Fülle traditioneller Geschichten aus seinem Erzählschatz genau da in die geschehene Geschichte hinein, wo sie mit ihrer Bedeutung, ihren symbolischen Bildern und Metaphern ein weiteres Licht auf sein Erlebtes warfen.

Eine schriftliche Erzählung entstand auf diese Weise; vom Geschichtenerzähler und dem Geheimnis des Glücks.

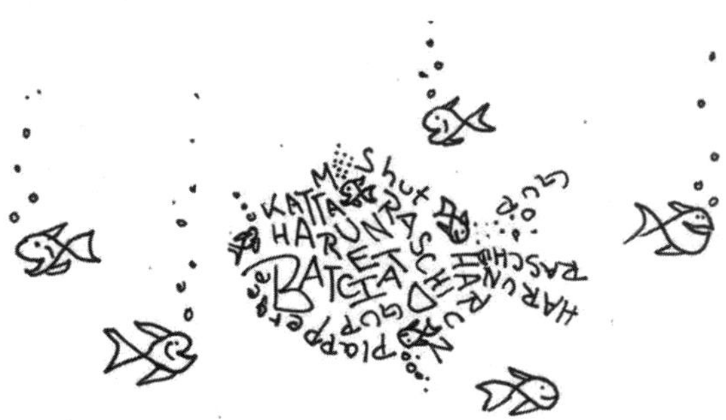

Plappern, schweigen – oder wirksame Worte sprechen

Ein Unglück ereilt den Geschichtenerzähler Raschid Khalifa und seinen Sohn Harun: Raschids Frau, Haruns Mutter, ist mit dem geschichtenhassenden, hageren, nüchternen Nachbarn durchgebrannt. Dadurch gerät alles im Leben von Vater Raschid und Sohn Harun ins Wanken. Harun entfährt der Satz: »Wozu sind Geschichten gut, die doch nur erlogen sind?«

Plappern, schweigen – oder wirksame Worte sprechen: frei erzählt nach Salman Rushdie, »Harun und das Meer der Geschichten«, Kindler Verlag, München 1991.

Da verschlägt es Raschid, dem Geschichtenerzähler, der sonst nie um Worte verlegen war, die Sprache. Und das ist für ihn und seinen Sohn verhängnisvoll. Denn sie beide leben ja von Raschids Fabulierkünsten. Harun bedauert, das Gesagte nicht rückgängig machen zu können. Und dann macht er sich auf eine fantastische Reise und wird zum Helden der eigenen Geschichte.

Er erfährt vom »Meer der Geschichtenströme«, gelangt in eine Welt, in der es zwei Völker gibt, die Guppees, die gerne plappern und plaudern und die Chupwalas, die vom Kultmeister Khattam Shud regiert werden, der das Ende aller Geschichten und das Verstummen der Fantasie verkörpert.

Harun erfährt auf seiner Reise, dass in Gup, dem Land des Plauderns und Fabulierens, die hässliche Prinzessin Batcheat lebt, deren Liebe zu Prinz Bolo von Gup so groß ist, dass sie alle berühmten Geschichten auf den Namen ihres Liebsten hat umdichten lassen (was – im Vertrauen gesagt – klägliche Poesie ergab).

Batcheat ist vom nüchternen Volk der Chupwalas entführt worden.

Harun erfährt, dass das Geschichtenabonnement seines Vaters, das ihm zuvor regelmäßigen Nachschub aus dem Meer der Geschichtenströme gesichert hatte, gekündigt worden sei. Er versteht, dass sein Vater Raschid aus diesem Grund nicht mehr erzählen kann.

Harun gewinnt in Gup, dem Land des Fabulierens, Freunde und Verbündete, natürlich alle von skurriler und fabelhafter Natur.

Durch seine Begegnungen und Gespräche erfahren wir, dass Geschichtenströme fließen wollen und lebendig sind und dass sie gepflegt werden, als wären sie Gewächse in Gärten. Wir erfahren, wie wertvoll, gegenüber dem Verschleiß immer »neuer« Geschichten, gepflegte alte Geschichten sind.

Wir erfahren andererseits von der verzwickten Natur der Macht, die freies Erzählen und freie Meinungsäußerung verhindert, verbietet und verunglimpft. Wir erleben, wie es den Erzählenden durch diese Machtausübung die Sprache verschlägt und dass bei den Chupwalas aktiv »Dunkelquellen« statt Lichtquellen aktiviert werden.

Das Meer der Geschichtenströme ist schrecklich verschmutzt. Aber es kommt noch schlimmer: Der böse Kultmeister Khattam-Shud, der das Enden und Verstummen jeglichen Erzählens und Lebens anzielt, will nun auch noch die Quelle der Geschichten, die das Meer der Geschichtenströme aus der Tiefe speist und reinigt, zustöpseln lassen.

Was er an Geschichten verabscheut ist, dass er sie nicht beherrschen kann.

Würde die Quelle verschlossen, wäre das das Ende nicht nur von Raschids, sondern von jeglichem Erzählen, Fabulieren und Erfinden und der Beginn der absoluten Macht von Khattam Shud, dem Kultmeister des Verstummens und der völligen Regierbarkeit der Menschen.

Raschid, Haruns Vater, wird nun im Geschichtenland aktiv. Zum Glück kennt er eine besondere Gebärdensprache. Sie ermöglicht es, einen neuen Verbündeten zu verstehen, der Sprachlosigkeit zu entgehen und die Freiheit des Denkens, die durchs Erzählen gewährt wird, zu retten.

Mithilfe seiner Freunde gelingt es Harun, in einer mutigen Tauchaktion die Quelle freizumachen, sodass das Meer der Geschichtenströme wieder rein und kraftvoll wird.

Zum Dank wird von den Guppees das Geschichtenabonnement von Haruns Vater Raschid erneuert, sodass er wieder erzählen kann.

Harun nimmt Abschied von seinen Freunden im Geschichtenland und kehrt in die wirkliche Welt zurück. Hier stellt sich heraus, dass Haruns Mutter zurückgekehrt ist, und alles wird wieder gut.

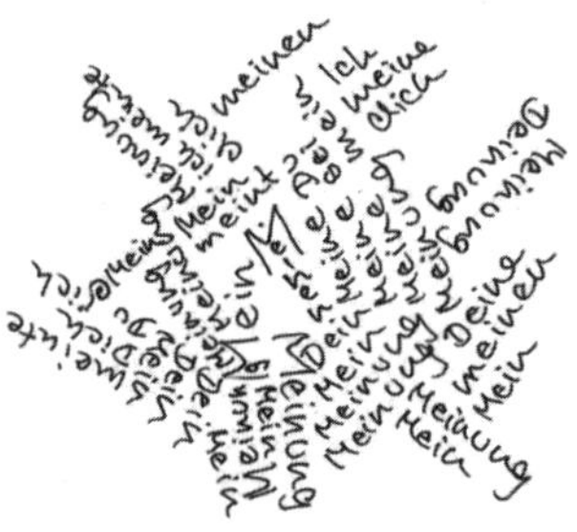

Erzählen, was werden soll: frei erzählt nach Rafik Schami, »Eine Hand voller Sterne«, Beltz und Gelberg, Weinheim und Basel 1987.

Erzählen, was werden soll

Rafik wächst in der uralten und zugleich modernen Stadt Damaskus auf. In Form eines Tagebuches erzählt er von seiner Sicht der Welt, von Menschen, die ihm wichtig sind und Geschehnissen des Alltags, zu denen er Stellung bezieht. Was für eine Welt ist das, in der sein Freund, der alte Kutscher Salim, ins Gefängnis kommt, weil er seine Meinung sagt? Die politische Lage ist von Unterdrückung systemkritisch denkender Menschen, von Instabilität und Ungerechtigkeiten geprägt.

Der Bub, der von der Welt seiner Kindheit erzählt, zeigt sich findig und gefühlvoll. Ungeachtet des Altersunterschiedes ist er mit Salim tief verbunden. Ein Jugendlicher, der einen alten Mann seinen Freund nennt? Ja. Es stimmt und ergibt Sinn.

Je weiter wir Rafik in seinen täglichen Gedanken und Beobachtungen folgen, desto klarer wird, dass hier eine Freundschaft der inneren Überzeugungen und der Wertschätzung gewachsen ist, die auf individuellen Haltungen beruht und vom Alter unabhängig ist.

Rafik kann Streiche spielen und hat eine Lausbubenseele, aber er kann sich auch bis über die Ohren verlieben. Er schreibt Gedichte und ist gerührt und begeistert, dass er sie mit Hilfe eines wohlmeinendes Lehrers veröffentlichen kann. Er nimmt Anteil an den Erlebnissen seiner Freunde und hasst die Arbeit in der Bäckerei seines Vaters, die ihn zeitweise vom Schulbesuch abhält.

Er grämt sich, weil seine Geliebte ihn nicht wahrzunehmen scheint, und freut sich ehrlich, als er erfährt, dass widrige Umstände sie von ihm ferngehalten haben und auch sie ihn liebt. Dann pflegt er treu die Beziehung zu ihr.

Rafik findet »seine Sterne«, von denen er wohl nach und nach mehr als nur eine Handvoll hat, in Begegnungen und Beobachtungen seiner Welt, in einem Handwerkerviertel seiner Heimatstadt.

Damaskus zeigt sich als Gemisch von unhaltbaren aktuellen Umständen und über Jahrhunderte gewachsener menschlicher Eigenart mit Zauber und Poesie.

Mit Freunden gemeinsam druckt Rafik eine »Sockenzeitung«, die gegen die Verbote, trotz der Gefahr, mutige und klare politische Aussagen trifft und auf originelle Weise in billig verkauften Socken die Menschen erreicht. So wird auf findige Weise die Zensur umgangen. Die Erzählung, wie dem jungen Burschen diese Idee kommt, ist von Zielstrebigkeit und sympathischer Selbstverständlichkeit durchwoben. Der Aspekt von Heldenmut, der sichtbar wird, verführt den jungen Erzähler nicht zur Angeberei.

In Rafiks Erzählung klingt durch, wie Geschichten, Fantasien und innere Bilder ihn leiten und ihm eine deutliche Sicht dessen, was sein soll, vermitteln. Das Mitteilen seiner Beobachtungen und Gedanken ist ihm wichtig. Es wird durch das Ringen mit den Notwendigkeiten des Alltags reichhaltiger, genau weil es zu ihnen in Widerspruch steht.

Rafik beobachtet die Lebensbedingungen seines Vaters, des Bäckers und dessen schweres Arbeitsleben, an dem er selbst als Sohn sich nur dann beteiligt, wenn es unvermeidlich ist. Rafik gewinnt aus diesem Teil seiner Realität eine Orientierung, wohin er selbst in seinem Leben sicher nicht will. Langsam schält sich, in kleinen Ereignissen, Dialogen und Begegnungen, sein eigener Weg heraus, der ein Weg der Worte, der Veränderung und der überraschenden Wendungen ist.

Im Gedicht »Der fliegende Baum«, das er später zu einem ausführlichen modernen Märchen ausbauen wird und das sein erster literarischer Erfolg ist, kündigt sich eine poetische Migrationsgeschichte an, die von Verfolgen der eigenen Werte und Überzeugungen getragen ist.

In einer kleinen Szene hört Rafik seine Mutter sagen, man könne »etwas nicht nur erzählen, weil es so ist, sondern auch, weil es so sein soll«.

Und damit öffnet sich die Tür zur Wirksamkeit der Worte und des Erzählens, die genau aus ihrem erlebten Gegenteil Kraft schöpft: aus dem Verbot der freien Meinung und ihrer Mitteilung. Es wird klar, wie notwendig der Widerstand für ihn ist – und das Eintreten für das, was er persönlich als richtig erkennt.

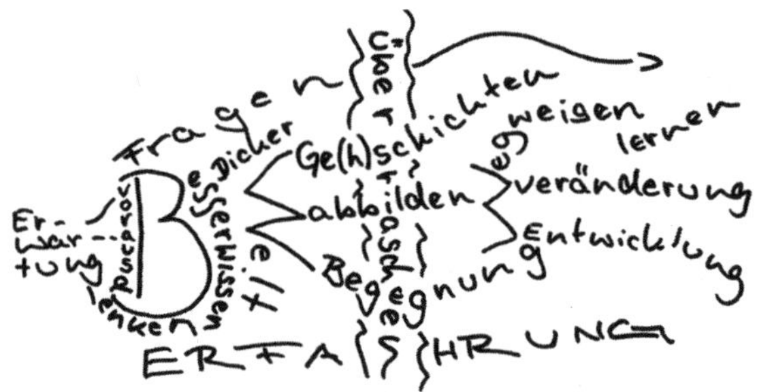

Wie Geschichten Lebenswissen mitteilen

Demian läutet an der Tür seines Psychotherapeuten, den er, ein wenig respektlos, aber vertraulich, den Dicken zu nennen pflegt. Auf sonderbare Weise klingt dennoch Wertschätzung mit, wenn er von einer Reihe von Begegnungen erzählt.

»Was er mir heute wohl wieder bieten wird?«, fragt sich Demian. Und dann erzählt er, was er, der Student, sich denkt.

Wie Geschichten Lebenswissen mitteilen: frei erzählt nach Jorge Bucay, »Komm, ich erzähl dir eine Geschichte«, Ammann Verlag, Zürich 2005.

Mir als Leserin scheint er etwas grün hinter den Ohren. Sein Widerwille gegen Autoritäten, seine Haltung, die in einer Mischung von Zweifel, Ratsuchen und Überheblichkeit besteht, und seine Neugier auf das, was der weise Mann ihm erzählt, bestimmen seinen Blick auf das Geschehen. Die wirklichen Themen und Fragen des jungen Demian, der seinem Namensvetter in Hermann Hesses Erzählung ähnlich genug ist, werden in jedem Kapitel dieses psychotherapeutischen, also »die Seele heilenden«, Weges mit einer Geschichte, einem Gedicht oder einer Vorstellung aufgewogen, die

Überzeugungen in Frage stellt, Sichtweisen neu beleuchtet oder Werte vermittelt.

Demian bleibt skeptisch, stellt sich aber immer mehr der Verwirrung, die die unerbittliche Haltung und die eigenständigen, oft provokativen Aussagen des Therapeuten hervorrufen. Demian vermittelt uns, die wir ihm über die Schulter schauen dürfen, ein vielschichtiges Bild davon, wie ein Mentor einen jungen Menschen mit Geschichten und Erzählen ein Stück weit in die Welt hinaus begleitet.

Wie erstaunlich ist es, dass diese ganze Geschichte aus der Feder einer realen Person, »des Dicken«, geflossen zu sein scheint, der sich all das durch die Augen seines Klienten angeschaut und es uns so erzählt hat.

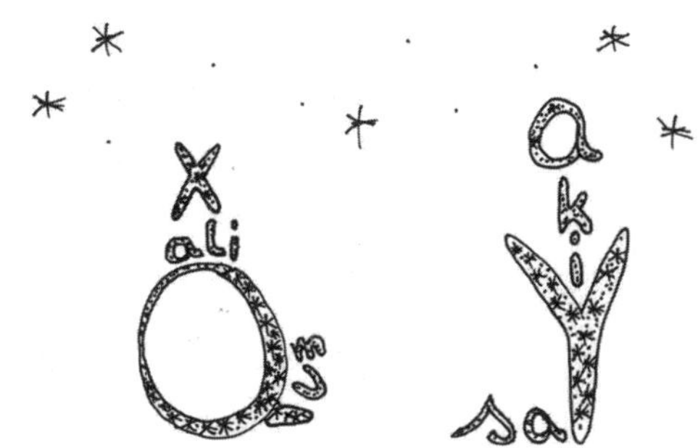

Erzählen und lieben

Erzählen und lieben: frei erzählt nach Sue Harrison, »Der Ruf der Sterne«, Limes Verlag, München 2000.

Kuy`aa war eine alte Frau und eine erfahrene Erzählerin. Sie lebte vor langer, langer Zeit in einem kalten, stillen Land.

Eines Tages machten sie und der junge Erzähler Yikaas, der viel von ihr gelernt hatte, sich im Kajak auf den Weg an einen fernen Ort zu einem anderen Stamm, um an einem Treffen von Erzählenden teilzunehmen.

Kuy`aa hatte schon viele solche Treffen erlebt und Yikaas darauf vorbereitet. Er wusste also, dass respektvoller Umgang der Erzählenden untereinander wichtig war, dass das Ereignis Tage und Nächte dauern werde, dass die Zuhörenden nach eigenem Belieben kommen und gehen würden, sich mit ihrem Wunsch, was und wen sie hören wollten, nicht zurückhalten würden und er wusste seinen Teil jener Geschichten, die von legendären Menschen vor Tausenden von Jahren erzählten und von denen jeder Erzähler andere Episoden kannte.

Yikaas war verblüfft, dass die Zusammenkunft von der jungen Frau Qumalix geleitet wurde. Es stellte sich heraus, dass Qumalix schon in jungen Jahren in die Erzählstoffe eines alten und angesehenen Erzählers eingeweiht worden war.

»Zuletzt war er so schwach«, sagte Qumalix, »dass jedes Wort so langsam aus seinem Mund kam, wie eine Frau mit der Ahle Löcher stanzt für einen Saum«.

Yikaas begriff, dass sie ein sehr begabtes und geduldiges Kind gewesen sein musste, um auf diese Weise die Geschichten zu erlauschen und erlernen. Er verstand nun, dass sie trotz ihrer Jugend bereits eine erfahrene und angesehene Erzählerin war.

Qumalix leitete nicht nur die Zusammenkunft, sondern übersetzte das Erzählte auch aus der Sprache der »Flussmenschen« in die der »Ersten Menschen« und zurück, damit alle, die da waren, an allen Geschichten Anteil nehmen konnten.

Der Erzähler Himmelfänger trat großsprecherisch auf und brachte Yikaas dazu, an sich selbst zu zweifeln. Yikaas nahm an, Himmelfänger habe Qumalix´ Liebe errungen und wurde uneins mit sich und der Welt.

Durch Tage und Nächte hindurch wurde eine nach der anderen der langen, alten Sagas erzählt und führten die Menschen auf innere Reisen in uralte Zeiten. Die Zuhörenden dachten und redeten mit, weil auch sie einen guten Teil der alten Geschichten kannten. Sie stellten Fragen und nahmen lebhaft an den Gefühlen der Geschichtengestalten Anteil. Die Erzählerinnen und Erzähler forderten einander mit ihren Kenntnissen des Geschehens und seiner Nebenhandlungen heraus und würdigten gegenseitig ihr Wissen.

Inzwischen waren Qumalix und Yikaas in den Pausen zusammen spazieren gegangen, hatten einander besser kennengelernt und Beobachtungen ausgetauscht. Yikaas rang um Anerkennung der Zuhörenden und Erzählenden, besonders aber um die Wertschätzung von Qumalix. Yikaas beobachtete, welche Themen die Menschen hier in der Fremde mochten und was für Geschichten sie verlangten. Er verglich sie mit den Vorlieben der Zuhörenden in seiner Heimat.

Stunden, viele Stunden, Tage und Nächte lang hörten und erzählten sie von Reisen und Lebensentscheidungen, von Gefahren und wunderbaren Wendungen, von der Herkunft und Vorgeschichte der legendären Gestalten. Dazwischen sannen sie über das Erzählen selbst nach, lernten einander kennen und tauchten in die menschlichen Begegnungen der jahrtausendealten Stoffe ein, die sich wie Wasserspiegelungen ähnelten.

Yikaas´ Rivale Himmelfänger tat einiges, das plump, kindisch und ungeschickt wirkte. Er zeigte sich von kleinen Bemerkungen beleidigt, drängte sich vor und erzählte auf eine Weise, die Yikaas und Qumalix kunstlos fanden.

Yikaas gewann Zuversicht. Er wagte es, eine Geschichte zu erzählen, deren Held nicht nur gut war.

Qumalix empfand, dass eine solche Geschichte nicht einfach anzuhören sei, weil das anteilnehmende Publikum sich sicherlich darin unsicher fühlen müsse, ob es die Hauptperson mag oder nicht. In der Folge müsse es auch dem Erzähler schwerfallen, der Geschichte Kraft zu verleihen, so dachte sie.

Doch Qumalix erkannte Yikaas´ Wagnis an und ein Band des Verstehens spann sich zwischen beiden. Neben den Schicksalen sagenhafter Gestalten aus alter Zeit tauchte in ihr ebenso der Gedanke auf, wie es sei, an einem fremden Ort mit fremden Lebensumständen eine Familie zu gründen, wie es sei, wenn ein Erzähler und eine Erzählerin zusammenlebten...

Die Heldin in Yikaas´ nächster Geschichte war eine Frau. Das missfiel einem Händler und auch anderen Zuhörenden. Sie meinten, die Gefühle einer Frau seien nicht so spannend, wie die eines Mannes. Yikaas sprach leidenschaftlich dagegen und erklärte, wie intensiv seine Heldin empfände und wie wertvoll ihr Erleben sei. »Mann oder Frau, es ist immer gut, das Leben durch die Augen von jemand anderem zu sehen«, erklärte er.

Yikaas´ Mut und Bestimmtheit wurden immer offensichtlicher.

Auf der anderen Seite benahm Himmelfänger sich kindisch, wurde von einem Zuhörer aufgefordert, näher zu kommen und sich nicht überlegen zu geben, und tat mit schmollendem Ausdruck, was ihm nahegelegt wurde.

Beim Erzählen und Nachdenken über die Geschichten kamen Yikaas und Qumalix also einander näher: Die Zeit verging und es kam der Tag, da hörte ihr gemeinsamer kleiner Sohn Geschichten. Eine davon handelte von einem sehr kundigen Erzähler, der seines Alters wegen langsam sprach, so langsam, dass jedes Wort aus seinem Mund kam, wie eine Frau mit der Ahle Löcher stanzt für einen Saum. Neben ihm saß ein kleines, geduldiges Mädchen, das lauschte und sich alles merkte. Sie freute sich von Herzen über den Schatz, der ihr überreicht wurde. Sie gab ihn großzügig weiter. Was für ein Wunder, dass der Schatz, je öfter sie ihn mitteilte, nicht kleiner sondern größer wurde!

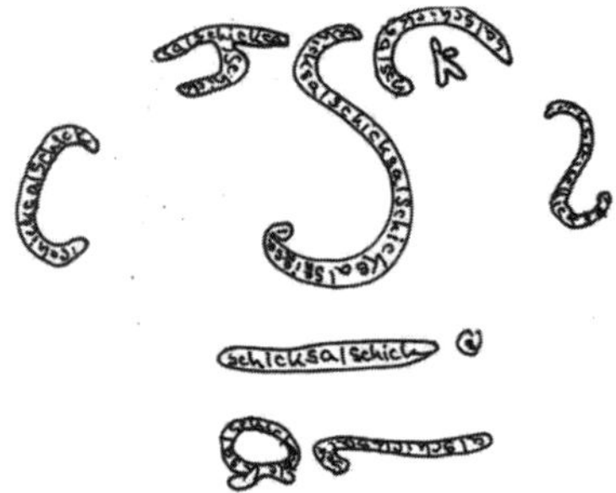

Wie Schicksale sich in Bildern verflechten

Es stand einmal in einer abgelegenen Gegend ein Schloss, in dem während einer unwirtlichen, wilden Nacht einige Reisende Zuflucht suchten. Am Abend saßen sie zusammen. Sie hatten sich glücklich vor den tobenden Elementen in Sicherheit gebracht und Hunger und Durst waren gestillt. Weiterreisen konnten sie wegen des Wetters und der Dunkelheit nicht.

Weil es ihnen aber allen, wie sie verwundert bemerkten, die Sprache verschlagen hatte, begannen sie, mit den Bildern eines großen, alten Tarock-Spieles, das vor Ort auftauchte, ihre Geschichten zu erzählen.

Wie Schicksale sich in Bildern verflechten: frei erzählt nach Italo Calvino, »Das Schloss, darin sich Schicksale kreuzen«, Fischer Verlag, Frankfurt am Main 2014.

Erstaunt beobachtete der Erzähler, durch dessen Augen wir das Geschehen miterleben, wie die Geschichten sich miteinander verflochten. Wie ein Bild in der einen Geschichte ganz gewiss auch in einer anderen erscheint, um sich dort zu verändern. Zum Beispiel ein Liebender, der in die Welt hinaus reitet, um seine entführte Geliebte zu befreien – und das gleiche Bild als »roter Faden« in einer anderen Geschichte, um dort eine veränderte Bedeutung zu erlangen, vielleicht zu einem selbstversunkenen Reiter führt, der in Gefahr ist, von Räubern überfallen zu werden...

Der Erzähler musste staunen, als er aus den stummen und doch so lebhaften Bildfolgen Geschichten mit Namen, Gefühlen und dramatischen Wendungen herauslas. Wie die Geschichten ein buntes, vielschichtiges, schillerndes Geflecht bildeten. Er beobachtete, wie die Haltungen und Gesten der wortlos Erzählenden ihre Geschichte färbten. Stumm kommentierte er ihren Erzählduktus und argwöhnte, einer der Gäste habe sich alle aussagekräftigen Karten gleich zu Beginn gesichert und damit die anderen gezwungen, die übrig bleibenden abstrakten, weniger bildkräftigen Karten zu benützen.

Der »italienische Grimm«, Italo Calvino (1923–1985), variierte dieses Feuerwerk von Erzählbeobachtungen und klingenden, farbigen Details, indem er Ähnliches auch in einer Taverne geschehen ließ, wo volkstümlichere, weniger edle Karten Verwendung finden und die Stimmung, in die der Erzähler uns mitnimmt, eine rauere ist.

Ein erzählerisches Spiel mit Bildern, Zusammenhängen, Bedeutungsebenen und vielfältigen Deutungen entfaltet sich vor unseren Augen.

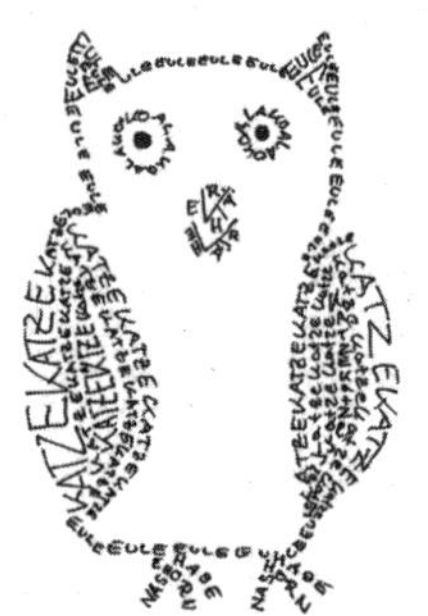

Eine lehrreiche Geschichten-Kette

Was geschieht, wenn eine Geschichte in einer Geschichte in einer Geschichte vorkommt – und dies noch sieben Mal? In diesem Fall ist es zuerst überraschend, verlockt dann zum Schmunzeln und fühlt sich zuletzt wie ein Zuhause an.

Da sind eine Reihe von Tiermüttern. Jede fragt ihr Kind, was das Wichtigste im Leben sei. Jedes der Kinder lässt sich nur widerwillig, »weil es wohlerzogen ist«, auf das Gespräch ein und jedes Mal sind Tiermutter und Kind sich schnell über die Antwort einig.

Eine lehrreiche Geschichten-Kette: frei erzählt nach Janwillem van de Wetering, »Die kleine Eule und der Weg ins Leben«, Verlag Carl Hanser, München Wien 1994.

Für die Eulen ist wahre Weisheit das Wichtigste im Leben, dies mit dem Wissen, warum etwas auf eine bestimmte Weise getan wird. Für die Koalas ist das Wichtigste, »es« gut zu meinen, zu lieben und zu helfen. Die Krähen wollen herauszufinden, was sie zu sagen haben und es dann ordentlich aussprechen. Den Katzen ist es am wichtigsten, die Dinge bestmöglich zu tun. Den Nashörnern liegt am Herzen, mit aller Kraft zu handeln und niemals nachzulassen.

Die Hasen finden Wachsamkeit und Aufmerksamkeit am wichtigsten und die Faultiere sehnen sich danach, sich zu versenken und tief in die Dinge einzudringen. – So hat in diesem Reigen der Fragen und Antworten jede Art ein eigenes Anliegen.

Mit der persönlichen Erkenntnis aus dem Gespräch geht jedes dieser Tierkinder hinaus in die Welt und begegnet einem anderen Tier. In der Begegnung erprobt es die neue Erkenntnis, erntet dabei jedoch einen Misserfolg, kehrt nach Hause zurück und bekommt von der Mutter zum Trost eine Geschichte erzählt: »Es war einmal«, hört das Eulenkind. »ein kleiner Koala.«

»Es war einmal«, hört das Koalakind, »eine kleine Krähe.«

»Es war einmal«, hört die kleine Krähe, »eine kleine Katze.«

»Es war einmal«, hört das Kätzchen., »ein kleines Eichhörnchen.«

»Es war einmal«, hört das Eichhörnchen, »ein kleines Nashorn.«

»Es war einmal«, hört das Nashornkind, »ein Häschen.«

»Es war einmal«, hört das Häschen, »ein kleines Faultier.«

So ergibt sich eine Kette mit Tierkindern, die voneinander erzählt bekommen.

Wohin kann das führen? Wie durch ein Wunder tauchen alle Tiere an einem gemeinsamen Ort auf. Sie begegnen sich und beschließen, gemeinsam hinaus in die Welt zu gehen, um einander beistehen zu können.

Ein Tierkind nach dem anderen ist »herbeierzählt« und eine fröhliche Spiel- und Abenteuergemeinschaft keimt aus der Kette der Erzählungen heraus. Das haben wir mit einigen verblüffenden Wendungen miterlebt und nicht allein vor den Helden und Heldinnen der Geschichte weitet sich hoffnungsvoll der Weg in die Zukunft – auch vor uns.

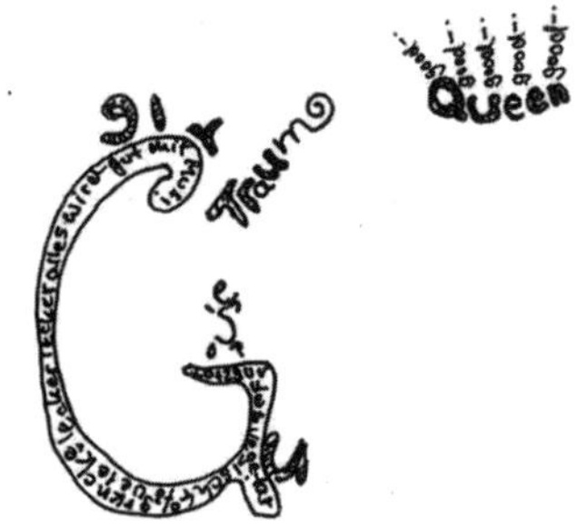

Erlebtes erzählt

Ist es eine Geschichte, die vom Erzählen erzählt, wenn ein skurriler Riese, der eine verwirrte, aber heitere Sprache spricht, der Vegetarier ist und nicht wie die anderen Riesen kleine Kinder frisst, wenn dieser Riese sich am Ende des Buches als derjenige herausstellt, der die Geschichte aufgeschrieben hat?

Erlebtes erzählt: frei erzählt nach Roald Dahl, »Sophiechen und der Riese«, Rowohlt Verlag, Reinbek bei Hamburg 1984.

Wir haben gesehen, wie das Waisenkind Sophie dem Riesen nachts angstvoll zum ersten Mal begegnete und wie sie erfuhr, dass er GuRie ist, der Gute Riese. Wir sahen, wie Sophiechen, winzig in des Riesen Hand getragen, das Land der Riesen erreichte. Wir haben mit ihr erfahren, woher die Träume kommen, wie sie zubereitet und zu den Menschen gebracht werden. Wir haben miterlebt, wie Sophiechen und der Riese der Königin von England einen schrecklichen Traum schickten, der zudem noch der Wirklichkeit entsprach und wie die freundliche Königin, weil sie auf so sonderbare Weise das Unglaubliche erfahren hatte, dem schlimmen Geschehen ein Ende machte.

Nach alledem wollten wir natürlich wissen, was aus dem GuRie geworden ist? Es ist derjenige, der uns diese Geschichte, seine!, erzählte.

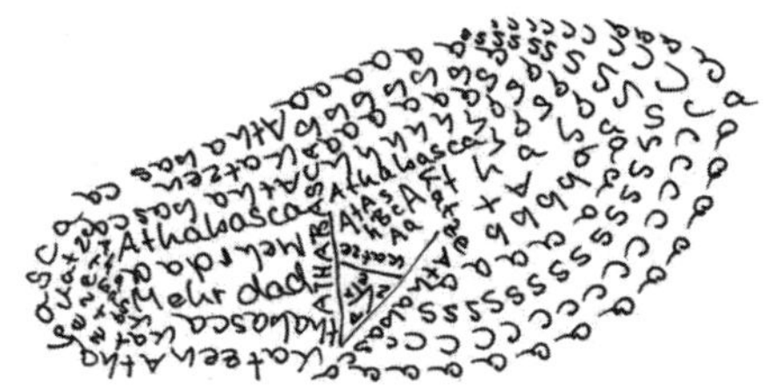

Athabasca

Mahteb, ein kleines Mädchen, erzählt von ihren Abenteuern in der realen und der Traumwelt, die einander ergänzen. Sie wächst in der Geborgenheit ihrer Familie auf, des eigenen großen Hauses und der Katzen, die den Garten bevölkerten. Hier schafft sie sich ihre eigene Welt. Aber diese Welt zerbricht jäh, als die Familie

Athabasca: frei erzählt nach Manusch Zaeri-Esfahani, »Das Mondmädchen«, Knesebeck Verlag München 2016.

fliehen muss, um Mahtebs ältere Brüder vor dem Militärdienst zu bewahren, der in den instabilen politischen Verhältnissen des Landes und seiner Diktatur ihren sicheren Tod bedeuten würde.

Mahteb entdeckt, dass sie mithilfe der Zauberschwäne Ipamen und Gugu nach Athabasca gelangen kann, einem imaginären und daher unverletzlichen inneren Ort.

In den Wirren, Ängsten und Entbehrungen der Flucht erkrankt ihre Mutter. Mahteb gelingt es, gemeinsam mit ihrer Schwester Nasanin, nach Athabasca zu reisen. Dort begegnen sie der eigenen Großmutter, die ihr von den Vorfahren der Familie erzählt und den uralten Geschichtenschatz ihrer Kultur teilt.

Als die Mutter aus dem Krankenhaus zurückkehrt, körperlich stabilisiert, aber seelisch noch immer verletzt, erzählt Mahteb die alten Geschichten und heilt damit die Seele der Mutter. Diese staunt, woher das Kind all das Wissen von den Ahnen und der Geschichte ihrer Kultur haben könne? Aus Athabasca, dem Land, in dem Trost gefunden wird, und durch das auf wunderbare Weise auch eine der Katzen aus dem heimatlichen Garten leibhaftig erscheinen kann... Athabasca, das mit wunderbaren Wesen und der Stärke des Zuhauseseins verbunden ist. Dieser Zufluchtsort begleitet die Familie und lässt trotz aller Gefahren und Verluste Mahteb und ihre Lieben an einem anderen Ort neue Wurzeln fassen.

Mit dem einem Fuß in der realen und dem anderen in einer fantastischen Welt der Möglichkeiten erzählt die als Kind aus dem Iran geflüchtete Sozialpädagogin und Künstlerin Manusch Zaeri-Esfahani von der Wohltat und den Wundern der traditionellen Geschichten und von ihrer einzigartigen Verfügbarkeit.

Der Koffer mit den sorgfältig ausgewählten und wohl gehüteten Andenken der Familienangehörigen an ihr früheres, eigenes, ursprüngliches Leben, geht auf der Flucht verloren.

Aber das Mondmädchen Mahteb, der Manusch Zaeri-Esfahani ihre realen Erlebnisse und Imaginationen leiht, sind so tief in der Seele verankert, dass sie erhalten bleiben, auch wenn der letzte materielle Wert verloren geht. Die Erzählerin verlegt ihre eigene Erfahrung in eine vorgestellte Welt, die das fantastische Reich Athabasca und die trockene Wirklichkeit in Leichtigkeit verbindet. Das Land der Gefahren und das der Ressourcen werden in der Erzählung gleich wirklich und gleich zauberhaft. Die Erzählerin beleuchtet ihre eigene Geschichte neu, übersetzt sie in eine bildliche Sprache, schöpft aus dem poetischen Potenzial ihrer Herkunftskultur und erzählt sich selbst und allen, die es hören wollen, ein reales Geschehen vielschichtig und in heilender Bildhaftigkeit.

Hier ist sie, mit ihrer Geschichte, mit ihrer Vergangenheit, mit ihrer Gegenwart, quicklebendig und erfolgreich! Während wir ihrer Geschichte, in die Sprache der Märchen gekleidet, folgen, erleben wir Hoffnungslosigkeit, schreckliche Momente und Ungewissheit und bekommen zugleich den Trost von Athabasca zu spüren.

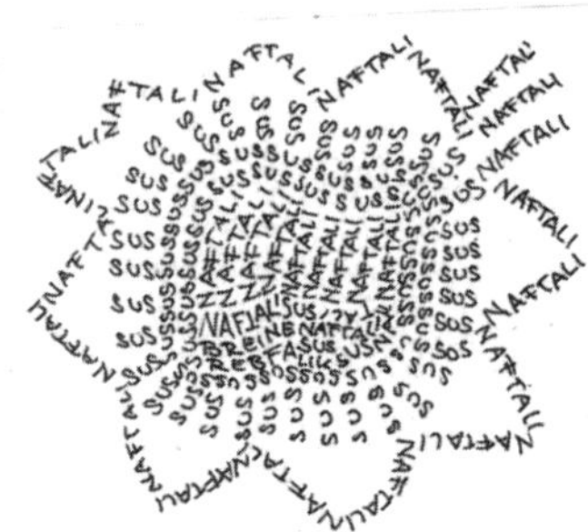

Geschichten sind lebensnotwendig

In einer kleinen Stadt in Polen wächst Naftali heran, ein Bub mit Fantasie. Seine Mutter Breine ist gut mit ihm und sein Vater, Kutscher von Beruf, erzählt ihm aufregende Geschichten von seinen Reisen, die Naftali mit Begeisterung anhört.

Der Bub liebt es, wenn der Buchhändler mit seinem Sack in die Stadt kommt und ein oder mehrere Geschichtenbücher mitbringt, die Naftali kauft, auch wenn es schwerfällt.

Naftali liest und liest.

Eines Tages eröffnet er seiner Mutter, er wolle auch Buchhändler werden. »Überleg dir das gut«, rät sie. »Den schweren Sack zu tragen, tagaus tagein, macht deinen Rücken krumm.«

Geschichten sind lebensnotwendig: frei erzählt nach Isaac B. Singer, »Der Geschichtenerzähler«. Carl Hanser Verlag, München 1988.

»Aber es lohnt sich doch«, erklärt Naftali, »wie sonst sollen die Menschen in abgelegenen Gegenden wie bei uns genug Geschichten zu lesen bekommen, wenn es keine Buchhändler gibt?«

»Mein Sohn«, spricht Breine, »Essen und Trinken, etwas zum Anziehen und zum Heizen brauchen die Menschen zum Leben. Sie brauchen Luft zum Atmen und gutes Wasser, aber sie können auch ohne Bücher und Geschichten sein.«

»Ich könnte das nicht«, erwidert Naftali.

Es kommt der Tag, da beginnt Naftali aus Holz und herumliegenden Teilen alter Wagenräder etwas zu bauen. Die Nachbarn schauen ihm zu.

»Ah«, sagen sie. »Du willst also auch in das Gewerbe deines Vaters einsteigen und Kutscher werden! Wie der Vater so der Sohn. So ist es oft in der Welt.«

Naftali aber wiegt den Kopf. »Wartet ab«, schmunzelt er.

Das Kutschpferd seines Vaters ist eine Stute und diese gebärt eines Tages ein Fohlen, das Naftali aufzieht und ihm den Namen Sus gibt. Er versorgt das Fohlen gut. Er spricht mit ihm und lässt es auf den weiten Wiesen Butterblumen fressen.

»Ich habe viele gute Freunde«, sagt Naftali. »Aber Sus ist der treueste Freund.«

Eines Tages lädt er alle seine Bücher auf den Karren, den er zusammengezimmert hat, spannt Sus davor und macht sich auf den Weg in die Welt. Breine, seine Mutter, wischt sich die Tränen aus den Augenwinkeln – und schmunzelt.

»Mein Sohn, du nimmst von allem, das wir dir hier geben konnten, das, was zu dir passt, und verbindest es zu etwas Neuem. Geh mit meinem Segen und bring Geschichten in die Welt, denn sie sind das, was du am besten kennst und von Herzen liebst.«

Lange Zeit zieht Naftali durch die Welt. Als seine eigenen Bücher in glückliche Hände weitergehen, erwirbt er weitere Bücher in den großen Städten und bringt sie in die entlegenen Gegenden des Landes.

Er liest. Und er erzählt, was er gelesen hat. Sein Rücken bleibt aufrecht bis ins hohe Alter.

Eines Tages gelangt er auf einen Gutshof, wo Reb Falik wohnt, der Geschichten und Bücher ebenso wie Naftali liebt. Reb Falik sehnt sich nach der Gesellschaft eines Gleichgesinnten. Er lädt den reisenden Buchhändler und Erzähler ein, zu bleiben, in ein kleines Haus auf seinem großen Gelände einzuziehen, eine Druckerpresse aufzustellen und all die Geschichten von neuen Entdeckungen, Reisen und wunderbaren Ereignissen, die er ein Leben lang zu den Menschen gebracht hat, aufzuschreiben. Und Naftali nimmt das Angebot an.

Das ergibt sich so natürlich, wie sich in einer Geschichte eins aus dem anderen entwickelt.

Sus, der weit über ein gewöhnliches Pferdeleben hinaus mit Naftali unterwegs ist, schaut mitten in einer Blumenwiese friedlich seinem Ende entgegen.

All das ist schon lange her. Auch Naftali stirbt eines Tages. Die Worte auf seinem Grabstein sind: »Das ganze Leben ist eine Geschichte.«

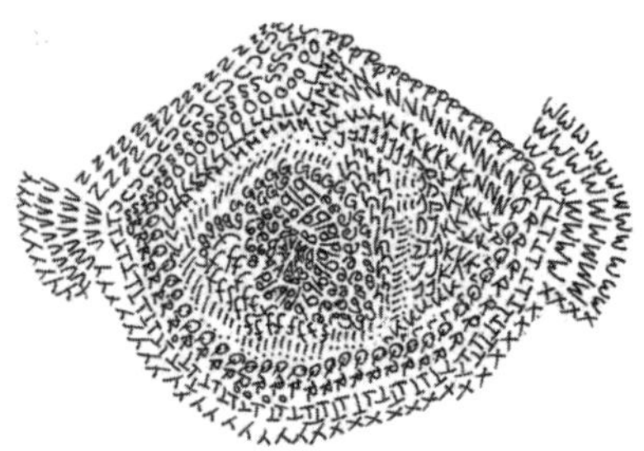

Im Zeitraffer erzählt

Wie die »globalen Geschichten«, die im ersten Teil des Buches wiedergegeben sind, bilden auch die Stoffe des zweiten Teiles, ursprünglich literarisch erzählt, eine Sinnfolge. Sie sind, wie Erzählende es auch bei Programmen und Auftrittsreihen machen, als Spannungsbogen angeordnet, geben einander Themen in die Hand und bilden ein gemeinsames Ganzes.

Warum sind Manusch (die Autorin) und Qumalix (die Geschichtengestalt) die einzigen erzählenden Frauen in diesem Reigen neben Masud (der nur in meiner freien Interpretation des Stoffes diesen Namen trägt), Scheh, Joel, Manuel, Naftali und all den anderen Männern?

Auch bei den literarischen Erzählungen, in denen das mündliche Erzählen eine Rolle spielt, gilt, was weiter oben über die kulturelle

Entwicklung, die wir erleben, gesagt wurde: Es braucht Geduld, bis in den vorhandenen Stoffen ein Gendergleichgewicht besteht. Daher die Einladung, die Geschichten in ihrer Allgemeinmenschlichkeit wahrzunehmen. Diese ist selbstverständlich weder spezifisch weiblich noch spezifisch männlich, und wir sollten von ihr profitieren.

Eine Wette und ein Fingerspiel — S. 265

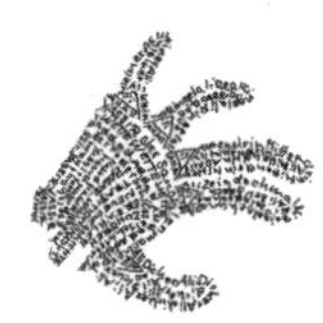

In der »Eröffnung« der Sinnfolge sind wir Masud begegnet und durften dabei sein, wie er eine Erzählung gekonnt improvisierte. Seine Geschichte thematisiert Erzähltechnik und Erzählkultur.

Aus freundschaftlicher Provokation, Wettbewerbslust und Berufsehre ergab sich eine besondere Erzählsituation. Als Profi hat Masud Erfahrung im Geschichtengestalten. Er kennt die traditionellen Stoffe und ihr implizites Wissen übers Erzählgelingen. Angespornt von der Provokation seines Freundes und der Neugier des Publikums nützt er sein Können, um etwas zu erfinden, das auch für ihn selbst neu ist. Damit bietet er den Zuhörenden mehr Individualismus, Spontaneität, Authentizität und Aktualität als je zuvor. Das sowieso schon vorhandene Publikum wird durch die Frage, die im Raum steht, und das Ereignis, das die Freunde inszenieren, neuerlich vom Sinn und Wert des Erzählens überzeugt und Masud siegt, was auch dem Ansehen seiner Kunst zugutekommt.

Der Verlauf seiner Erzählung orientiert sich an einem traditionellen Motiv – dem gleichen wie in dem oben vertretenen Narrativ von den vier Freunden, deren konkurrierende Künste nur gemeinsam zum Erfolg kommen können: Es ist eine »Teambuilding-Story«.

In Masuds Improvisation kommen fünf gleichnamige Brüder vor, deren Spitznamen sie auf die Finger der Hand beziehen. Die Entsprechung der Hand, die mit ihren Gesten wesentlich am mündlichen Erzählgeschehen beteiligt ist, zur Grundstruktur der Erzählung macht es möglich, die Geschichten der fünf Brüder und die Dinge, die sie erlangen, nach der Größe geordnet »an den Fingern abzuzählen« und die Dinge jeweils auf einen charakteristischen Finger bezogen im Gedächtnis zu verankern. Den Zuhörenden bleibt das verborgen, weil es so viel anderes wahrzunehmen gibt, aber für Masud ist es sehr präsent.

Fünf beliebige Dinge sind kurzfristig zu merken und sinnvoll in die Geschichte einzufügen und der Erzähler hat mit seiner Hand und dieser klassischen Merktechnik ein gutes Instrument gefunden, Yassirs Herausforderung zu begegnen.

Eine solche Struktur, die mit einem vorhandenen Bild verbunden ist, ist für das Vorbereiten jeder Erzählung gut. Das Strukturbild an Körperstellen gedanklich zu verankern ist sinnvoll, weil wir den eigenen Körper beim Erzählen immer dabei haben und die Geschichte ja sowieso verkörpern möchten.

Natürlich können auch eine Folge vorgestellter und durch Übung vertraut gemachter Bilder diese Funktion erfüllen, ähnlich wie es das antike »künstliche Gedächtnis« mit Gebäuden und ihren unzähligen Plätzen, an denen symbolisierte Inhalte »aufbewahrt« werden, gewährleistet.

Traditionelle mündliche Erzählungen (besonders Zaubermärchen, Kettenmärchen und Schwankmärchen) bedienen sich gerne der Zahlen und sind strukturiert, weil dies ihrem Überleben in der mündlichen Überlieferung zugutekommt.

Einerseits können Erzählerinnen und Erzähler sich die Geschichten besser merken, andererseits fühlen die Zuhörenden sich (mehr oder weniger bewusst) in der Struktur aufgehoben und sicher durch die innere Welt der Geschichte geführt. Drittens macht die Struktur es den Zuhörenden leichter, nach einer einmal gehörten Erzählung wieder zu verlangen, weil diese in ihrer Vorstellung auf sicheren Füßen steht, wozu dann noch ein individuelles Lieblingsbild kommt. Sie werden nach der Geschichte von der Schatztruhe, der Geschichte mit dem Vogelfänger oder der vom Erzählwettbewerb fragen.

Oft erzeugt ein individuell herausgehörter Aspekt der Geschichte starke Resonanz. Er wird in der Erinnerung verstärkt. Und das ist gut so. Geschichten sind lebendig und treten mit Menschen in Interaktion. Strukturiertheit ergänzt diesen Fluss der Ideen und bringt etwas Stetiges und Klärendes ins Spiel.

Das Kunstmärchen vom Sandalenmacher und dem Erzähler, die hier in einen Wettstreit um die kulturelle Qualität ihrer Berufe treten, wurde sehr frei und themenspezifisch erzählt. Es wurden sogar die Namen der beiden wettenden Freunde neu gefunden. Das Wesentliche des Stoffes, den James Krüss geschaffen hat, wurde aber auch in dieser Version aufgegriffen. Krüss hat in seinen vielen Büchern unzählige mündliche Erzählsituationen vorkommen lassen. Diese nach dem Prinzip Erzählen² systematisch aufzuarbeiten wäre Stoff für eine Diplomarbeit oder Dissertation.

Wahrscheinlich kannte James Krüss solche mündlichen Erzählsituationen zur Genüge, auch wenn er als schriftlicher Erzähler bekannt war.

Als ich für Kulturvermittlerinnen in Schloss Schönbrunn ein Storytelling-Projekt leitete, erzählte dort John Cheyne, ein Storyguide von britischer Herkunft, sein Vater habe Oscar Wilde persönlich gekannt und dieser habe sich in der vornehmen Londoner Gesellschaft von Einladung zu Einladung (und damit buchstäblich zu seinem täglichen Dinner) verholfen, indem er ein noch besserer mündlicher als schriftlicher Erzähler gewesen sei.

Auch Krüss könnte aus seiner Alltagserfahrung geschöpft und seiner Liebe zur Kulturhandlung Erzählen gefolgt sein. Er zeigt, auf wie vielfältige Weise Alltagsgeschehen in Geschichten gespiegelt werden kann, die im Rahmen eben dieses Alltags erzählt werden. Weil Krüss so viele ansehnliche Beispiele von Erzählsituationen und den Wirkungen des mündlichen Erzählens in seine Bücher eingeflochten hat, kommt im Reigen der literarischen Erzählenden im Folgenden noch eine zweite seiner Erzählergestalten vor.

Scheh und seine Sinne — S. 275

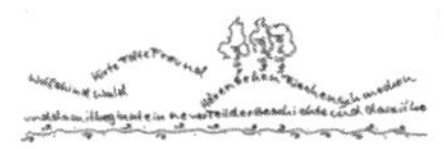

Scheh aus dem Wald verkörpert die identitätsbildende und existenzielle Qualität des Erzählerseins.

Als er sein Geburtsrecht, Fürst zu sein, nach langen Wegen endlich angeboten bekommt, sieht und erklärt er, dass das Lauschen, Aussprechen und Zu-den-Zuhörenden-Tragen von Geschichten so sehr sein Lebenselixier und seine Bestimmung ist, dass er es für nichts in der Welt eintauschen würde, und sicher nicht für einen Herrscherthron.

Scheh ist naturverbunden, wie Helden traditioneller mündlicher Geschichten es oft sind. Wie Momo, Michael Endes Heldin des Zuhörens, die einem verstummten Kanarienvogel nur durch die Intensität des Zuhörens seine Stimme entlockt, kann Scheh in einer übermenschlichen Intensität lauschen, weil er sie von den Tieren und im Kompensieren seiner Blindheit erlernt hat.

Zudem kann er, weil er ein Mensch ist, verstehen. Das Aussprechen (denn seinen Namen verdankt er seiner gelenkigen Zunge) und das Teilen der Geschichten und Flötenklänge mit Zuhörenden sind weitere wesentliche Motive seiner Identität, die ihm mehr wert ist als Macht, Luxus und materieller Reichtum.

Immer wieder spielt es in menschlichen Kulturen eine Rolle, wenn ein Individuum sich einem Prinzip, von dem es durchdrungen ist, ganz und gar widmet. Hören wir »Gandhi« denken wir fast synonym an »Friede«. Hören wir »Hitler«, hören wir fast synonym »Machtmissbrauch« oder »Bosheit«. Hören wir »Jane Goodall«, denken wir vielleicht an »Tierrechte« und bei »Mutter Teresa« an »Gutes tun«. Ein Lebensweg folgt diesem Prinzip so entschieden, dass seine Linien das Wort zu schreiben scheinen.

Scheh bringt diese Hingabe im Entscheidungsmoment sichtbar auf den Punkt. Nachvollziehbar wird die Wertigkeit seiner Entscheidung, sobald sie als eingebettet in seine Lebensgeschichte betrachtet wird.

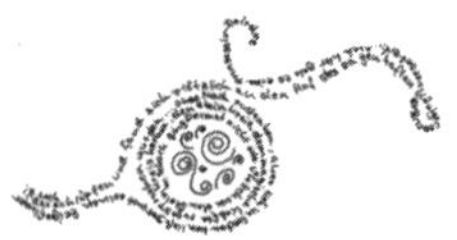

Auf der Zeitreise Erzähler werden — S. 286

Auch Dermot wird, wie Scheh, entwurzelt. Nur geschieht ihm dies im Laufe seines Heranwachsens erheblich später. Der Schock, beobachten zu müssen, wie sein ganzes bisheriges Leben mit dem Leben seiner Eltern auf einen Schlag zerstört wird, ist eine so traumatisierende Situation, wie sie immer wieder den Weg eines Märchenhelden initiiert. Als starkes Bild drängt sich mir der Filmmoment auf, in dem Luke Skywalker, der sich bisher seinen Zieheltern verpflichtet fühlte, sich dazu entscheidet, in die Welt hinaus zu gehen, um die Trümmer seines bisherigen Lebens hinter sich zu lassen.

Fällt mir eine Frau ein, der es ebenso ergangen wäre?

Dermots Geschichte würde es meinem Gefühl nach erlauben, sie aus weiblicher Perspektive zu erzählen. Es scheint nämlich ein tieferer Zusammenhang zwischen Trauma und Aufbruch zu bestehen, der über die Geschlechterrollen weit hinausgeht. Doch flüchten heldenhafte Frauen in Geschichten eher vor einer erzwungenen Heirat oder aus einer Missbrauchssituation – was sie abermals in ihrer Geschlechterrolle gefangen hält und einfach nur altmodisch wirkt. Wie auch immer: Manche Märchenthemen scheinen sich nicht gendern zu lassen.

Wie werden Erzählende also frei genug von kulturell eingeübten, immer wieder auftauchenden Motiven? Wie werden Mythenmuster zu größerer Vielfalt ergänzt? Eine Frage, die es wert ist, näher untersucht zu werden.

Dermot hat bereits, als ihm das Schreckliche widerfährt, einen Keim des Erzähler-werden-Wollens in sich. Durch den Überfall der marodierenden Horden wird sein Weg dorthin beschleunigt und um starke Qualitäten bereichert. Er erlebt eine Zeitreise, ermöglicht durch alte, mythische Kräfte. Er gerät mitten in einen historischen Geschichtenstoff, der in seiner eigenen Zeit beliebt und berühmt sein wird. Die Rolle, die Deirdre, die Protagonistin, und Concubar, der Antagonist dieses erlebten Narrativs Dermot zuschreiben, nämlich Zeuge ihrer jeweiligen Perspektive zu sein, lehrt ihn vieles über das Erzählenkönnen an sich. Er bekommt in der Vergangenheit ein sehr besonderes Erzählererbe mit auf den Weg. Dass Dermot schließlich in seine Herkunftszeit zurückkehrt, macht diesen Schatz um vieles kostbarer, als wenn er in der Zeitreise verblieben und dort gealtert wäre. Er hätte zwar auch dort die erlebte Geschichte erzählen können, aber ohne den wunderbaren Bonus, dass dieser Stoff bereits einen zeitlosen Ruf und hohen Wert genießt.

Dermots Lernweg scheint von den Schicksalsmächten wohl durchdacht. Er hat die Perspektive gelernt, bei einem Geschehen dabei zu sein, es aber nicht ändern zu können, wie sehr er sich es auch wünschte. Und genau das ist eine wichtige Zutat für Dramatik: Verwicklungen entstehen, weil die in der Geschichte handelnden Personen etwas nicht wissen. Als Publikum haben wir indes die wesentlichen Informationen. Wir erleben die Ereignisse als Zaungäste mit, haben aber keine Möglichkeit, den Geschichtengestalten das entscheidende Wissen mitzuteilen. Das ist aufregend, manchmal atemberaubend. Es fühlt sich ähnlich an wie in Träumen, in denen wir etwas unbedingt tun möchten, aber wie festgewurzelt sind. Genau diese Spannung, die sich nicht innerhalb der Geschichte, sondern zwischen uns Zuschauenden und der Geschichte entwickelt, macht viele Erzählungen – auch in Form von Theater, Oper, Film oder Roman – berührend.

Ob und wann die Zuhörenden eine entscheidende Information bekommen, ist Teil der kunstfertigen Entscheidung des oder der Erzählenden. Ebenso spielt es eine Rolle, wie dieses Wissen mitgeteilt wird. Wenden sich Erzählende direkt ans Publikum? Werden wir an einen anderen Ort oder in eine andere Zeit versetzt, wo dieses Wissen in einen Dialog eingeflochten wird? Hier finden sich Spielräume für das Gestalten und das individuelle Erleben.

Dermot kann an der Geschichte von Deirdre und Concubar trotz seines aus der Zukunft mitgebrachten Wissens nichts ändern, zum einen, weil er in dieser Geschichte nur eine Nebenperson ist, zum anderen, weil es gegen die natürlichen Regeln der Zeitreise verstoßen würde.

Als er in seine Herkunftszeit zurückversetzt wird, gelangt er genau an jene Stelle des wildesten Geschehens, an der er die Szene verlassen hatte, um in die Vergangenheit zu reisen. Er landet, heldenhaft, auf den Füßen und macht sich – durch alles, was er schon erlebt hat innerlich gewachsen – auf den Weg, um die Deirdre seiner Gegenwart zu retten.

Dass es sowohl in seiner eigenen Zeit als auch in der mythischen Vergangenheit eine von ihm verehrte und für ihn unerreichbare Prinzessin Deirdre gibt, ist eine starke Parallele, ein »Kunstgriff des Schicksals«, das als Lehrmeister für ihn und sein Erzählerwerden tätig ist.

Indem Dermot sich, durch die Zeitreise gereift, als handelnder Held erlebt, der den Faden der Geschichte in seinen eigenen Händen hält und damit die Chance, die Ereignisse mit zu gestalten, erwirbt er eine Erfahrung, die er als professioneller Erzähler wird brauchen können: Er gewinnt ein Grundverständnis für die verschiedenen Perspektiven in der Geschichtenwelt. Er wird die unterschiedlichen Positionen der Protagonisten, Antagonisten und Nebenfiguren wahrnehmen können. Er versteht die Situation der Zuhörenden.

Von der mythischen Deirdre der Vergangenheit und ihrem Gegenspieler Concubar hat er den Auftrag bekommen, der Geschichte und ihren Gestalten als Erzähler gerecht zu werden. Dermot hat eine einzigartige Quelle für dieses Narrativ: Er ist Augenzeuge. Als solcher hat er eine spezielle Erzählhaltung, die er eines Tages auch in anderen Geschichten einsetzen können wird.

Was er ebenfalls immer wieder wird brauchen können, ist Distanz. Sie macht es ihm möglich, als Erzähler unparteiisch zu sein, die Motive und Perspektiven aller seiner Gestalten nachzuvollziehen und dadurch sich und dem Publikum die Dynamik der Geschichte klar darlegen zu können. So verquicken sich Weisheit und unterhaltsames Erzählgeschehen. Erzählen und Zuhören werden beiläufig zu Bildungswegen.

Dermot wird »von höheren Mächten«, die den Zufall nützen, zweihundert Jahre zurück in eine berühmte Erzählung, dorthin, wo sie Gegenwart war, versetzt. Was, wenn der Junge nicht in seinem Schreck zufällig, was er sonst vermied, in den Steinkreis gegangen wäre, wenn er nicht zufällig mit dem Finger gedankenverloren in jenem Loch herum gestrichen hätte? Das wäre eine andere Geschichte…

Aber was geschieht: Dermot erlebt den Anblick, den Geruch, das Zeit- und Raumgefühl und sogar das Empfinden, Handelnder in dieser Geschichte zu sein. Aus diesem Schock wird er in einen zweiten hinübergerettet und findet sich in der Rolle eines »anderen« Dermot wieder, der schon immer in jener anderen Zeit gelebt hat. Er muss die Rolle seines Alter Egos in der anderen Zeit, ähnlich wie jemand, der an Amnesie leidet, erst für sich selbst entdecken, während seine Mitmenschen davon überzeugt sind, dass er sie gut kennt.

Als Erzählerin, die mit theatralen Mitteln den Eindruck zu erarbeiten pflegt, »sie sei wirklich dort gewesen«, kann ich bestätigen, dass Dermot nach dieser Tortur einzigartig wird erzählen können.

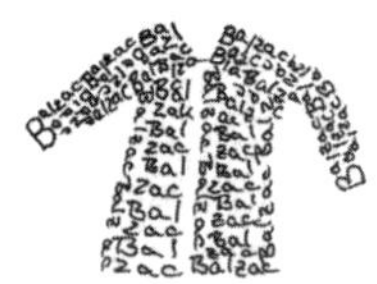

Umerziehung und ihre unerwarteten Wirkungen — S. 292

Dai Sijes Alter Ego, der chinesische Jüngling »in Umerziehung«, der Ich-Erzähler des Romans von Balzac und der kleinen chinesischen Schneiderin, erwirbt seine Erzählkompetenz aus Findigkeit – die aber seine persönlichen Vorlieben und Begabungen zu nützen weiß. Natürlich hat er, als er noch in der Stadt bei seinen Eltern leben durfte, zum Spaß Filme angesehen. Als kleiner Spielball der großen Politik wird er in eine »andere Welt« auf den Berg Phönix-des-Himmels versetzt. Sein Glück ist, dass es auch in dieser sehr abgelegenen ländlichen Region die menschliche Sehnsucht nach Unterhaltung gibt. Dass auf dem Berg Phönix-des-Himmels Filme noch unbekannt sind und auch keine Technik vorhanden ist, um sie zu zeigen, lässt die beiden Jünglinge, die eine Währung, um ihr Überleben zu sichern, suchen, zur Urform des Erzählens zurückkehren.

Sie kleiden nicht nur die Geschichte, die der Film ihnen erzählte, in gesprochene Worte. Sie berücksichtigen alle Filmaspekte. Sie erzählen – unter anderem mit verteilten Rollen – die Szenerien, die Kostüme, geben Erzählerkommentare, stellen Fragen ins Publikum und fügen so den Erzählmöglichkeiten des Films die Interaktion mit dem Publikums hinzu. Sie gehen dabei auf die Bedürfnisse ihres dörflichen Publikums ein und gestalten mit Worten und Körpersprache eine reichhaltige, farbenfrohe Performance. Spannungsreich ist ihr Grenzgang zwischen Überlebensdrang und Freude am eigenen Können.

Die beiden Jünglinge in Umerziehung werden wie Dermot in eine andere Welt versetzt. Der in dieser anderen Welt gefundene Stoff geht in das Repertoire der werdenden Erzähler über und sie profitieren davon.

Bei Dai Sijes ich-Erzähler kommt noch der Aspekt des »lebensrettenden Erzählens« dazu, den wir von Scheherazade und vielen anderen kennen. Auch er schrammt haarfein an politischen Schmerzpunkten vorbei. Und auch er findet in Geschichten, was der aktuellen Wirklichkeit zu innerst fehlt, und schleust es ein, denn das ist ja nur eine Geschichte.

Mozart ist verboten, aber das Lied »Mozart ist mit seinen Gedanken immer bei unserem großen Vorsitzenden Mao« darf angehört und genossen werden. Natürlich ist der Titel Unsinn. Aber dieser Unsinn bringt ein Zauberwort ins Spiel, durch das dem bäuerlichen Dorfvorsteher eine Erlaubnis suggeriert wird. So wird die Musik ideologisch reingewaschen.

Bildung ist verboten, aber die zwei jungen Burschen aus der Stadt übersetzen die Bildungsinhalte durchs Erzählen in einen Raum, in dem das Allgemeinmenschliche, die Freude an Inspiration, wirken darf. Dieses Erlebnis prägt die »Umerzogenen« für ihr Leben.

Zu Beginn des Romans konnte der Ich-Erzähler Geige spielen und machte sich Sorgen um seinen Freund, der »nichts Besonderes kann«. Dann stellte sich die Wirkung des Erzählens heraus und der Freund übernahm die Aufgabe, den Handlungsstrang eines Filmes zu vermitteln, während sein Partner die Szenerie in Worte kleidete. Das ist übrigens eine der Formen von Co-Erzählen, die in manchen Kulturen gepflegt wird und die die Jünglinge hier in ihrer Not eigenständig für sich entdeckt haben.

Es kommt der Augenblick, in dem der Freund zu ihm, dem Hilfs-Erzähler sagt: »Du könntest Erzähler werden.« Es geht also ums Dazu-Lernen, Sich-Entwickeln, Entdecken und Hineinwachsen in Rollen.

Per aspera ad astra, sinngemäß: Durch Schwierigkeiten zu den Sternen ist das Prinzip, das Scheh, Dermot und den zwei Jünglingen entspricht. Alle vier erleben ein Trauma, in dessen Folge sie Erzählkompetenz erwerben. Scheh wird als Kleinkind entwurzelt, Dermot als Jugendlicher und die beiden chinesischen Jünglinge stehen an der Schwelle zum Erwachsensein.

Manuel Torres da Silva ist nicht viel älter als diese beiden. Auch er lernt das eigene Erzählen im Laufe der Geschichte. Dass ich ihn als Nächstes auftreten lasse, hat mit seiner Lebenswahl zu tun: Er bricht zum Studium in eine andere Stadt auf, agiert freier als die anderen drei. Und damit ist seine Geschichte geeignet, in dem Bogen, den dieser Zeitraffer vollzieht, eine neue Gruppe einzuleiten, die ihn, Nuri, den Geschichtenkönig und Tahir Shah verbindet. Sie brechen aus eigenen, persönlichen Motiven heraus auf.

Zahlen und Erzählen meistern — S. 297

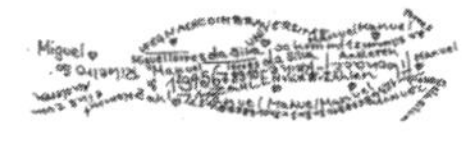

Manuel ist nicht wie die anderen drei Erzählanwärter durch ein äußeres Geschehen entwurzelt worden. Sein Großvater Miguel ist friedlich an Altersschwäche gestorben, hat seinem geliebten Enkel viel mit auf den Weg gegeben und Manuel geht mit Empfehlungen und einer zu lösenden Aufgabe in die Welt hinaus. Wie Manuels Lehrer Ribeiro sagt: »Und so kommt eins zum anderen.«

Diese Wendung kann als Bindeglied zwischen mündlichen Geschichten und der Rechenkunst gelten. In Volksmärchen (die wissen, wie man in der mündlichen Überlieferung überlebt und deshalb Zahlen verwenden, besonders gern die Drei, die Sieben, die Zwölf und das »Plus eins« bis hin zu »Tausend und eins«) wird nicht die höhere, aber die einfache Rechenkunst gespiegelt.

Bei Miguels (des Großvaters) und Manuels (des Enkels) Erzählkunst spielt mit der Fibonacci-Reihe die höhere Mathematik hinein.

Mathematik arbeitet mit Abstraktion. Fünf Finger, fünf Häuser, fünf Planeten, sie alle werden in die gleiche Relation zu anderen ihrer Art gebracht. In jedem Fall sind zwei und drei fünf. In jedem Fall sind drei und fünf acht – aber wovon es fünf gibt, macht vor unseren Augen in der Realität einen großen Unterschied. Durch Verwendung von Zahlen werden Struktur und Allgemeingültigkeit gestärkt.

Sie bewirken, auch wenn sie in Geschichten implizit bleiben, also so sehr eingebunden sind, dass sie fast nicht auffallen, eine Wahrnehmung der Rezipierenden von Klarheit und Fundiertheit des Mitgeteilten. Diese Wahrnehmung kann auch wirken, ohne ins bewusste Denken vorzudringen.

Wenn wir in einer fiktiven Welt, in die wir von Erzählenden mitgenommen werden, Struktur wahrnehmen, fühlen wir uns gut geführt und »auf sicherem Boden«. Strukturiertheit bewirkt wiederum eine Form von persönlicher Bildung, die Erkenntnis.

Dass Struktur auch nützlich ist, weil sie beim Merken und Erinnern hilft, wurde bereits erwähnt.

Eins kommt zum anderen und dadurch ergibt sich etwas Drittes: Geschichten lassen eins aufs andere folgen und erzeugen damit einen Eindruck von Kausalität. Die Logik wird ein Bindeglied zwischen Mathematik und Philosophie.

In Volksmärchen sind Grundlagen des menschlichen Wissens- und Weisheitshungers berührt. Schöpfungsmärchen enthalten Themen, die Naturwissenschaft und Religion weiter ausgearbeitet haben. In Märchen wird die Folgerichtigkeit von Lebenswegen erzählt. Es werden die Folgen ethischen und unethischen Handelns verbildlicht. Es werden Zusammenhänge gezeigt und Fragen in den Raum gestellt. Volksmärchen überlebten in der mündlichen Kultur unter anderem deshalb, weil sie Lebens-und Handlungswissen »gut verpackt« zu den Menschen transportieren. So stehen Erzählungen und Wissen, aus dem sich in der Spezialisierung Wissenschaft entwickelt, zu einander in Bezug.

Manuel sucht das, was die letzte Geschichte seines Großvaters Miguel »rund machen« wird. Er studiert Mathematik und seine beiden Hauptthemen, Erzählen und Zahlen, verflechten sich mit Motiven seines erwachenden Erwachsenenlebens. Die Erzählstruktur des Romanes folgt der Fibonacci-Reihe, die ein zentrales Motiv der Erzählung ist und verbindet damit Zählen und Erzählen: Einige Motive wiederholen sich erst sehr häufig und dann in immer weiterem Zeitabstand. Am Schluss verwandelt sich die Geschichte in die Gegenwart. Geschichtenebenen korrespondieren und haben in dem Moment, in dem sie einander begegnen, Logik und Stimmigkeit. Erzählen und Zahlen haben miteinander zu tun.

Von einem wahr gewordenen Traum — S. 302

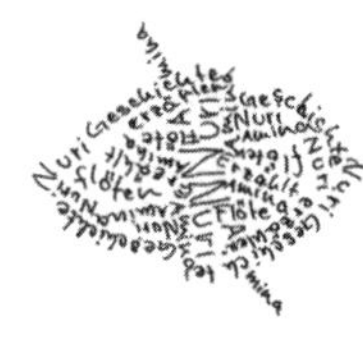

Nuri, der zu Beginn der Erzählung noch kindlich wirkt, dann aber jugendlicher erscheint, würde dem Alter nach zu Dermot passen. Dass seine Geschichte an dieser Stelle ihren Platz im gesamten Spannungsbogen gefunden hat, hat mit seiner Motivationslage zu tun: Er hat den Wunsch, Erzähler zu werden. Dieser Wunsch manifestiert sich im Traum und wird verwirklicht.

Nuri ist in einer stetigen Entwicklung und vereint aktiv Gegensätze. Die Macht, gegen die er mit dem Wunsch, seine Bestimmung zu erfüllen, ankämpft, ist sein Vater, nicht wie bei Dermot der Verlust der eigenen Familie, gefolgt von einer Zeitreise, und auch nicht wie bei den zwei chinesischen Jünglingen ein politisches Machtgebilde, ein Staat, gegenüber dem er winzig wie eine Ameise wäre. Zwar repräsentiert der Vater die Kultur jenes Landes, und seine Autorität speist sich aus der allgemein etablierten Rolle des Familienvaters. Aber er ist greifbar, ansprechbar und - wie sich bald zeigen wird - offen für einen Sinneswandel.

Was Nuris Geschichte deutlich von denen der vier werdenden Erzähler mit dem Per-aspera-ad-astra-Prinzip unterscheidet, ist sein Handlungsspielraum.

In diesem Rahmen leistet er einen Grenzgang zwischen Treue zu den Eltern und der Liebe zu seinem Traum, Erzähler zu werden. Amira und ihr Großvater sind ihm als Menschen wichtig. Und sie sind diejenigen, die ihm Zugang zu seinem Berufswunsch und damit zur Verwirklichung seines Traumes ermöglichen. Deshalb ist der Kontakt zu ihnen so wesentlich für ihn.

Obwohl »Traum« und »Trauma«, als jene Ereignisse, die die Erzählentwicklungen in Gang bringen, fast gleich klingen, bezeichnen sie doch sehr Verschiedenes. Nuri ist beharrlich und entschieden, respektvoll und geduldig. Er leidet unter der Gegensatzspannung, bleibt aber in Bewegung. So gelangt er Schritt für Schritt an den Punkt, an dem der Schalter umgelegt wird und auf überraschende Weise – jetzt auch durch Ereignisse von Außen – alles noch viel besser wird, als er es sich hätte träumen lassen.

Wie realistisch ist eine solche Entwicklung? So realistisch wie viele Geschichten, zu denen wir, wenn wir sie erleben, sagen: »Wenn jemand das in einem Roman schriebe, würden wir sagen, es sei unwahrscheinlich erfunden.«

Selber suchen und finden — S. 305

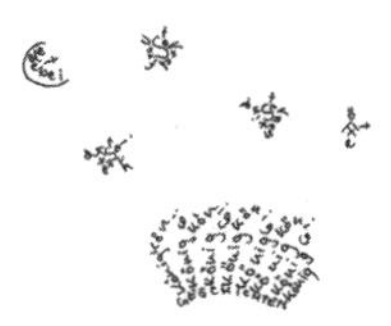

Als der König mit seiner Gegenwart unzufrieden wird und das zu suchen beginnt, was sein Leben vervollständigt, erhofft er sich eben dies vom Leben selbst. Er muss hinaus in die Welt, einen Weg durchmessen, Erfahrungen machen, Prüfungen bestehen, Begegnungen erleben und sich letztlich selbst »einen Reim auf das Erlebte machen«, der sein Leben im Königspalast rund machen wird. Auch das ist ein häufiges Geschichtenmotiv.

Beim Lesen dieser Erzählung sehe ich sowohl den Inhalt, der gesagt werden soll, als auch das Bild, in das er gekleidet wird, getrennt voneinander. Sie sind nicht vollständig eins, wie es bei einem Symbol in einem mündlichen Märchen ist.

Aber dem Kunstmärchen gelingt es doch, symbolischen Gestalten Leben einzuhauchen, und damit vertritt es in der Folge der Geschichten, die sich um das Erzählen und Lebenswege von Erzählenden ranken, einen Anteil an Poesie und Magie, eine Prise Sternenstaub, die immer dazugehört.

Nuri und der Geschichtenkönig haben beide eine gesicherte Lebensgrundlage und folgen aus dieser heraus einer Sehnsucht nach Entwicklung. Sie wollen mehr aus ihrem Leben machen und agieren deshalb. Das Erzählen ist ihr weiteres Stück Lebensqualität über das hinaus, was ihnen bereits zur Verfügung steht.

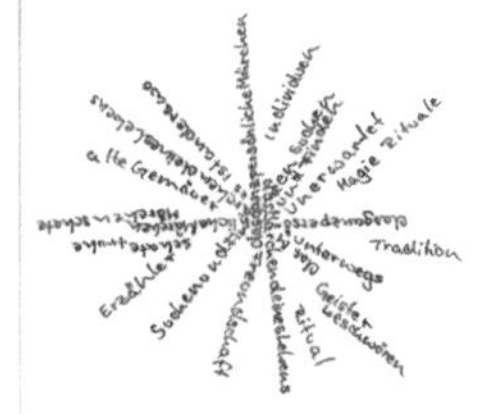

Marokkanische Märchensuche — S. 309

Auch Tahir unternimmt, wie es aussieht, seine marokkanische Märchensuche in einer existenziell gesicherten Lage, weil er es sich leisten kann und er durch und durch Künstler ist. So, wie er von seiner Suche nach dem »Märchen seines Lebens« erzählt, klingt eine spezielle Offenheit für skurrile Motive des Alltags durch. Er scheint an ihnen Freude zu haben. Er erlaubt sich, seinen Entscheidungen künstlerische Motive zugrunde zu legen. Es klingt auch eine begleitende spirituelle Qualität an. Dass sein Vater, der berühmte Idris Shah, ihm dazu einiges mit auf den Weg gegeben hat, ist anzunehmen.

Auch ohne die Dramatik eines Bruchs oder Traumas werden Geschichten als wichtiger Teil des Lebens gesehen. Das Thema des persönlichen Lebensmärchens taucht unausweichlich immer wieder auf, nachdem Tahir von dieser Idee einmal gehört hat. Dem Suchenden begegnen verschiedenste Erzählende und wie bei einem Puzzle wird nach und nach das Bild seines Weges und des Findens

»seiner Geschichte« sichtbar. Die von gelebten Märchenmotiven durchwobene marokkanische Kultur bietet dieser Suche eine bezaubernde Kulisse.

Manuel Torres da Silva, Nuri, der Geschichtenkönig und Tahir Shah sind aus verschiedenen eigenen Motiven heraus aufgebrochen, um dem Erzählen näher zu kommen.

Dass sie in unterschiedlichem Ausmaß reale Personen oder erfundene Gestalten sind, spielt für unsere Frage nach dem, was wir durch ihre Geschichten über das Erzählen erfahren, keine große Rolle. Die Nähe oder Distanz der realen Erzählenden zu ihren Hauptpersonen ist natürlich ein erzähltechnisches Thema, aber der rote Faden in diesem Zeitraffer ist ein Reigen von Erzählergestalten, deren Situationen, Wegen und Motiven.

Eine Leitfrage, die diesen Reigen bewegt, ist: Welche Facetten haben Erzähllebensläufe und was sagen sie über die Position des Narrativen im Menschenleben? Dafür ist jede Erzählung gleichermaßen relevant! In jedem Fall geben Erzählende über diesen Aspekt ihres Daseins Auskunft. Protagonisten sind auf verschiedenste Weise mehr oder weniger biografisch.

Als nächstes begegnen uns drei Erzähler, die es bereits sind. Und in dieser Erzählereigenschaft haben sie Herausforderungen zu meistern.

Wenn Dan Yashinsky, Dai Sije, Manusch Zaeri-Esfahani und andere Erzählende autobiografische und fantastische Motive zu einer Geschichte verflechten, können wir ihnen dabei zusehen, wie sie ihr Metier zugleich reflektieren.

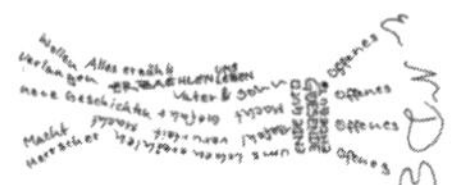

Ein Geschichtenerzähler unter Anklage — S. 313

Es klingen wieder existenzielle Motive an: Der Geschichtenerzähler ist angeklagt, seine Arbeit nicht gut genug zu machen. Es ist schon fast zu spät: Wenn er nicht von heute auf morgen die von seinem Auftraggeber geforderte Leistung erbringt, verliert er seine Stellung und damit den Lebensunterhalt für sich und seine Familie.

Er greift zu genau dem Stoff, um den es geht: Held seiner Rettungserzählung ist sein Sohn, der als Zuhörer Geschichten fordert, die nicht gut ausgehen – und dennoch gute Geschichten sind. Kunstgerecht wird die Gestalt seines Sohn zum ersehnten Rettungsanker. Er bietet das Sprungbrett, das das Geschichtenmotiv in die Wirklichkeit bringt.

Wie Scheherazade ihre Erzählungen so platziert, dass der mächtige Zuhörer vom anbrechenden Tag bis zum nächsten Abend ihr Leben verschont, um das Ende der Geschichte zu hören, wie im Märchen Reisende einen Dämon besänftigen, indem sie ihm spannende Geschichten erzählen, so holt auch Dan Yashinskis Ich-Erzähler aus der Realität und ihrer Spiegelung in der Geschichte seine

Rettung: Der wirkliche Sohn muss entscheiden, ob dem Vater gelungen ist, seine Forderung zu erfüllen. Würde der Bann nicht gebrochen, fände die Geschichte nicht ihr Ende, aber das ist es, was der drohende Mächtige will: Das Ende der Geschichte erfahren.

Eine Stimme macht Worte hörbar — S. 317

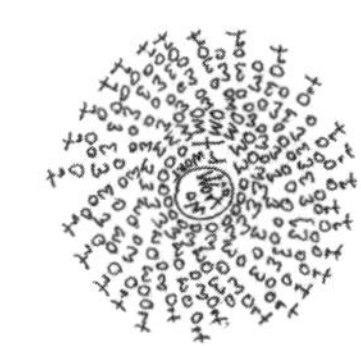

Auch Joel ben Izzy begegnen wir, als er bereits ein etablierter Erzähler ist. Aber jetzt geschieht es: Durch eine Erkrankung und eine Operation hat er die Stimme verloren. Ein äußeres und inneres Abenteuer beginnt, bei dem wir ihn begleiten. Wie autobiografisch ist diese Erzählung? Der Ich-Erzähler wird wohl, ähnlich wie bei Tahir Shah und Dai Sije, eine künstlerische Überformung oder Umformung des wirklichen Erzählers sein.

Es besteht ein Nahe-Verhältnis, das keine volle Identität ist. Wie bereits thematisiert, haben Erzählende zu den Geschichtengestalten eine spezielle Nähe und Distanz. Die Qualität dieser Beziehung zu formen und mit ihr bewusst umzugehen, ist ein Aspekt von narrativer Kunstfertigkeit.

Joel erzählt von der Not, wenn einem etwas Schönes, das man wie selbstverständlich vorhanden hielt, abhanden kommt. Auf einmal hat die Stimme des Erzählers eine neue Bedeutung. Sie glänzt durch Abwesenheit.

Zu schreiben statt mündlich zu erzählen, ist nur eine Teillösung, denn natürlich ist die Stimme auch ein Teil des persönlichen Lebens. Die neu gewonnene Freude am Zuhören kann den Verlust nicht aufwiegen.

Wie Scheh, Dermot und den beiden chinesischen Jünglingen widerfährt Joel etwas Schlimmes, das sein Verhältnis zum Erzählen verändert und in neuem Licht erscheinen lässt. Die wichtige Rolle des Zuhörens, die sowohl die Erzählenden selbst als auch ihr Publikum betrifft, klingt in Joel ben Izzys Erzählung an.

Es geht auch um die Positionierung einer Person in der Gesellschaft. Joel klingt mit seiner »kleinen Stimme« am Telefon wie ein Kind und wird nicht mehr für voll genommen. – Ein politisches System gibt einem Menschen eine Stimme, mit der er wählen und für sich und andere eintreten kann. Oder ein totalitäres Regime verbietet einem das Wort.

Ein weiteres zentrales Motiv ist die Haltung, die Erzählende und Geschichtengestalten zu den Geschehnissen einnehmen. Denn, wie Joels alter Lehrer Lenny sagt, Helden und Heldinnen sind dies nur in unseren Augen, aber sie sehen sich selbst nicht unbedingt so. Wer weiß, wie sie entscheiden würden, böte man ihnen an, aus dieser Geschichte heraus an einen anderen, erfreulicheren Ort versetzt zu werden. Aber das wäre nicht in unserem Sinne, denn wir, die Erzählenden und Zuhörenden, brauchen, dass sie all diese Schwierigkeiten meistern und die Mühen ertragen, bevor alles gut wird, und sie gehen dürfen.

Wird eines Tages jemand die Menschenrechte für Geschichtengestalten einfordern? Hier hilft uns die Grenze zwischen Realität und Fiktion.

Plappern, schweigen – oder wirksame Worte sprechen — S. 323

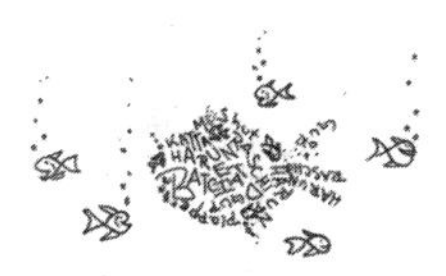

Harun reist in der Erzählung vom Meer der Geschichten in eine fiktive, zugleich nicht-fiktive Welt, denn insgeheim hat das »Meer der Geschichten« mit dem Leben der Helden im Kleinen und der Politik im Großen zu tun.

Die auf den ersten Blick etwas verschroben und versponnen erscheinende Erzählung bekommt in dem Moment Sinn, in dem das Schicksal Salman Rushdies, des Autors, als Hintergrund gesehen wird.

Wenn das Retten des Meeres der Geschichtenströme scheinbar umständlich und langwierig geschildert wird, so bleibt es vor Rushdies Erlebnishintergrund doch ein Wunder, dass Harun, Raschid und ihre Freunde mit ihren Erlebnissen überhaupt zu einem glücklichen Ende kommen. Rushdie erzählt, so vermute ich, mit diesen fantastischen symbolischen Wendungen gegen eine Realität an, die erdrückend sein könnte. Die Ehrlichkeit des Erzählers fordert, dass die Entwicklung der Geschichte in sich stimmig anfühlen muss. Lösungen müssen glaubwürdig sein. So stelle ich mir vor, wie immer wieder »Khattam Shud«, der Meister des Verstummens, der in der Wirklichkeit wohl noch einige andere Namen hat, Rushdies Erzählen bedroht.

Das Ringen um den guten Schluss bildet die Ausdauer des Autors in der Wirklichkeit ab. Dieser Ausdauer und Entschiedenheit verdanken wir es, dass er weiterhin, trotz der damit verbundenen Mühen, Gefahren und Verluste, seine Geschichten so dichtet, wie sie für ihn stimmig sind.

Wie Dai Sije war Rushdie in Lebensgefahr, weil seine Überzeugungen Mächtigen missfielen, weil er darüber hinaus aktiv für Meinungsfreiheit eintrat und seine Ansichten ungeachtet der Drohungen und Verbote wirksam äußerte.

Einerseits können Geschichten der Ausweg sein, um »durch die Blume« das Verbotene doch noch zu sagen. Andererseits kann auch dieser Freiraum von den Mächtigen eingeschränkt werden, sodass sie teuer für ihren Mut bezahlen.

Im Bogen der auf einander folgenden Geschichten werden auf den kommenden Seiten kulturelle und gesellschaftliche Themen beleuchtet, mit denen das Erzählen sich verbinden kann: mit Politik und Meinungsfreiheit, Psychotherapie, historisches und ethnologisches Wissen, Reisen, Begegnungen, Pädagogik, Ethik und Flucht.

Erzählen, was werden soll — S. 326

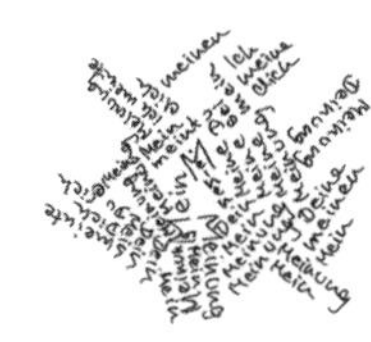

Diese Erzählung nimmt Aspekte aus Rafik Schamis »Hand voller Sterne« auf. Das Buch ist autobiografisch erzählt, und wir erleben einen Autor, der auch mündlicher Erzähler ist.

Rafik hat, wie Nuri, einen Mentor. Sein erwachsener Freund ist Salim, der Kutscher. Auch Naftalis Vater ist Kutscher und Erzähler. Ein Zufall? Sinnvoll allemal, denn ein Kutscher ist viel unterwegs, langsam unterwegs, begegnet Menschen und ist auf die Kommunikation mit ihnen angewiesen. Er hat auf den einsamen Wegstrecken viel Zeit, in Gedanken etwas auszuspinnen, und erfüllt sich dadurch sein Bedürfnis nach inneren Welten.

Wie in Rushdies und Dai Sijes Umfeld wird auch in Damaskus, wo der junge Rafik lebt, das Aussprechen der eigenen Überzeugungen sanktioniert. In der Welt des Narrativen wird dieser Umstand zu einem lebenswichtigen Thema. Schami erzählt also von Wegen des Widerstandes. Es geht in »eine Hand voller Sterne« um Meinungsfreiheit. Es geht um die Entschiedenheit, für Meinungsfreiheit wenn nötig auch mit List und Mut einzutreten. Anders als Rushdies Harun, der uns in eine symbolisch-fantastischen Welt mitnimmt, agiert Rafik in einer historisch verbürgten Realität.

Während die beiden chinesischen Burschen in der Umerziehung alle Hände voll damit zu tun haben, mithilfe ihres erzählerischen Könnens in der fremden Umgebung, die ihnen aufgezwungen wird, zu überleben, sehen wir den jungen Rafik in seinem angestammten Stadtteil leben. Hier tritt er für seine eigenen Überzeugungen ein, bleibt ihnen treu und nimmt dafür Gefahren in Kauf. Es geht um die politische Wertigkeit des Wortes.

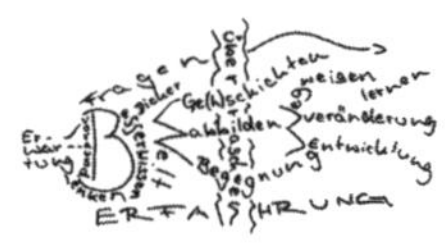

Wie Geschichten Lebenswissen mitteilen — S. 330

Erzählen hat eine Fülle gesellschaftlicher Funktionen. Wenn der Psychotherapeut Bucay in »Komm, ich erzähl dir eine Geschichte« von seiner Arbeit erzählt und Einblicke gewährt, wie er das Erzählen therapeutisch einsetzt, wechselt er die Perspektive und lässt sich selbst, vom ich-erzählenden Klienten beschrieben, nur als »den Dicken« vorkommen. Wie weit das autobiografisch ist, bleibt zu sehen, jedenfalls ist es als erzählerische Figur humorvoll.

Wenn Erzählen als politisches Mittel und als Werkzeug in der Psychotherapie eingesetzt werden kann, wo noch? Erzählen lädt zur Verwendung in pädagogischen Kontexten, in der Kulturvermittlung, im Verkauf und in der internen Kommunikation in Unternehmen ein. Im Privatleben ist es eine Interaktionsform, die den Alltag kulturell aufwertet.

Erzählen kann in sich und an sich eine kulturelle Handlung sein. So wie Konzert, Theater, Lesen, Filme-Sehen und Gemälde-Betrachten kann Erzählen zur Unterhaltung und Inspiration dienen. Erzählkunst kann etabliert und angesehen sein.

Erzählen und lieben — S. 331

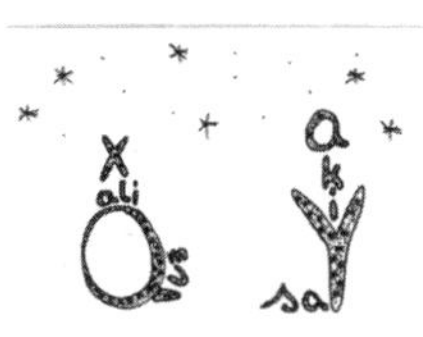

An einem fernen Ort und in einer weit entfernten Zeit gab es eine sehr ausgeprägte Erzählkultur, so wird erzählt. Auch heute können wir sie erfahren. Sie ist etabliert. Es gibt Veranstaltungen, die festivalartig jährlich stattfinden und auf verbindliche Weise ablaufen. Zuhörende kommen gezielt dorthin. Es werden an Erzählende hohe Ansprüche gestellt und sie wachsen in eine vorhandene, lebende Tradition hinein. Sie sind Berufserzählerinnen und -erzähler. Sie gehen in die Lehre und erlernen die Könnerschaft, Erzählen beruflich auszuüben.

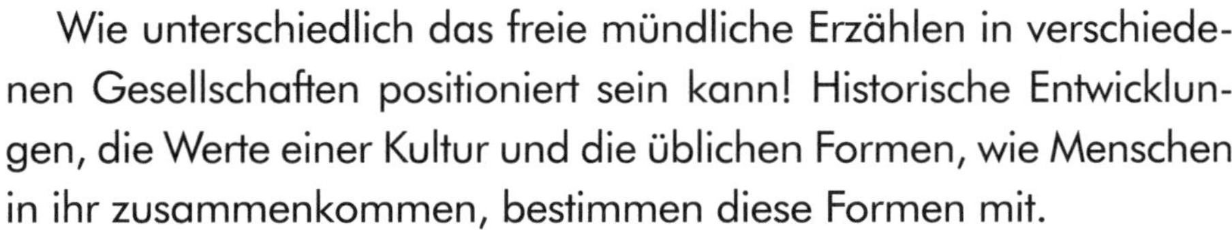

Wie unterschiedlich das freie mündliche Erzählen in verschiedenen Gesellschaften positioniert sein kann! Historische Entwicklungen, die Werte einer Kultur und die üblichen Formen, wie Menschen in ihr zusammenkommen, bestimmen diese Formen mit.

Wo und wie kann Erzählen in der Gesellschaft eine Rolle spielen? Als Kunstform, als pädagogisches und therapeutisches Mittel, als Teil von Ritualen, als Unterhaltung und Freizeitgestaltung, als Methode, das Denken, Planen und Visionieren zu entwickeln. Und wenn Menschen an einem Ort verweilen und »nichts zu tun« haben. Das Gute am Erzählen ist, dass es mobil ist und man wenig dafür braucht. Mit Facetten von Imagination, Inspiration und Intuition und – wie Joel Ben Izzy uns gelehrt hat – einer Stimme ist das Nötige schon da.

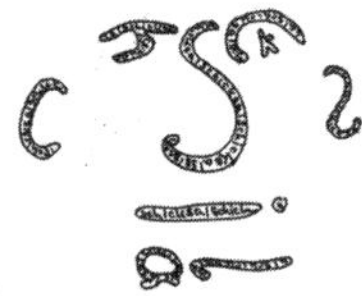

Wie Schicksale sich in Bildern verflechten — S. 336

Wie wir im Schloss und der Taverne erfahren, in denen sich Schicksale kreuzen, geht es unter Umständen sogar ohne Stimme. Hier wird erzählt, indem Bilder gezeigt und betrachtet werden – in der Bereitschaft, Narrative aus ihnen herauszulesen.

Was tun Menschen, wenn sie miteinander Zeit verbringen? Etwas, das ihren Intellekt stimuliert, das sie in Kontakt bringt, mit dem sie einander etwas mitteilen und Verständnis spüren. Sie teilen Geschichten miteinander.

Wo kommt Erzählen noch in der Gesellschaft vor? Die häufigst zitierte Gelegenheit ist, wenn Kinder in den Schlaf erzählt werden. Die Gute-Nacht-Geschichte ist ein Zugang zum Erzählen, den viele Menschen, die sonst von dieser Kulturtechnik nicht viel wissen, freudestrahlend erwähnen.

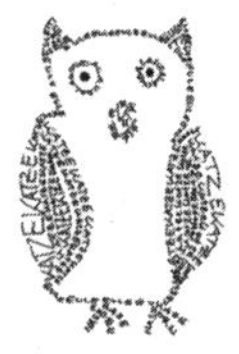

Eine lehrreiche Geschichten-Kette — S. 338

Die kleine Eule wird in den Schlaf erzählt. Daraus entsteht ein bezauberndes und lehrreiches Spiel mit der Geschichtenwelt und ihrem Wirklichwerden. Es geht um Werte. Es geht ums Verarbeiten des Erlebten. Es geht um Kontakt, Trost und Vertrauen und es geht um Mut fürs eigene gute Handeln.

Erlebtes erzählt — S. 340

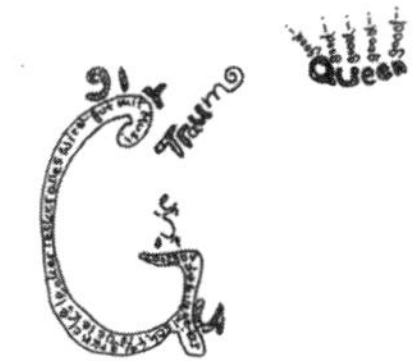

Ethik, die Wahl, Gutes zu tun und Bösem zuwider zu handeln ist ein Motiv, das von Sophiechen und dem Riesen vertreten wird. Märchen und andere traditionelle Geschichten dienen häufig zum Vermitteln von Wissen über Lebenswege und thematisieren Entscheidungen über eigenes Verhalten. Sie verbildlichen Stoffe, um ethische Entscheidungen zu diskutieren, zu reflektieren und vorzubereiten und sind dazu geeignet, die Auseinandersetzung mit diesen Themen zu initiieren.

Ob wir uns groß oder klein fühlen, es zählt die bewusste Entscheidung über das eigene Handeln. Das ist ein zentrales Thema des mündlichen Erzählens und traditioneller mündlicher Stoffe. Sie übernehmen damit eine wichtige Funktion in der Gesellschaft.

Athabasca — S. 341

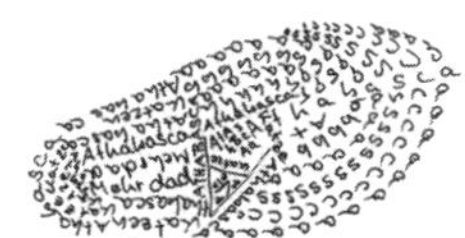

Auf der Flucht, einem Thema, das leider immer wieder gesellschaftliche, politische, soziale und menschliche Dimensionen berührt, ist das Erzählen von großer Bedeutung. Es dient als soziales Mittel, um Menschen miteinander zu verbinden und Vorstellungswelten sowie geschützte Räume zu schaffen, in denen Erlebtes verarbeitet werden kann. Darüber hinaus regt es zum eigenen Erzählen an und hilft, Sprachlosigkeit zu überwinden.

Wenn Geflüchtete alles Materielle verloren haben und mit dem Leben davongekommen sind, tragen sie dennoch die Schatzkammern ihrer Kultur in sich, die sie seit ihrer Kindheit aufgenommen haben. Diese Geschichten sind ihr persönlichstes Eigentum. Mahteb, das Alter Ego von Manusch Zaeri-Esfahani in der Erzählung vom Mondmädchen, meistert die Flucht durch eine intensiv erlebte Parallelwelt, in der sie Rat, Unterstützung und ein Zuhause findet. Die Künstlerin vermittelt ihre Fluchterlebnisse „durch die Blume" und verleiht der Welt der Geschichten ein Eigenleben. Die Poesie tritt in den Vordergrund, während die Dramatik subtil durchscheint.

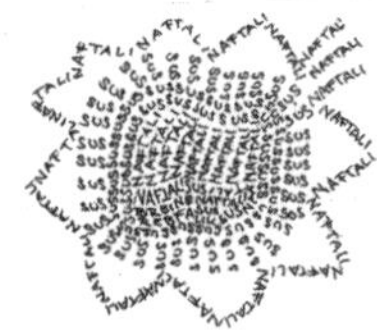

Geschichten sind lebensnotwendig — S. 344

Schlüsse sind sehr wichtige Teile von Geschichten. Wer sich des Endes der erzählten Geschichte sicher ist und ihn – zum geeigneten Zeitpunkt – gern erreichen will, gibt sich und den Zuhörenden ein Gefühl, gut aufgehoben zu sein. Wer einen stimmigen Schluss kennt und dorthin zielt, kann zugleich in einer Übersichtsposition und »mitten im Geschehen« sein, was die Qualität des Erzählens erhöht.

Der Schluss dieses erzählerischen Bogens wird von Naftali, dem polnisch-jüdischen Erzähler in einer noch wenig technisierten Zeit vertreten. Wir erfahren Naftalis ganze Lebensgeschichte, sein Heranwachsen, seinen Weg zum Erzählersein, die Wichtigkeit, die Geschichten für ihn persönlich haben und die Innigkeit, mit der er sich ihnen widmet. Isaac Bashevis Singer, der Erzähler von Naftalis Geschichte, verleiht ihr einen Grundton von Zufriedenheit und der Stimmung, dass »es gut so ist, wie es ist«.

Entscheidungen werden getroffen. Überlegungen werden angestellt. Vorschläge werden gemacht und bei alledem ist ein Grundton von Bejahung da. Es gibt keine laute Dramatik. Keine Dilemmata, Krisen oder Traumata tauchen auf. Was zunächst widersprüchlich erscheint, wird in Naftalis Handeln in aller Ruhe verbunden.

Der Verlauf der Erzählung ruht in sich, schmunzelt leise, als zockelte man selbst auf einer vom liebenswürdigen Pferd Sus gezogenen, selbst gezimmerten Kutsche durch beschauliche Natur von Dorf zu Dorf, wo friedliche Menschen sich über Geschichten freuen und das, was sie haben, bereitwillig mit einem teilen.

Es ist eine Geschichte, in der es nicht nur am Schluss, sondern von Anfang bis Ende gut ist. Sie macht Mut und bringt Friede in die Welt. Deshalb bildet sie zu diesem Geschichtenbogen das Schlusswort.

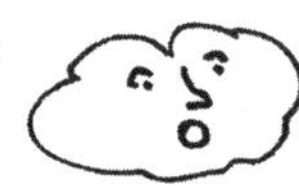
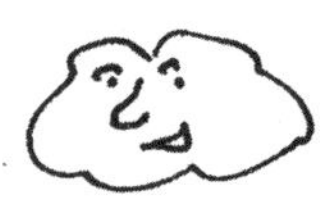
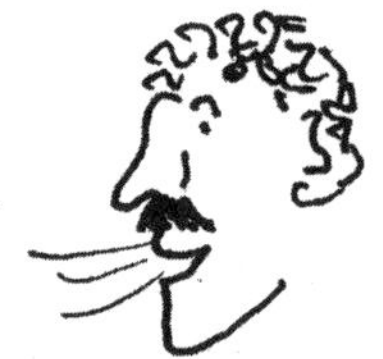

Kapitel 4

Wesentliches zum mündlichen Erzählen

Geschichten, die wie Menschen sind

Traditionelle mündliche Geschichten verhalten sich, wenn ich als Erzählerin mit ihnen zu tun habe, oft wie Menschen. Wie kann das sein? Natürlich geschieht es unter anderem durch die Art, in der ich mit ihnen umgehe. Das Personifizieren der Märchen hat sich zum Beispiel bewährt. Es hat sich auf verschiedene Weise als sinnvoll erwiesen. Deshalb habe ich es Schritt für Schritt entwickelt. Manche Kolleginnen und Kollegen machen es ähnlich.

Es ist ein einleuchtendes Spiel, wenn ich Kindern, die in einer Erzählstunde wild oder unaufmerksam sind, sage: »Oje, jetzt sind die Märchen erschrocken und weggelaufen!«

Die Kinder verstehen das. Es eröffnet ihnen die Möglichkeit, selbst zu wählen, was sie tun wollen, und macht ihnen die Geschichten zugänglich. Die Erzählstoffe treten als eigene Größe, als Gegen-

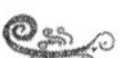

über, als potenzielle Spielgefährten und auch als Verhandlungspartner auf. Die figurale Rede lädt zu Empathie ein und wer diese übt, versteht sich und die Welt besser.

Wenn ich bei der Wahl des Erzählstoffes sinniere: »Mal sehen, welche Geschichte jetzt daherkommt…«, wirkt dieses Spiel auch auf erwachsene Zuhörende in einer Weise, die uns in die Welt des Erzählens, Fantasierens und bildlichen Denkens hinein geleitet. Wir machen dabei innere Reisen und Gedankenexperimente. Wir ergründen die reale Welt, indem wir sie abbilden, mit den Abbildungen spielen und entdecken, inwiefern sie stimmen und inwiefern nicht.

Wenn ich einen Erzählstoff wie einen menschlichen Gast zu uns einlade, gehe ich in eine Haltung des Hineinlauschens, denn wenn die Märchen einen eigenen Willen haben und ich etwas von ihnen will, lohnt es sich, mich gut mit ihnen zu stellen.

Für eine schöne Erzählperformance wäre es nachteilig, wenn ich etwas zu erzwingen versuchte. Die daraus entstehende Anspannung und Lieblosigkeit wären spürbar und würden bewirken, dass künstlich wirkte, was kreativ und kunstvoll sein soll.

Das Hineinlauschen in das, was gerade da ist, ist organisch und natürlich. Es ermöglicht mir, das, was ist, wahrzunehmen. Ich bekomme die Chance, sehr flüssig und stimmig zu agieren. Diese Leichtigkeit kommt dem Erzählvergnügen zugute.

Und es ist mehr als nur ein Spiel. Es ist eine Entscheidung, die auf Erkenntnissen basiert und sich immer wieder bewährt. Tatsächlich habe ich bei den Erzählstoffen, mit denen ich arbeite, eine Art Eigenwillen und eigene Wünsche beobachtet.

Oder anders gesagt, ich habe festgestellt, dass es hilfreich ist, sie »wie Menschen« zu behandeln. Dadurch werde ich ihnen gerecht und ermögliche den Zuhörenden, Zugang zu den Geschichten zu finden.

Es ist eigentlich logisch: Menschen haben sich seit Jahrhunderten in Geschichten ausgedrückt, sie miteinander geteilt, sich auf sie eingelassen, sie begehrt und zu sich eingeladen – und wie Dschinroku und andere Erzähler mit ihnen gelebt. Kein Wunder, dass sie »mensch-förmig« sind.

Wenn ich Geschichten als anthropomorph wahrnehme, gehe ich respektvoll mit ihnen um, und sie »danken es mir«, indem sie sich mir anvertrauen. Fairness entsteht in unserem gemeinsamen Raum.

Werte werden verwirklicht und prägen die Atmosphäre, indem ich sie meinem Handeln zugrunde lege, auch wenn das in gewisser Weise ein Tun-als-ob ist.

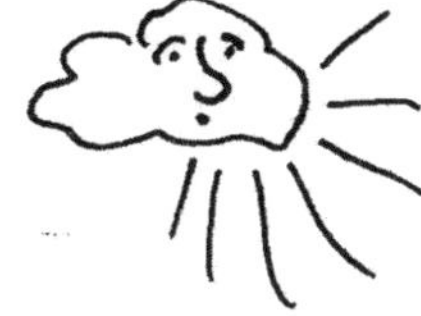

Personifizieren, anthropomorphe Darstellung und was sie bewirken

Was personifiziert wird, lädt zu Perspektivenwechseln ein. Der Tod, die Not, das Schicksal und das Glück treten in traditionellen mündlichen Erzählungen in menschlicher Gestalt auf. Dadurch können sie für sich selber sprechen und gängige Urteile infragestellen. Wenn uns ihre Argumente einleuchten, bringt das Dynamik ins Erzählgeschehen. Es entsteht eine besonders lebenssprühende Geschichtenwelt.

Der Respekt, der mich in einem Narrativ ein Gegenüber sehen lässt, das eigene Rechte hat, macht das weite Feld des Erzählens sinnlich und nachvollziehbar.

Personifizieren und anthropomorphe Darstellung als gedankliche Figuren und Verhaltensweisen thematisieren Menschlichkeit und stellen sie in den Mittelpunkt. Erzählend und zuhörend praktizieren wir sie. Wir üben mit Hilfe der Geschichten einen humanen Umgang miteinander.

Wenn Erzählkultur Verfeinerung und Sinn bringen soll, wenn sie inspirieren soll und uns mit intellektuellem und emotionalem Werkzeug für unser Leben ausstattet, lohnt es sich, genauer hinzuschauen, was dabei geschieht. Es ist jedenfalls ein ästhetisches, kluges, lebendiges und organisches Geschehen.

Traditionelle mündliche Geschichten verwenden den Kunstgriff des Personifizierens immer wieder. Sie lassen Schicksalskräfte, Naturgewalten und Gestirne in menschlicher Gestalt auftreten und spielen mit deren Charakter. Die personifizierte Not beteuert, der Jüngling, der sein Glück suchen geht, müsse sie mitnehmen, denn sie gehöre zu ihm, sie sei ihm doch all die schweren Jahre lang treu gewesen. Es klingt völlig logisch und wir können ihr aus ihrer eigenen Sicht nur Recht geben. Wir verstehen aber auch, dass der Jüngling sie überlistet und sich ihrer entledigt und gönnen ihm sein Glück. Bei der Entscheidung über das eigene Handeln ist halt nicht immer das relevant, was jemand anderer will. Manchmal ist seine Sicht der Dinge zu kennen deshalb so hilfreich, weil dadurch klar zu sehen ist, wie sie sich von dem, was wir selber brauchen, unterscheidet.

Wenn wir als Erzählende und Zuhörende in Geschichten einsteigen, üben wir eine sehr flexible, bewegliche Sicht der Dinge. Wir haben die Möglichkeit, in verschiedene Rollen zu schlüpfen und eine Situation als Ganzes mit ihren Dynamiken zu erleben. Wir sehen deutlich, welche Wünsche und Verhaltensweisen der Beteiligten welches Verhalten der anderen hervorrufen. Das befähigt uns, Ideen zu entwickeln, wie alle Anwesenden zu dem, was ihnen gut tut und zusteht kommen können, wie in einer gelungenen Mediation.

Wenn wir diese Fähigkeit im richtigen Moment im Alltag einsetzen, eröffnet sich uns die Möglichkeit zu tiefgreifenden Einsichten und einer besonderen Art des Umgangs mit unseren Mitmenschen. Dies bedeutet jedoch nicht zwangsläufig, dass wir es ihnen immer recht machen müssen.

Wir bekommen einen schärferen Blick für das, was wirklich in unserem eigenen Interesse und im persönlichen Verantwortungsbereich liegt oder was für das große Ganze besser ist.

Wenn das personifizierte Schicksal Caterina freistellt, ob sie jetzt in der Jugend oder später im Alter Schwierigkeiten haben will, wenn es sie dann als reale, nur für sie selbst sichtbare Person verfolgt und sich dabei mächtig verausgabt, wird ein geistiges Prinzip sichtbar.

In manchen Lebensphasen kann es hilfreich sein, eine belastende Folge von Schwierigkeiten anthropomorph zu sehen, als ginge diese Anhäufung von einem Wesen mit eigenem Willen aus, mit dem sich dann auch verhandeln lässt. Wir gehen aus der Desorientiertheit und Hilflosigkeit hinaus, wenn wir das, was uns widerfährt, in solchen klaren Bildern greifbar machen.

Kommen Menschen mit gleichen Erfahrungen zusammen, wie es mir mit einer Gruppe geflüchteter Frauen aus verschiedenen Kulturen beim Erzählen dieser Geschichte geschehen ist, kann gegenseitiges Verständnis zu spüren sein: »Ja, so fühlt es sich an, bei dir und bei mir.« Es bleibt traurig und schwer, aber es wird eine Gemeinsamkeit erlebt. Verständnis wächst und Distanz zu dem, was einem widerfahren ist, kann reifen. Mithilfe des Erzählens und der inneren Bilder können wir Erlebtes in den Griff bekommen.

Das Personifizieren kann zu komischen und bezaubernden Vorstellungen führen. Wenn der Tod eingesperrt ist und deshalb die geschlachteten Hühner nicht sterben können, sondern kopflos herumlaufen, kommt eine eigene Logik ins Denken und Vorstellen.

In einem japanischen Märchen wird der Tod vom Himmelsherrscher mit der Entlassung bedroht, weil er den Maler Tuo Lanka nicht, wie ihm aufgetragen wurde, mitbringen konnte. Der Himmelsherrscher überlegt sich, die Stelle, die dieser Tod jahrtausendelang innehatte, neu auszuschreiben und jemand anderen anzustellen. Können wir Menschen Mitgefühl mit dem Tod haben? Diese Geschichte kann so erzählt werden, dass wir uns mit ihm identifizieren, wenn er an seiner Ehre und seiner Berufung hängt. Wir sehen zu, wie er das zuvor Misslungene hoch motiviert neuerlich versucht und sich etwas wirklich Gutes überlegt, um nicht nochmals unverrichteter Dinge aus dem Atelier des Meisters wegzugehen. Wir sind verlockt, die Perspektiven beider Hauptpersonen, des Malers und des Todes, anteilnehmend zu verfolgen und sind darum erleichtert, wenn es eine versöhnliche, für beide befriedigende Lösung gibt.

Beim Erzählen und Zuhören finden Gedankenexperimente statt, die inspirierend sind.

Das »Mensch-Förmige« der traditionellen Erzählstoffe ist uns nah genug. Wir verstehen es leicht. Wenn wir es verkörpern, können wir es gut erzählen. Damit ist gemeint, dass wir beim Aneignen und Zubereiten des Stoffes die Körperwahrnehmung nützen. Das kann helfen, die Geschichtengestalten lebendig zu machen, ohne dabei vorzeigend theatral zu werden. Verkörpern hilft, Geschichten zu verstehen, sie uns zu merken und sie interessant und berührend zu präsentieren.

Märchen und andere Geschichten enthalten hilfreiche »Tipps« für das Handeln im Alltag. Sie sind so bildlich und so konkret, dass wir sie beim Erzählen und Zuhören mit allen Sinnen wahrnehmen können. Es wird leicht, über das Körpergedächtnis auf die originellen Wendungen, die die Protagonistinnen und Protagonisten zu erstaunlichen Erfolgen führen, zurückzugreifen.

Weil die Welt der Märchen der realen Welt ähnelt, entdeckt unsere Wahrnehmung die Analogien unmittelbar. Die bildlichen Vorstellungen korrespondieren mit dem realen Handeln. Sie brauchen nicht wie theoretisch gewonnene Erkenntnisse erst in den Handlungskontext übersetzt zu werden.

Natürlich gleichen diese Analogien nicht eins zu eins unserer Wirklichkeit. Sie sind keine Handlungsanweisungen, sondern zeigen verdichtete Möglichkeiten. Das eigene Handeln bleibt persönliche Wahl. Für diese stellt die parallel auftauchende Geschichtenwelt die Weite der Vorstellungskraft zur Verfügung und begünstigt originelle Lösungen.

Die Geschichtenanalogie verbindet uns mit dem Wohlgefühl, mit dem wir diese Bilder in der Erzählgemeinschaft verknüpft haben und kann dadurch den Stress in einer herausfordernden Situation relativieren.

Wann kann eine Märchenhandlung im Alltag hilfreich sein?

Zum Beispiel, wenn es eine Verkaufsverhandlung gibt und wir die Frau des Brennholzsammlers in ihrer fabelhaften Haltung beim Verkauf des ersten Edelsteines in Erinnerung haben. Oder wenn wir erschöpft, ratlos und desorientiert sind und, wie die Königstochter auf der Suche nach dem weißen Wolf einem kleinen flackernden Licht folgen, das zu einem Helfer führt. Oft kennen wir jemand, der oder die uns in einem bestimmten Fall raten und unterstützen kann und wird. Er oder sie muss uns nur erst einfallen. Aber was, wenn wir »in den Dornen hängen bleiben«, den Mut verlieren und nicht bis zu ihnen hin kommen? Das Wesen von Volksmärchen ist, dass sie Gelingen zeigen und daher Zuversicht vermitteln. Schon diese Haltung kann den Ausschlag geben, ob wir geduldig genug nach »dem Licht, das zwischen den Bäumen durch flackert« Ausschau halten.

Sehr konkrete, den Dingen und Räumen des Alltags ähnliche Szenerien werden in traditionellen mündlichen Geschichten symbolisch genützt. Eine Hütte, an die man anklopft, eingelassen wird und zu Gast sein darf oder die Tür des eigenen Hauses, die dem erschöpften und verzweifelten Brennholzsammler verschlossen bleibt, sind Bilder, die starke Erlebnisse spiegeln und sich auf reale Situationen übertragen lassen. So wie in einem Moment, in dem jemand nach einem einstündigen Beratungs- und Sondierungsgespräch zu mir sagte: »Bei meinen Leuten rennen Sie mit dem Kopf an die Wand.« Wie froh war ich, als ich mich sofort antworten hörte: »Nein, so etwas tue ich nicht. Ich gehe an der Wand entlang, bis ich eine Tür finde. Da klopfe ich an und warte, bis mir jemand aufmacht.« Und ich wusste, dass das zum einen auf mich zutraf und zum anderen auch die richtige Art ist, auf so eine Aussage zu reagieren. Es war eine Übung im bildhaften Denken.

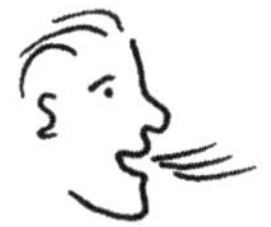
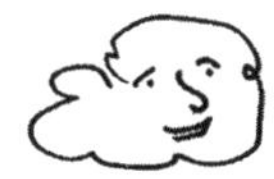
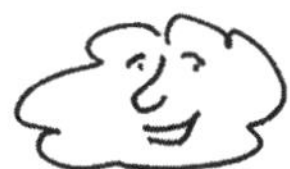

Sich von Geschichten finden lassen

Wenn Geschichten uns finden, kann eine Suchwanderung wie die von Tahir Shah oder dem Geschichtenkönig oder ein lebenslanges Sichwidmen wie bei Naftali und Scheherazade der Kontext sein: Eine Erzählende kann eine kurze Geschichte gesucht haben und von einer langen gefunden worden sein, wie es Katharina Thier im Video »Erzählstoff« berichtet. Oder eine Erzählende lauscht zu Beginn eines Auftritts in die Situation hinein und lässt aus dem Repertoire die Geschichten kommen, die genau hierhin passen. Es kann aber auch einer Person, die nicht viel mit dem Erzählen am Hut hat, geschehen, dass eine Geschichte so stimmige Analogien zu einen wichtigen Aspekt ihres Lebens, einem Problem, einer Vorliebe oder sonst einem roten Faden im Gewebe des Alltags hat, dass sie auftaucht, sie begleitet und in eine erklärende Position zum Geschehen geht. Eine solche Geschichte, die das Leben oder eine Lebensphase begleitet, kann auf verschiedenste Weise zu uns kommen: in Form eines Lieblingsfilms, einer Serie oder Radiosendung, eines Romans oder Hörbuchs, als Content eines Youtubers oder in einer mündlichen Erzählung. Dies ist ein Teil von Erzählkultur.

Zur Erzählkultur gehören im Alltag präsente Stoffe und Geschichtenmotive, verschiedene Erzählsituationen, wie das Witzeerzählen am Stammtisch, das Erzählen darüber, was ich heute erlebt habe und was ich vorhabe in Familie und Freundeskreis, die Gute-Nacht-Geschichten, das Erzählen beim Warten, beim Auto- oder Bahnfahren, beim Wandern, bei handwerklichen Tätigkeiten und andere Facetten des Alltagserzählens.

In Wien sind zum Beispiel die Bassena-Gespräche legendär: Es gab früher in Zinshäusern ein Wasserbecken (Bassena genannt) auf dem Hausflur jeden Stockwerkes. Da sich mehrere Hausbewohner diese Wasserquelle teilten, traf man sich hier und tauschte Klatsch und Tratsch aus. Ähnlich scheint es in Island bei den Milchstationen gegeben zu haben: Die Milchkannen wurden auf hölzernen Podesten am Straßenrand zur Abholung bereit gestellt. Diese Podeste wurden natürlich, wie die Bassena, von mehreren Familien, hier von den Bewohnern mehrerer Höfe, benützt. Weil der Milchfahrer regelmäßig die Strecke abfuhr, brachte er auch die Post. Es ergab sich, dass er zudem Neuigkeiten zu erzählen hatte. Und so trafen sich die Menschen bei diesen Plattformen, um zu tratschen, alltagswichtige Dinge zu holen und zu bringen. Ein regionales Informationszentrum.

In einer solchen Zeit und kulturellen Lage können wir uns die Geschichte von Paddy Ahern vorstellen: Orte und Zeiten mit wenig Technisierung und viel Mündlichkeit.

In dem weiten Feld der Erzählkultur ist die Erzählkunst ein spezieller Bereich. Wodurch ist er gekennzeichnet? Durch den Aufwand spezieller Auftrittsformen. Durch Varianten einer Bühnensituation.

Es gibt die Idee, das Handlungskonzept des Publikumseins habe sich mit der Institution »Theater« entwickelt und die Interaktionsformen »Erzählen« und »Theater« seien korrespondierend entstanden. Mir scheint wahrscheinlicher, dass beim Erzählen dieses Handlungskonzept von Darbieten und Aufmerksamkeitbekommen schon auf viel einfacherer Basis entstand, dass die Bühne der Vorstellungskraft das Vorbild der Bühne als Phänomen und als Bauwerk war, aber wer weiß? Jedenfalls steigert sich die Ausprägung der Bühnensituation im konkreten und im übertragenen Sinn mit der Entwicklung und Verfeinerung einer Kultur. In dieser Verfeinerung kann Erzählkunst entstehen. Die Ausübung von Erzählkunst erfordert in weit höherem Maße als Formen des Alltagserzählens eine Übereinkunft, dass jemand etwas Lohnendes darbietet und andere in die Zuhör- und Zusehposition gehen.

Das Konzept ist weniger selbstverständlich als es uns, die wir daran gewöhnt sind, auf den ersten Blick erscheint. Spezielle Arten von Narrativen (Erzählstoffen) finden den Weg auf eine Bühne, weil sie für diese Präsentationsform geeignet sind.

In einem solchen Rahmen Erzähler oder Erzählerin zu sein ist ebenfalls eine Frage des Wollens und Könnens. In manchen Kulturen (wie in »Erzählen und lieben«, oder bei Dermot anklingt) ist es eine Frage der gesellschaftlichen Legitimation. Hier tritt das Lernen, Üben, Verfeinern, Entwickeln und Unterscheiden von Kompetenzbereichen zum Erzählen in Bezug.

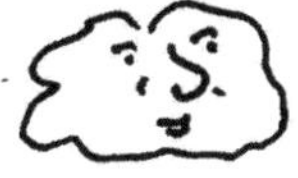 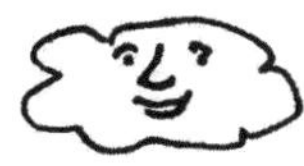 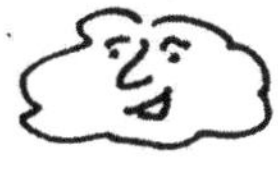 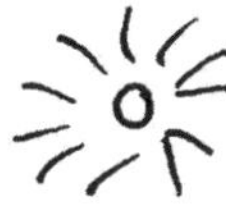

Techniken des mündlichen Erzählens

Gibt es beim freien mündlichen Erzählen so etwas wie Techniken? Es scheint ein wenig widersinnig, wiederkehrenden Motiven des Erzählkönnens diese Bezeichnung zu geben, aber da verschiedene Menschen aus dem Kreis der Lernenden und Interessierten genau danach fragen, lohnt sich eine Antwort.

Wenn ich »Technik« sage, sehe ich die Darstellung vor mir, wie Charlie Chaplin in »Modern Times« in der Rolle eines Fabrikarbeiters von riesigen Zahnrädern eingesogen und zwischen ihnen eingepasst wird. Menschen haben Technik geschaffen. Diese unterscheidet sich wesentlich von ihren Schöpfern. Vielleicht genau deshalb sind Menschen von ihr so fasziniert. Manchmal passen sie sich ihr sogar an, wenngleich sie ihre Erfinder sind. Um einen Computer zu programmieren gilt es, dessen Sprache zu können. Auch das ist ein Lernweg. Und Lernen ist ein Veränderungsprozess. Menschen und Technik beeinflussen einander.

Meine Fantasie produziert Bilder von der Industrialisierung, von Robotern, die Menschen das Leben erleichtern oder ihnen die Arbeit wegnehmen, von »Geistern, die ich rief« und dem Zauberlehrling. Das bildliche Denken spinnt solche Gedankenketten.

Um mich mit dem Begriff »Techniken des Erzählens« anfreunden zu können, deute ich ihn ein wenig um: Fähigkeiten und Handlungsweisen, die zum freien Erzählen beitragen, die gezielt geübt, wiederholt eingesetzt und »perfektioniert« werden können.

Dazu gehört zum Beispiel der in diesem Buch angewandte Zeitraffer. Dazu gehört auch das gesamte Timing: Verlangsamung, Beschleunigung, Sprünge oder Pausen. Wenn zum Beispiel die Geschichte von der Lügenwette erzählerisch auf Zeitaspekte hin durchgearbeitet wurde, dann wird ein köstliches Spiel möglich, das die Zeit spürbar macht, die die Tochter braucht, um die langen Wege bergauf und bergab zu gehen. Diese Dauer bildet einen guten Kontrast zur zunehmenden Geschwindigkeit beim Erzählen der Lügengeschichte. Das Tempo macht es glaubwürdig, dass die inneren Widersprüche, die dem Müller »serviert« werden, von ihm weder hinterfragt noch analysiert werden und er die Geschichte für bare Münze nimmt. Die erzählerische Gestaltung dieser »Geschichte in der Geschichte« kann ein virtuoses Vergnügen sein.

Das Auswählen und das Zubereiten einer gefundenen aufgeschriebenen Geschichte zum mündlichen Erzählen hat Aspekte der Übung und des Könnens. Dabei spielt Erfahrung mit der Erzählsituation mit, die es erleichtert, in einem Text die Bilder zu sehen und zu entdecken, wie sie für die Erzählgemeinschaft inspirierend werden. Dazu ist es gut, nicht an den Worten zu hängen, mit denen der Stoff schriftlich erzählt wird, sondern sie »mit dem Geschichtenblick« zu lesen und sich bereits während des Lesens einen inneren Film von ihr auszumalen.

Das Lernen von Geschichten erfordert als technischen Aspekt außerdem Strukturwahrnehmung, die in diesem Buch besonders von Masud und seinen fünf Alis ins Spiel gebracht wird, aber auch von Miguel Torres da Silva mit der Fibonacci-Reihe.

Bei der technischen Analyse der Geschichte – oder beim Philosophieren über sie – finden sich in manchen Stoffen »Knack-Punkte«, an denen Pointen platziert werden können oder Informationen, die später sehr wichtig sein werden und in einem sorgfältig gewählten Moment unauffällig eingestreut werden. Sie brauchen beim Lernen des Stoffes besondere Aufmerksamkeit, damit sie im Erzählaugenblick leicht an genau die richtige Stelle fallen, fast wie von selbst.

Zu tun, als ob ich durch die Geschichte wie durch reale Räume hindurch ginge, kann eine gute Merktechnik sein. Diese Vorstellung hilft, die Geschichte sinnlich zu erleben und die Zuhörenden zum Sichausmalen starker Bilder anzuregen. Sie wirkt sich direkt auf die Körpersprache aus und lässt das Geschichtengeschehen authentisch sein.

Das Erzählen für sich selbst, fürs Probepublikum und das Feedbackeinholen, mit dem man Schritte des Auftrittes sicher vorbereitet, sind wiederkehrende Elemente der Arbeit mit Geschichten, die in die Mündlichkeit gebracht werden.

Der Einsatz beweglicher Karten ist aus der Geschichte vom »Schloss, darin sich Schicksale kreuzen« abzuleiten. Sie können beim Merken helfen und das Strukturbild des Stoffes veranschaulichen. Es geht dabei um Überblick über den Erzählstoff. Dieser kann auch mit Objekten dargestellt werden, die wie bei einer Mind-Map oder einer Aufstellung bestimmte Positionen zueinander einnehmen, linear, um den roten Faden des Narrativs sichtbar zu machen, oder in anderen Positionen, die das Ganze des Stoffes auf einer anderen Ebene als der chronologischen spiegeln. Geschichtenteile können an Körperstellen verankert werden, wie bei den fünf Alis.

Es kann auch ein Strukturbild als Ganzes gezeichnet oder als Collage gestaltet werden. Das Unterscheiden der kleinen und großen Elemente der Geschichte und ihre Bezüge zueinander sind dann wesentlich.

Eine weitere Möglichkeit, sich Überblick und Einblick zu verschaffen, ist das spontane Erzählen von Kurzversionen. Erstaunlich: Die einminütige Erzählung des gleichen Stoffes und seine fünfminütige Version können ganz verschiedene Bedeutungsebenen zeigen. Sie vermitteln neue Perspektiven auf den Stoff, der ansonsten in zwanzig Minuten gut und ganz erzählt wird.

Auch beim Einsatz der Stimme im Erzählen ist der Begriff »Technik« umzudeuten, denn unsere Stimme ist zu organisch, als dass sie im vollen Sinn des Wortes technisch behandelt werden könnte. Es geht in der Arbeit als Erzählende eher um Können, Üben, wiederkehrende Motive, um Hineinlauschen und bewusstes Gestalten.

Der Stimmausdruck profitiert von Tragweite, Melodie, Rhythmus, Resonanz und Senden zu den entfernteren Zuhörenden, ja, sogar ans andere Ende des Raumes, sodass ein Klangraum entsteht, der uns Erzählgemeinschaft umgibt, wie beim Singen.

Artikulation und Gestaltung der Lautstärke und Sprechweise sind auf die Art des Raumes und die Größe des Publikums zu beziehen. Auch das kann gezielt geübt und gelernt werden.

Gibberish (Fantasie-Sprache, die ohne festgelegte Wortbedeutungen aber mit einem eigenen Sprachduktus gelingt) ist ein spannendes Kunstmittel.

Stimmlaute, die Geräusche von Tieren, Dingen und Umgebung nachahmen sind Gestaltungselemente, die es zu üben und entwickeln lohnt. Ein mit der Stimme gemachtes interessantes Geräusch kann schwindende Aufmerksamkeit der Zuhörenden sofort wieder wachrufen. Stimmlaute können spielerisch, mutig und originell eingesetzt werden.

Der Atem trägt die Stimme, ist ein eigenes Ausdrucksmittel und verbindet sich mit der Körpersprache. Er ist auch ein Instrument der

Interaktion mit den Zuhörenden. Wenn Zuhörende mitatmen ist in der Erzählgemeinschaft Verbundenheit spürbar.

Beweglichkeit des ganzen Körpers fördert unsere Durchlässigkeit und lässt einen Fluss der Bewegungen zu, die auch die Stimme erzeugen. Wer erzählt, tut also gut daran, die eigene Beweglichkeit durch Tanzen, Körperübungen oder Aktivitäten zu pflegen, die ihr oder ihm persönlich liegen. Wenn die Übungen aus dem Bereich der Impro-Theaterarbeit stammen, werden auch gleich Ausdruck, das »In-Rollen-Schlüpfen-Können« und die Bühnenpräsenz aufgewärmt. Wenn es gleichmäßige Bewegungen wie die beim Gehen, Laufen oder Schwimmen sind, können sie auch das Aneignen einer Geschichte begleiten.

Erzählstoffe gehen durch Memorieren, An-sie-Denken, wiederholtes Darbieten und Wahrnehmen der Parallelen mit realen Ereignissen, Personen und Dingen »in uns über«. Sie werden mit der Zeit präsent und zutiefst vertraut.

Mimik und Gestik werden oft als Elemente des Erzählens genannt, sind aber nicht isoliert zu sehen, sondern korrespondieren mit der Beweglichkeit, der Haltung und dem gesamten Körperausdruck.

Körperausdruck kann sich aus dem Visualisieren und Verkörpern der Geschichte, ihrer Gestalten und ihrer Atmosphäre ergeben. Er kann aber auch begleitende Aussagen darstellen wie »Gleich werde ich euch eine Geschichte erzählen« oder »Ich finde abscheulich, was dieser Antagonist jetzt tut, aber so war es leider«. Solche Aussagen brauchen nicht immer in Worte gekleidet zu werden, sondern können auch einfach nonverbal präsentiert werden.

Manche Erzählende verkörpern ein »Entschuldigung, dass ich es bin!« und natürlich lohnt es sich hier, die eigene innere Haltung zu ändern und sie in ein »Wie schön, dass wir und die Geschichten da sind!« oder ähnliches zu verwandeln.

Der Körperausdruck ist ein Gesamtereignis mit einer klaren inneren Mitte. Woraus besteht diese Mitte? Aus dem, was wir spüren und mitteilen wollen.

Aus diesem Grund wählt die Erzählerin, deren Tochter ihr Lehrling ist und nach der stimmigen Geschichtenauswahl für bestimmte Zuhörende fragt, als Antwort die Geschichte von der Zielscheibe und den Bogenschützen. Sie reflektiert auf der bildlichen Ebene die innige Verbundenheit der Erzählenden und der Zuhörenden. Sie stellt das Überwinden von Distanz und das Zentriertsein dar.

Wie lange schweigt die Tochter-als-Lehrling, nachdem sie die Erzählung vernommen hat? Würde sie, wenn ich von ihr erzähle, zu rasch antworten, könnte der Verdacht aufkommen, dass sie klugscheißen will und noch nicht genug in den tiefen Sinn der er-zählten Antwort hinein gelauscht hat. Die Mutter, die Erzählerin, würde in diesem Fall vielleicht schmunzeln und sich denken »Mal sehen, wann die implizite Mitteilung ankommt«, aber wahrscheinlich dem

Sickern der Geschichte vertrauen und nicht noch erklärend eins draufsetzen.

Erzählende setzen durch Timing, Atem und kleine Impulse Mitteilungen in die Welt, im Vertrauen darauf, dass genug davon »ankommen« wird, im Spiel mit den Zwischentönen und dem »was durchklingt«.

Erzählen3 – Eine Erzählerin erzählt von einer Erzählerin, die vom Erzählen erzählt. Sobald wir einmal wissen, was erzählen ist (und es nicht mit Theater oder Vorlesen gleichsetzen), können solche Denkbewegungen beglücken.

Stimme, Gestik, Mimik und »Größe« der Ausdrucksbewegungen haben ihre Quelle in dem, was wir mitteilen wollen. Eine Aussage kann im Großen gemacht werden, indem sie mit ausladenden Bewegungen in den Raum gezeichnet wird und die Geschichtengestalten und ihre Raumrelationen in Originalgröße in den realen Raum des Erzählgeschehens hinein verkörpert werden.

Der gleiche Inhalt kann aber auch im Sitzen nur in den Handbewegungen zutage treten, nur in Gesichtsausdrücken oder in der Stimmmodulation. Ein technischer Aspekt des Erzählenkönnens ist also die Fähigkeit zu wählen, wie groß ein Erzählinhalt gezeigt wird.

Körperausdruck kann sich dem Verkörpern einzelner Personen widmen und zwischen ihnen wechseln, um Dialoge lebendig zu gestalten. Er kann zwischen dem Darstellen der Geschichtengestalten und -szenerien und dem persönlichen Kommentar der Erzählenden wechseln. Erzählende können in persönliche Bemerkungen wie »Das kennen wir ja alle« oder ein ironisches »Ein Glück, das alles hat ja gar nichts mit uns zu tun!« ausbrechen.

Der Körperausdruck kann in Sprechpausen oder während des Sinnierens über das Geschehen schlicht die Haltung der Erzählenden selbst sein, in Gedanken versunken und im Kontakt mit den Zuhörenden.

Er kann auch die Dynamik der Geschichte mitvollziehen und von ihr gefärbt sein. Es könnte zum Beispiel ein leichtes Schwanken und Bewegen als würde ich gehen, auch im sitzenden Körper sein, wenn die Protagonistinnen längere Zeit auf Wanderschaft oder auf einem Schiff weit draußen auf dem Meer sind.

Die Haltung der Erzählenden kann sich ein wenig wie ein betrübtes In-sich-Zusammensinken oder einen Hauch von Aufrichtung und Sich-in-die-Brust-Werfen zeigen, wenn das der momentanen Stimmung der Geschichte entspricht. Das ist eine kleine Zusatzinformation für die Optik, wirkt sich aber auch von selbst auf den Atem und die Stimme aus und färbt Mimik und Gestik mit, so als würde all dies in ein anderes Licht getaucht.

Ein Erzählenkönnen, das geübt werden kann, ist (basierend auf einem zentralen Körperausdruck) die Qualität der Gestik und Mimik: Gesten können zuckend und abgerissen sein. Wenn Erzählende diesen Aspekt noch nicht entwickelt haben, verschwindet unter

Umständen ein Bewegungs- und Ausdrucksimpuls, bevor er sich richtig entfaltet. Wer geübt hat und gestalten kann, führt begonnene Gesten und Gesichtsausdrücke zu Ende. Sie bilden ein eigenes Geschehen, das nicht immer mit den ausgesprochenen Worten und der Stimme synchron sein muss, sondern gegenüber dem hörbaren Erzählen ein Eigenleben entwickelt und dadurch eine weitere Ebene in den Raum bringt. Manche Lernende versuchen hingegen, diese Energiegesten zu unterbinden und halten es für wünschenswert, nur mit Ausdrucksgesten zu gestalten. Ich finde es angemessen, das ganze Instrumentarium verwenden zu können.

Beim Singen werden oft absichtlich Energiegesten eingesetzt, damit die Stimme sich im Körper bilden und Resonanz erzeugen kann. Das kann ein Rudern mit den Armen oder weites Ausbreiten der Hände sein. Ich finde auch solche Gesten akzeptabel, wenn sie im Rahmen der ganzen Erzählung stimmig untergebracht sind.

Es gibt auch noch die kleinen Gesten, die »man gar nicht macht«, wie sich an der Nase kratzen, die Arme verschränken, sich die Lippen lecken oder am Ohr zupfen. Es gilt, diese Bewegungen auf der Erzählbühne spüren zu können, um ihnen nicht ausgeliefert zu sein. Sogar mit ihnen ist es möglich, zu gestalten. Dies zu lernen, ist ebenfalls eine technische Herangehensweise. Gesten, »die wir gar nicht machen«, können einen Sinn ergeben, wenn sie Ausdruck der Eigenschaft der Erzählenden als ganz gewöhnlicher Mensch sind und einen guten Platz im Erzählgeschehen gefunden haben.

Sich ihrer bewusst zu sein ist ein Aspekt von Könnerschaft und Umgang mit Auftrittssituationen.

Ausdrucksgesten zeigen die Bewegungen einer Geschichtenperson oder stellen Landschaften, Dinge und Handlungen in den Raum. Bei ihnen geht es erzähltechnisch ums Einsetzen, Ausgestalten und Zuendeführen. Wie zeichnen Erzählende eine Hügelkette oder einen Ameisenhaufen in den Raum? Wie erzeugen sie das Bild, weithin zum Horizont zu schauen und wie lassen sie eine winzige Gestalt auf der eigenen Hand sitzen und sprechen mit ihr?

Diese Aspekte von Erzählenkönnen sind einigen der Erzählenden, die in dieser Sammlung aufgetreten sind, zuzutrauen. Wer eine dieser Geschichten ins Repertoire nimmt, kann sich fragen: Ist die Geschichtengestalt eine solche Erzählerin oder ein solcher Erzähler? Ich traue es den meisten von ihnen zu. Während ich frage, wem genau, tauchen spezifische Gesten auf, mit denen zum Beispiel Erzählende im »Schloss, darin sich Schicksale kreuzen«, Scheherazade oder Naftali ihre Geschichten zum Leben erwecken würden. Anier McConglinney sehe ich dagegen mit den Händen so beschäftigt sein, die Fleischstücke zu rösten und im genau richtigen Abstand von König Cathals Nase vorbeigleiten zu lassen, dass seine Erzählung eher im Verbalen stattfinden müsste. Wenn wir das Narrativ von Anier und Cathal zu Zuhörenden bringen, ist die Frage, wie weit wir in Aniers Haut schlüpfen, wie weit und wann wir in

Cathals Rolle schlüpfen oder wie weit wir bei uns selbst als Beobachterinnen und Beobachtern der Szene bleiben.

Die Sprache des mündlichen Erzählens hat ebenfalls spezielle wiederkehrende Aspekte. Es gibt Beginn- und Schlussformeln, die in verschiedenen Kulturen interessante Ausprägungen annehmen. In eine Erzählung können Reime, Sprüche, Lieder, Rätsel mit bestimmtem Wortlaut und Bonmots eingefügt sein.

Es gibt wiederkehrende Wendungen wie »Aber das ist eine andere Geschichte und wird ein anderes Mal erzählt werden«, »Schnell ist es erzählt, lang braucht es in der Wirklichkeit« oder »Ich weiß nicht, wie lange er sein Netz im Wasser lassen musste, aber er wusste es ganz genau«, wie ich es von meiner kurdisch-syrischen Erzählpartnerin Roukan Khalil im Bezug auf einen Fischer gehört habe.

Dieses Motiv kann drei seiner Handlungen nacheinander begleiten und eine Art Refrain bilden. Die Idee heraus zu lauschen und als Stilmittel auszubauen ist ein erzähl-technisches Tun.

Aus der Schriftlichkeit bekannte Stilmittel wie Alliteration (Stabreim, Wörter mit gleichem Anfangsklang wie z.B. »weise Worte« oder »anders anfangen«) oder Zeugma (zwei Bedeutungen des gleichen Wortes verbinden wie z.B. »Ich las ein Buch und dann die Äpfel auf«) geben der Erzählsprache Flair und wirken virtuos. An welche Stelle passt so ein Spiel? Es kann als Zeitvertreib, bis wieder etwas Wichtiges geschieht, dienen oder genau den wichtigen Moment markieren. Wie vorbereitet und geplant wirkt es? Das ist Erzählkunst...

Wiederholungen sind wie in Dichtung und Lied als Variationen in formaler (Tempo, Rhythmus, Tonhöhe) und inhaltlicher Hinsicht zu gestalten. Dreimal die gleiche Handlung in genau dem selben Wortlaut und Redefluss auszusprechen könnte wieder eine spezielle Gestaltungsentscheidung sein, aber meist ist es ratsam, das Wiederholte zu variieren, unter Umständen in der Weise, dass Intensität oder Dramatik sich zu einem Höhepunkt steigern.

Mit der Sprechweise kann gespielt werden. Schleppende Sprache, Stottern oder gekonnte Rhetorik können Geschichtengestalten oder eine aktuelle Erzählstimmung charakterisieren. Eine Erzählende kann zum Beispiel staunend innehalten und eine gewisse Verwunderung mitklingen lassen, wenn in der Erzählung von Scheherazade der Perspektivenwechsel zum Henker stattfindet. Es ist genau, zu merken, ob es Erzählenden versehentlich widerfährt oder bewusst an dieser Stelle Sinn gestaltend eingesetzt wird.

Perspektivenwechsel sowohl zwischen Geschichtengestalten als auch zwischen ihnen und den Zuhörenden als auch in die Position der Erzählenden selbst können schön sein. Sie können rein sprachlich oder mit nonverbalem Ausdruck verbunden oder theatral ausgestaltet werden. Sie tragen dazu bei, allen Beteiligten gerecht zu werden und das Gewebe der Geschichte, die präsentiert wird, mit mehr Nuancen hervortreten zu lassen.

Oft fragen Lernende, ob sie die Geschichten verändern dürfen. Schon das Übertragen einer Geschichte, die in Schriftform vorgefunden wird, in die Mündlichkeit ist ein Eingriff, der den Stoff verändert. Sogar wenn man ihn, wie manche Vortragende von Märchen, im genauen Wortlaut wiedergibt.

Ich halte es für sinnvoll, sich an der Entscheidung, etwas als »erzählen« zu bezeichnen, wenn es eigenständig in Worte gekleidet wurde, zu orientieren. Dieses »In-eigene-Worte-Kleiden« verändert das Aussehen der Geschichte. Ob das Gewand ihr steht und sie in gutem Licht erscheinen lässt, ist angesichts der konkreten Ausführung zu entscheiden.

Das ist in etwa so, als würde ein Verkäufer im Kleidergeschäft Kundinnen und Kunden etwas aufschwatzen, in dem sie vielleicht jämmerlich aussehen, das er aber unbedingt verkaufen will, oder als würde er mit dem Individuum in eine wirkliche Begegnung gehen, es gut beraten und ihm helfen, eine beglückende eigene Entscheidung zu treffen, sodass das hier gekaufte Kleidungsstück noch jahrelang ein Lieblingsstück bleibt.

Ich empfehle für das respektvolle Verändern der Geschichte auf dem Weg zu ihrem Publikum die Haltung des Personifizierens. Wenn ich das Narrativ, das ich ausarbeite und in eine bestimmte Erzählsituation bringe, ehrlich frage, welche Veränderungen es befürwortet und welche nicht, wenn ich in die Wünsche der Geschichte hineinlausche, als wäre sie eine eigenständige Person und würde mir antworten, findet eine lebendige und stimmige Verwandlung von der Schriftform in die aktuelle Mündlichkeit des Stoffes statt. Das Tun als ob die Geschichte eine reale Person wäre, ist aufmerksam, respektvoll und entspricht dem Erzählgeschehen.

Nach diesem Prinzip und in dieser Haltung wurden alle im vorliegenden Buch erzählten Geschichten gewissenhaft eigens für diesen Anlass in Worte gekleidet.

Beim freien mündlichen Erzählen ist die Interaktion mit den Zuhörenden ein wesentlicher Bestandteil des Geschehens. Verbal und nonverbal, über Atem und Blick, sind wir miteinander verbunden und gestalten gemeinsam mit der Geschichte, der wir unsere gemeinsame Zeit widmen, ein vergängliches kulturelles Ereignis, das in jeder und jedem Beteiligten unterschiedliche Spuren hinterlässt.

Präsenz und Authentizität sind wesentliche Themen in der Erzählsituation, für die es Übungs- und Wahrnehmungsformen gibt, die helfen, sie zu entwickeln. Mit diesem Potenzial des Anwesendseins bewusst umzugehen, ist ein Teil erzählerischen Könnens.

Das Erzählen im Erzählen, also das mündliche Ausgestalten einer Erzählsituation, die in der Geschichte vorkommt, wie es in den Erzählungen von Sigurd, von unserer Sonne, vom weißen Wolf und anderen vorkommt, ist eine Aufgabe für sich. Hier sind Veränderungen im Körper- und Stimmausdruck, der Einsatz von Dialekt oder speziellen Sprechweisen und viele weitere Gestaltungsmöglichkeiten gegeben.

Erzählen kann schlicht ein Sprechen im alltäglichen Sinn sein oder es eine Fülle von Gleichgewichten jonglieren, wie Stufen von langsamem und schnellem Sprechen, kleinen und großen Ausdrucksbewegungen, von intensivem bis zu fast keinem Blickkontakt mit den Zuhörenden und so weiter.

Wenn eines der in diesem Buch wiedergegebenen Narrative, die vom Erzählen erzählen, ausgewählt und neuerlich für die Mündlichkeit zubereitet wird, ruft ihre große Verschiedenheit nach Facetten von Kunstfertigkeit und bewusstem Jonglieren mit einer geeigneten Anzahl von Erzählgleichgewichten.

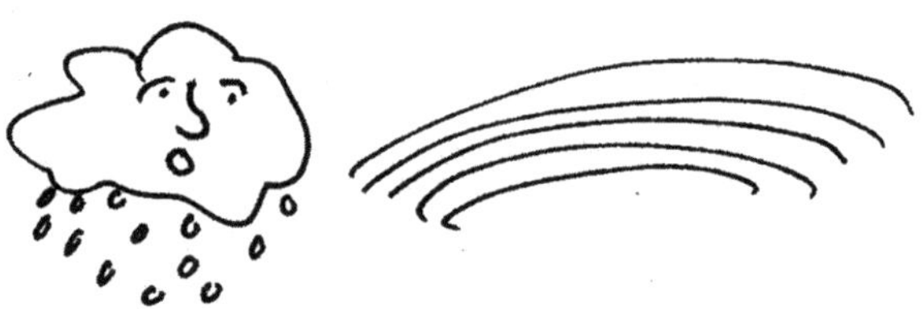

Was Erzählen bewirken kann

Erzählen ermöglicht Erkenntnis. Es kann Realität spiegeln und verfügbar machen. Es kann Freiräume schaffen, Lehren und Bildung vermitteln. Erzählen stellt ethische Fragen in den Raum, schult die Aufmerksamkeit, Merkfähigkeit und Konzentrationsfähigkeit. Als Kulturhandlung dient es zur Unterhaltung und um Zeit zu gestalten. Es kann Informationen vermitteln, dem Geschehen eine

Wendung geben und beim Planen und Visionieren helfen. Es kann Orientierung im Leben geben und Leben mit Sinn füllen. Es kann heilend wirken.

Erzählkultur hat eine besondere Vielfalt und Vielschichtigkeit. Sie bewirkt Dialog, Präsenz von Individuen, Persönlichkeitsentwicklung und ermöglicht Begegnung. Sie kann in privaten, sozialen und politischen Kontexten Themen präsentieren und Prozesse in Gang setzen. Erzählen wirkt integrativ. Es kann helfen, Erlebtes und Wahrgenommenes rund, ganz und vollständig zu machen, sodass es »in ein anderes Licht gestellt« wird. Dadurch können sich Handlungsimpulse ändern.

Tipps und Tricks für das Entwickeln des Erzählens

Es tun! Darüber nachdenken und es wieder tun, Beobachtungen machen und sie mit jemandem, den sie interessieren, besprechen, überall nach Erzählstoffen Ausschau halten, ungeahnte Möglichkeiten entdecken, über erzählerische Arbeitsweisen mit Kolleginnen und Kollegen austauschen, sie reflektieren und entwickeln, von anderen lernen, eigenständig auf Entdeckungsreisen gehen, immer wieder Erzählende und Zuhörende sein, entspannt und vergnügt dran gehen, mit Gespür, wann es nach eigenem Bauchgefühl für einen selber stimmt, dem eigenen Urteil vertrauen, Entscheidungen treffen, sich Zeit lassen, im Fluss sein, sich anderen anvertrauen, ehrlich sein, Fragen stellen, hellhörig sein, verträumt sein, sich auf innere Reisen begeben, dem eigenen Bauchgefühl trauen, gut schlafen, jederzeit zugreifen, wenn sich etwas anbietet, frei sein, Regeln pflegen, mit Wiederholungen spielen, Neues begrüßen, sich mit der Natur verbinden, Menschen begegnen, fragen, was Erzählen bewirkt, es ausprobieren, daran denken, andere und sich dabei beobachten, sich »mit Geschichten imprägnieren«, Narrative erkennen, wenn sie einem begegnen, verkörpern, sich Zeit lassen, mit Stimme und Körperausdruck spielen, dabei auftauchende Bilder bemerken, sie kommen und gehen lassen, auftreten und sich und andere dazu ermutigen, zuhören gehen, wenn andere Erzählende auftreten, hineinspüren, was einem Lust auf mehr Geschichtenlesen, Geschichtenzubereiten und Geschichtenerzählen macht, das gezielt öfter tun, es gut sein lassen und neu beginnen, im Alltag darauf achten, was Erzählen ist und was nicht, Gelegenheiten dazu wahrnehmen... es genießen!

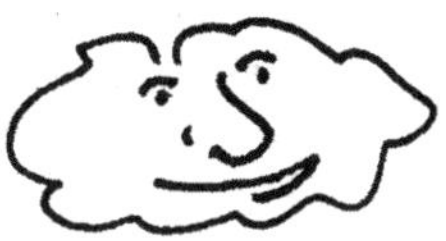

Die Kunst des Zuhörens

Wieso soll Zuhören eine Kunst sein? Ist es nicht komplett passiv? Wer als Erzählerin Erfahrungen gesammelt hat, weiß, dass nicht jedes Publikum es einem leicht macht, zu erzählen. Aber ohne Zuhörende fangen wir gar nicht erst an, eine Geschichte mündlich in Worte zu kleiden. Als Erzählende brauchen wir ein Gegenüber, jemand, mit dem wir in Interaktion treten. Dieses Interagieren kann sehr offensichtlich geschehen. Fragen und Antworten können ins Erzählgeschehen eingefügt werden. In den Fluss der Geschichte können Zeiträume zum Weiterdenken der erzählten Situationen eingefügt werden. Sie fächern mögliche andere Wendungen und auftauchende Assoziationen auf und kehren dann zu dem »wie es in dieser Geschichte wirklich ist« zurück. Kommentare der Zuhörenden können die Erzählsituation bereichern. Erzählende orientieren sich an Vorwissen um das Entstehen der Erzählsituation. Erfahrungswerte stammen aus vorigen erlebten Erzählsituationen, aus aktiver Vorarbeit in Übungskontexten und aus eigenen Alltags-Erlebnissen.

Die Wirkung eines Gegenübers tritt bereits durch die körperliche Anwesenheit ein. Während des Erzählens in Anwesenheit findet nonverbale Interaktion statt. Mündliches Erzählen ist ein von Grund auf interaktives Geschehen.

Erzählende sind zwar die »Reiseführer« in vorgestellte Welten, aber welche Reiseführerin würde ohne Gruppe aufbrechen?

In körperlicher Anwesenheit nehmen wir einander über Atem, kleine Bewegungen und Geräusche, Haltungs- und Ausdrucksveränderungen und die entstehende Atmosphäre permanent wahr, besonders wenn wir als Zuhörende und Erzählende auf einander bezogen sind. Verneigungen vor dieser Tatsache finden sich beispielsweise in der Geschichte von der Erzählerin-Tochter und ihrem Kommentar zur Geschichte, die die Erzählerin-Mutter von der Zielscheibe zum Besten gibt, sowie in der Nasreddin Hodscha-Geschichte mit dem Truthahn, die in diesem Buch unter dem Titel »Zwei besondere Vögel« abgedruckt ist.

Das Thema »Interaktion« klingt in fast allen hier wiedergegebenen Erzählsituationen mit, am deutlichsten in überzeichneten Szenerien wie der von Anier McConglinney und König Cathal oder der Lügenwette der Tochter mit dem bartlosen Müller. Und mit umgekehrten Vorzeichen beim »Bübchen, das sich nicht waschen wollte«.

Beim Erarbeiten eines Erzählstoffes kann es geschehen, dass wir die Geschichte, um die es geht, uns selbst erzählen, in Gedanken oder in ausgesprochenen Worten. Das ist ein Sonderfall des Erzählgeschehens, der auf die gemeinsame Situation vorbereitend hinzielt. Wenn wir uns selbst etwas erzählen, brauchen wir eine spezielle Form des Zuhörens, Hineinlauschens und Visualisierens.

Wer Erfahrung mit dieser Zuhörform hat, mag sogar dazu greifen, sich selbst etwas zu erzählen, um herauszufinden, ob es stimmt, um es genauer zu begreifen oder um sich etwas Gutes zu tun.

Als Zuhörende in eigener Sache sind wir gleichzeitig in zwei Rollen, was im Leben immer wieder vorkommt, es aber nicht unbedingt leichter macht. Wer gleichzeitig Elternteil und Partnerin in einer Beziehung ist, sich zugleich als Erzählerin und als Pädagogin herausgefordert fühlt, oder zugleich Hungrige und jene ist, die verpflichtet ist, eine Arbeit zeitgerecht auszuführen, kann das bestätigen.

Manchmal bringt es Erkenntnisse, in zwei Rollen gleichzeitig zu sein. Oft meistern wir es. Aber es ist auch häufig anstrengend und herausfordernd.

Rollenaufteilungen fördern die Transparenz der Situation, wie auch sichtbar wird, wenn die fünf Alis, von denen Masud erzählt, oder die vier Freunde in »101 Nacht« ihre verschiedenen Fähigkeiten einem gemeinsamen Ziel widmen. Ebenso ist die Rollenaufteilung zwischen Erzählenden und Zuhörenden eine stimmige Form, eine Erzählsituation entstehen zu lassen. Und dann kann das Spiel mit der Interaktion beginnen, das viele Facetten hat.

Was ist Zuhörkunst? Aufmerksamkeit, Mitdenken, Mitfühlen, Wachheit, Entspanntheit, Vertrauen und Ermutigen, Mitgehen in die Geschichtenwelt, Eintauchen, Visualisieren und Vorstellen, Assoziationen kommen und gehen lassen, Neugier, Fragenstellen, an manchen Stellen seufzen oder ausrufen »Nein, das darf sie nicht!«, sich einkuscheln, erwartungsvoll schauen und vieles mehr – im geeigneten Ausmaß.

Beim gelungenen Geschichtenlauschen ist die Gleichzeitigkeit von Entspanntsein und Inspiriertsein wunderbar.

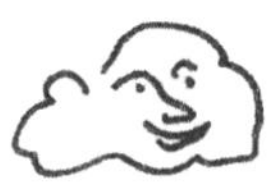

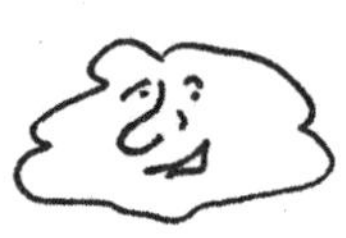

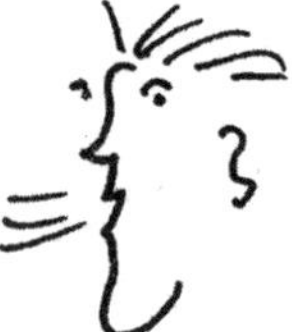

Homo Narrans

Der erzählende Mensch, auf Latein gesagt. Wozu auf Latein? Weil es, in dieser Form verdichtet, noch viel mehr bedeutet, als die hier gegebene erste flüchtige Übersetzung ins Deutsche.

Es sind von »wissenschaftlich denkenden Menschen« (Wen wundert es, dass das lauter Männer waren?) verschiedenste Homo-Varianten postuliert worden. Von Homo Sapiens über Homo Ludens und bis hin zu Homo Faber (auch eine literarische Gestalt) und eben Homo Narrans.

Der Sinn dieser Verdichtung ist, verschiedene Inhalte, die eine ähnliche Struktur aufweisen, auf einer abstrakten Ebene zu verbinden. Hier erinnert das Formelhafte der lateinischen Sprache an die Anklänge von Erzähllogik, denen wir vor allem bei der letzten Geschichte des Manuel Torres da Silva begegnet sind.

Wenn mit der »-ns«-Formel Aspekte des Menschseins benannt werden, geht es um die Entdeckung, dass ein bestimmtes Verhalten grundsätzlich zur menschlichen Identität gehört. Es wird gesagt, dass, wer Mensch ist, Anteil an dieser Qualität hat, also an Wissen (Sapiens), Spielen (Ludens) oder Erzählen (Narrans). Viele weitere sind postuliert worden. Mit der »-ns«-Formel wird, verkürzt und verdichtet, behauptet, dass diese Fähigkeiten und Tätigkeiten wesentlich zum Human-Sein dazugehören.

Wenn darüber nachgedacht und gesprochen wird, was das Besondere am Menschsein ist, dann klingt mit, dass all dies für uns Menschen erstrebenswert ist. Die Eigenschaft, die als »-ns« benannt wird, wird positiv konnotiert, wie auch das Menschsein an sich.

Während aktiv Klima-, Umwelt- und Tierschützende den Menschen einen Spiegel vorhalten, um sie zur Besinnung zu bringen und ihnen Verhaltensänderungen nahezulegen, fokussieren jene, die vom »Homo ...ns« reden, wünschenswerte, dazugehörende, für gut und richtig gehaltene Eigenschaften.

Wenn es schon einen »-Ismus«, nämlich den Humanismus, gibt, ist ein weites Feld geöffnet, in dem es darum geht, übers Menschsein nachzudenken. Es steht die Dringlichkeit im Raum, sich als Zugehörige zu dieser Spezies zu definieren und sich als solche angemessen zu verhalten bzw. »das Beste daraus zu machen«.

Natürlich können wir auch eine andere Conditio Humana betrachten. In den Geschichten vom Hutmacher, in deren zweitem Teil sich bezüglich der Erzählkultur Affen als menschenähnlich zeigen oder von Scheh, der im Wald die Tiersprachen lernte und aus erster Hand Tiergeschichten kennt, wenden wir unsere Aufmerksamkeit auf einen Aspekt der Ähnlichkeit des Menschen mit der Natur im Allgemeinen und der Tierwelt im Besonderen zu.

Wie der weise Wolf sagt: In der Menschensprache lassen sich Geschichten besonders gut erzählen. Mit dem Ausdruck »Homo Narrans« verknüpfen wir das Nachdenken über das Erzählen mit der Grundsatzfrage »Was macht Menschsein aus?«. Wir stellen das Erzählen in eine Reihe von Handlungen und Eigenschaften, die in ihrer Menschlichkeit bereits viel Aufmerksamkeit bekommen haben und schlagen vor, dieser Kulturtechnik ähnlich viel Aufmerksamkeit zu schenken wie ihnen.

Es genügt uns nicht, dass wir es selber gerne tun und es »im stillen Kämmerlein« mit Gleichgesinnten pflegen. Wir gehen hinaus, finden Verbündete und tun, was wir können, um den Sinn dieses Tuns sichtbar zu machen. Wir treten ins Rampenlicht, wie die Königstochter mit dem weißen Wolf mit ihrer erlebten Geschichte und legen Zeugnis ab, für das, was Erzählen kann. Oder wir versuchen, wie unsere Sonne, einer Geschichte eine Wendung zu geben, weil wir ihren Realitätsanteil sehen und möchten, dass sie gut ausgeht. Der Missstand in der Geschichtenwelt ist, dass es kalt und dunkel geworden ist. Die große Entscheidung der mitfühlenden und zutiefst beteiligten Zuhörenden ist, der Geschichte, weil sie es kann, eine Wendung zu geben. Das Erzählgeschehen springt aus der Fiktion in die Wirklichkeit. Die Zuhörende wird zur Protagonistin. Sie bricht auf, tut, was sie kann und gibt Licht, das gut tut, Leben fördert und Lebensqualität verbessert.

Wenn auf politischer Ebene das Wort »Märchen« synonym mit »Lügen« verwendet wird, sind wir bestrebt, aufzuklären und sichtbar zu machen, dass diese Begriffsverwendung selber lügnerisch ist.

Wir haben im Dialog des Märchens mit der Wahrheit erspüren können, wie verletzend und entstellend solche Sprachgewohnheiten sein können, auch wenn diejenigen, die so sprachen, die Betroffenen gar nicht wahrgenommen haben, in diesem Fall das personifizierte, verunglimpfte Märchen und die Person »Wahrheit«.

»Es ist ja nur ein Kollateralschaden«.

Aber wer entscheidet, dass diese Kriegsterminologie berechtigt ist? Wie oft werden anthropomorphe Darstellungen wie die des Märchens belächelt und verniedlicht, ungeachtet der Tatsache, dass Verleumdung justiziabel ist und hier ein Fall davon vorliegt.

»Aber es ist ja nur eine Geschichte«.

Während Dschinroku erfolgreich mit der Wahrheit und Wirklichkeit seiner Geschichte punktet, während Rafik in seiner »Sockenzeitung« heiße Eisen aufgreift und Scheherazade mit Märchen immerhin ein ganzes Reich rettet, würden zu »nur eine Geschichte« viele an sich kluge Leute nicken und zu anderen, »wichtigeren« Themen weitergehen. Es bleibt die Frage, ob die wirksame Verhaltensweise, jemanden durch Verniedlichen mundtot zu machen, ethisch vertretbar und erstrebenswert ist oder ob wir ihr grundsätzlich entschieden entgegentreten sollten, unbesehen, wen es trifft (sogar, wenn es nur eine personifizierte Form oraler Kultur ist), einfach weil Fairness grundsätzlich wünschenswert ist, im Großen und im Kleinen.

Zum Glück wird genau dieses Kleinmachen auch umgekehrt als Methode des Untertauchens und der Subversivität genützt, »denn es sind ja nur Märchen«. Jene, die sie erzählen und anhören, wissen genau, was in ihren Worten und Bildern ausgesprochen wird, obwohl die Mächtigen es verboten haben.

Der politische Aspekt der freien Meinungsäußerung, der Freiheit zu Selbstbestimmung und gelebter Identität, ist mit dem Erzählen verbunden. Salmon Rushdies Harun, Scheherazade, Dai Sijes »Balzac« und andere haben das gezeigt.

Es taucht die Frage nach dem Umgang mit Fake News und kriegshetzerischen Narrativen auf. Erzählen hat öffentliche Wirksamkeit und gesamtgesellschaftliche Tragweite. Nur am Rande sei hier erwähnt, dass diejenigen, die durch Verwechslung der Worte »Lüge« und »Märchen« Rufmord betreiben, verantwortungsvolle politische Ämter innehaben.

Vom »Homo Narrans« zu sprechen ist eine extrem verdichtete Form, ähnlich wie zu erwähnen, dass Märchenerzählen immaterielles Unesco-Kulturerbe ist, dass Erzählen eine Universalkompetenz und eine Kulturtechnik ist, die ausgleichend und ergänzend zur zunehmenden technisierten Kommunikation wirkt.

Was sagt »Homo Narrans«? Diese Verdichtung erzählt, dass es menschlichen Gesellschaften und Individuen guttut, eine gepflegte Erzählkultur zu haben. Sie besagt, dass narrative Aspekte im eigenen Leben dazu beitragen, dem Sinn unseres Daseins näherzukommen. Die Verdichtung stellt das Erzählen auf eine Stufe mit lang anerkannten anderen Prädikaten des Menschseins und lässt Bejahung sowohl des Menschseins als auch des Erzählens mitklingen.

Mit »Homo Narrans« wird das Erzählendsein als Grunddisposition des Menschseins dargestellt. Der Begriff lässt, wie in diesem Buch aufgefächert, Respekt vor der Natur im Menschenbild mitklingen. Denn diese Haltung spielt in traditionellen mündlichen Geschichten immer wieder eine Rolle.

»Globale Geschichten« vertreten dabei eine ethische, werteorientierte und lebensfördernde Grundhaltung. Sie enthalten häufig närrische Weisheit oder weise Narretei. Sie tragen durch die Eigenarten der Erzählgemeinschaft, aus der sie stammen, ein Ja zu sozialem Handeln, Wissenserwerb, Kreativität und Kunstschaffen in sich.

Die hier vorliegende Aufarbeitung dessen, was Erzählen als Kulturtechnik kann, möchte bewirken, dass mündliches Erzählen ein gepflegter und in seiner Vielfalt geförderter Teil von immer mehr Gesellschaften und Kulturen wird, weil es viel Gutes bewirken und Menschenleben lichter und wärmer machen kann.

Zugabe

Philosophieren über Illustrationen – mit einer Geschichte

Wie oft ist es so: Etwas, das da ist, etwas Vorhandenes, Existierendes sieht ein wenig sonderbar und ein bisschen unstimmig aus.[4] Es vermittelt einigen, die es anschauen, lesen oder anhören, ein sonderbares Gefühl, denn es ist nicht aus einem Guss.

Warum ist es so? Weil jenes Existierende eine Entstehungs- und Veränderungsgeschichte hat. Sie wird von anderen Geschichten umspielt und korrespondiert mit ihnen. Diese weiteren Geschichten handeln von der Nutzung und den Kontexten dieses »Existierenden«. Das »Existierende« ist also von einer Fülle von Geschichten umgeben, die erzählt werden können.

Mit diesem Buch als »Existierendem« und seinen Illustrationen im Besonderen sind ebenfalls Geschichten verbunden, von denen ich einige für erzählenswert halte.[5]

[4] Ein kleiner Gedankenausflug: Die Idee, ausdrücklich von etwas »Seiendem«, etwas »Existierendem« zu sprechen, haben Philosophierende erfunden, weil sie das Daseiende vom Möglichen unterscheiden wollten. Ihr sehr genaues Denken benötigte mehr Begrifflichkeiten als die Alltagssprache sie zur Verfügung stellt – und damit beginnen eine Fülle von Geschichten.

[5] Dabei ist »lesens- und hörenswert« als wesentlicher Teil des Erzählgeschehens mit gemeint.

Zum Beispiel diese: Die Erzählerin, die auch die Autorin dieses Buches ist, war auf Weltreise und zeltete in Neuseeland auf einem Campingplatz bei der »Bay of Islands«. Weil sie sich nicht als Touristin sondern als Reisende fühlte, tippte sie den Großteil des Tages in einem überdachten Gemeinschaftsbereich mit Internetanschluss, Steckdosen und Blick aufs Meer in ihrem Laptop hinein.[6] Nach einiger Zeit streckte ein anderer Campingplatzbewohner den Kopf über die Brüstung und fragte, warum sie denn dauernd arbeite? So kamen die beiden ins Gespräch, erzählten von ihren Berufen, kamen aufs Kreativsein zu sprechen und Andy, der aus Wellington stammte und drei erwachsene Söhne hat, erzählte Margarete, der Erzählerin, die an narrativen Videos und ihrem Buch »Erzählen²« werkelte, er arbeite schon zu lange intensiv im IT-Bereich und interessiere sich nun viel mehr für Kreatives, weshalb er leidenschaftlich Gitarre spiele, zeichne und aquarelliere.

[6] Eine Touristin wird möglichst viele Sehenswürdigkeiten besuchen und eine Beute von Andenken und Bildern mitbringen, um sich und anderen von der Reise zu erzählen. Als Reisende fühlt die Erzählerin sich aber, wenn sie »auf der Reise ihr Leben führt«, das heißt sie hält sich an Orten auf, lässt diese auf sich wirken und lebt dabei ähnlich wie zu Hause auch: Sie arbeitet, führt ihren Haushalt und gestaltet ihre Freizeit. Auch sie reist irgendwann an den Ort zurück, von dem sie abgereist ist, auch sie hat Andenken dabei und erzählt von ihren Reise-Erlebnissen, auch sie bringt bewegte und stille Bilder mit, aber Tempo und Grundhaltung fühlen sich anders an.

Die Idee, er solle ihr Buch illustrieren, war erst ein freundlicher Scherz, nahm aber Gestalt an, als er ihr seine Zeichnungen zeigte, die ihr gut gefielen. Die beiden trafen sich neuerlich, als Margarete auf der Durchreise in Wellington war. Der Scherz bekam einen Geschmack von Wirklichkeit.

Einige Monate lang gab es alle Arten digitaler Treffen und Nachrichten. Zuerst schickte die Erzählerin Audio-Files, in denen die Geschichten, die fürs Buch auf Deutsch aufgeschrieben waren, mündlich auf Englisch zusammengefasst wurden.

Beim Erzählen der Geschichten in der anderen Sprache und mit dem mutmaßlichen Illustrator als vorgestelltem Gegenüber tauchten neue Aspekte der Erzählungen auf und illustrierbare Momente, die für die Geschichte wesentlich genug erschienen, um das einzige Bild zum Text zu sein, traten hervor.

Da Andy beim Zeichnen sehr dynamisch und flink etwas erfassen kann, hielt Margarete anfangs für möglich, dass er zu jeder der fünfundvierzig Geschichten, die vom Erzählen erzählen, eine eigene Illustration anfertigen könnte.

Während Margarete weiter durch Neuseeland reiste, hielten die beiden Kontakt und arbeiteten an den Illustrationsideen.

Eines Tages erklärte Andy bei einem der Treffen, er brauche Bilder, aus denen er Elemente nehmen und sie zeichnen könne. Nur Worte zu hören, genüge nicht. Miteinander sahen sie sich Beispiele auf einer Online-Plattform an und Margarete glaubte zu verstehen, was Andy brauche, um Inhalte der Geschichten visualisieren zu können.

Beide fanden, die Zusammenarbeit und der kreative Prozess seien interessant, und Margarete arbeitete sich durch fast alle Geschichten des Buches, indem sie online nach Bildideen suchte, die am ehesten zu bestimmten Aspekten der Erzählungen passten. Diese verband sie mit kurzen Erklärungen und Motiven der Geschichten.

Mehrere Arbeitstage waren damit gefüllt, die zwei Geschichtenfolgen des Buches mit dieser neuen Zugangsweise durchzuarbeiten. Neue Aspekte der Geschichten und ihrer zentralen Bilder traten hervor. Das war spannend und die Arbeit fühlte sich unabhängig vom Ziel, Andys realistische Illustrationen für das Buch zu bekommen, sinnvoll an. Es war für die Erzählerin als würde sie eine Ebene der Geschichten neu entdecken.

Als Margarete nach Australien weiterreiste, war die Zeitverschiebung noch kein großes Hindernis und Andy und sie werkelten weiterhin gemeinsam mit Online-Kontakt und immer neuen Schritten, die sie einander berichten konnten.

Dann ging die Reise der Erzählerin nach Sri Lanka und zurück nach Wien, wo sie vor etwas über einem halben Jahr aufgebrochen war. Je verschiedener Margarete und Andy in unterschiedlichen Tages- und Jahreszeiten unterwegs waren, desto schwieriger erschien das sprachübergreifende Illustrationsabenteuer.

Auch private und berufliche Ereignisse machten das gemeinsame Schaffen schwerer, weil es kaum mehr geeignete Zeiten zum virtuellen Zusammenkommen gab.

Die Erzählerin war, wie es die Märchen lehren, guten Mutes geblieben. Während ihrer gemeinsamen Reise durch den kreativen Prozess hatte sie schrittweise das Konzept entwickelt, Andys Illustrationen zu allen Geschichten des Buches hinzuzufügen.

»Wenn es nicht zu jeder Geschichte eine Illustration von Andy gibt«, dachte sie eines Tages, »soll er nur die globalen Geschichten illustrieren. Es gibt ja bereits meine Zeichnungen und Bilder mit konkreter Poesie. Für die ursprünglich schriftlich erzählten Geschichten verwenden wir einfach meine Illustrationen.«

Es war ein »Aha«-Moment, den sie mit Erleichterung erlebte.

Als die Cover-Gestaltung und das Layout des Buches aktuell wurden, wurde nach und nach klar, dass der gemeinsame Schaffensprozess, der aus der Campingplatzbegegnung entsprossen war, nur das bleiben würde: eine Geschichte für sich. Wer sich beim Lesen gewundert hat, dass die Illustrationen in diesem Buch etwas eigenwillig gruppiert sind, sieht nun, wie es dazu kam.

Die Erzählerin hat früher viel gezeichnet und gemalt, in letzter Zeit tat sie es nur doch ab und zu. Und sie nahm gern die Gelegenheit wahr, in Windeseile »die andere Möglichkeit« zu verwirklichen: einige Zeichnungen, die es schon gab, zu platzieren und durch weitere zu ergänzen.

Warum möchte die Erzählerin so dringend Zeichnungen in diesem Buch haben?

Vor langer, langer Zeit hörte sie beim Studium in Wien eine kunsthistorische Vorlesung, die sie sehr berührte und inspirierte. Diese handelte von Marginalien in der mittelalterlichen Buchmalerei und war kunstgeschichtlich und philosophisch gehaltvoll.[7] Sie

[7] Marginalien, also Rand-Illustrationen zu handgeschriebenen Texten, die oft skurrile, ja unflätige Inhalte mit vielen Anspielungen verbildlichen, sind ein wichtiger Teil mittelalterlicher Bücher. Lesende verstanden die Anspielungen mühelos. Die farbkräftigen und lebhaften Bilder hatten damals eine starke Wirkung. Zwar gab es damals wie heute in der Natur kräftige Farben, aber im »kultivierten Leben«, bei Räumen und Dingen, die von Menschen geschaffen sind, waren kräftige Farben selten und kostbar.

Die persönliche Begegnung der wenigen, privilegierten Lesenden mit den Inhalten des Buches, so wurde in der damaligen Lehrveranstaltung eingehend erklärt, berührte die Erzählerin-Autorin deshalb sehr, weil im Moment des Lesens, sozusagen »im Rezipienten selbst« zwei starke und emotional besetzte, aber gegensätzliche Eindrücke zusammenkamen: die Ehrfurcht vor dem heiligen Text und seinem Inhalt und die herausfordernde, Tabus verletzende Komik und Verspieltheit der Marginalien.

Illustration rechts:

Andrew Jones
»Unsere Sonne«
Bleistiftzeichnung, 2024

lenkte die Aufmerksamkeit der – hauptberuflich bildlich denkenden – Erzählerin-Autorin auf den Moment, in dem Lesende sowohl Geschriebenes als auch Gezeichnetes auf sich wirken lassen. Schriftliches muss, auch wenn wir das als geübte Alphabetisierte nicht mehr bedenken, immer erst entschlüsselt und in Bilder umgesetzt werden, damit wir es verstehen. Gezeichnetes und Gemaltes erreicht uns unmittelbar. Beides finden wir auf Papier vor, das wir, bedruckt und zum Buch geformt, in Händen halten. Es wurde bei der Gestaltung des Buches zueinander in Bezug gesetzt und wird von uns Lesenden und Schauenden im Moment der Begegnung mit den geschriebenen Geschichten und geformten Linien noch einmal neu verbunden und wahrgenommen.

Ein Buch ist in der Welt, das Geschichten vom Erzählen erzählt. Und mit dieser Zugabe öffnet es eine Tür hinter die Kulissen, wo es wiederum etwas zu Erzählen gibt...

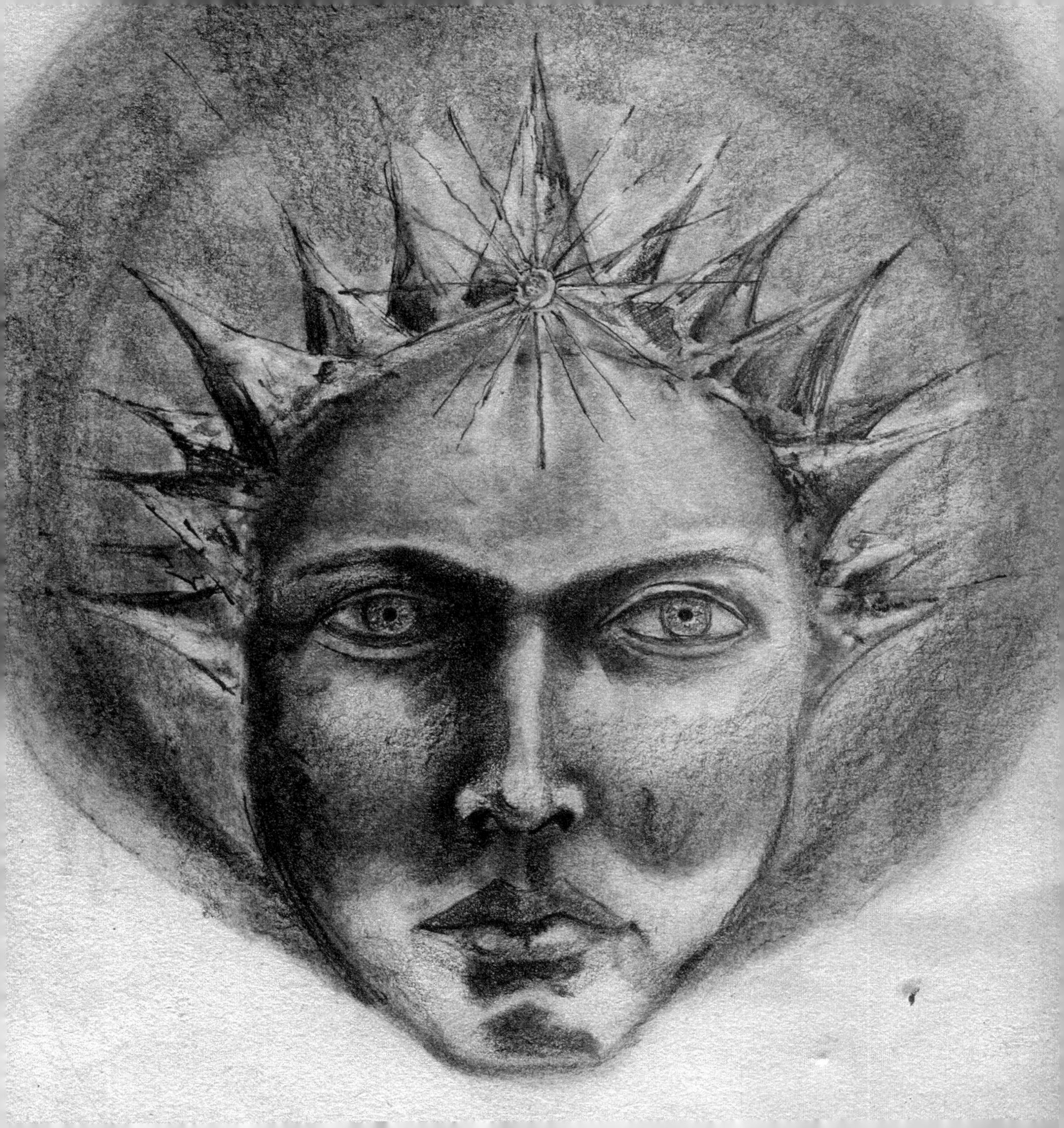

Literaturverzeichnis

Globale Geschichten

Unsere Sonne: frei nach einer Erzählidee aus England, genaueres dazu in: Margarete Wenzel/ Anita Ortner: Es war 1001mal, Märchenreisen durch Leben und Welt, S. 39-40 (Erzählversion) und S. 211 (Quellenangabe), Verlagsanstalt Tyrolia, Innsbruck 2015.

Weggefährtinnen mit Ideen: frei nach einem von Johanna Schölsner (www.von-mund-zu-ohr.at/erzaehlerinnen/Johanna Schoelsner) gehörten Motiv, das in der Erzählszene sehr verbreitet ist, zum Beispiel erzählt von Nikolaus Kolja Kolleth nach einem jüdischen Märchen in: www.maerchenwirkstatt.de/files/Die-Geschichte-von-der-Wahrheit.pdf, Zugriff am 15.11.2023, 19:16 Uhr.

Wenigstens davon erzählen: frei nach gehörten Versionen sowie nach: Hedwig Rost, Jörg Baeseke: Höher als der Himmel und tiefer als das Meer, S. 155: »Die Geschichte von den Generationen oder Was übrig bleibt«, Verlag Wilfried Nold, Frankfurt am Main 2007.

Familientradition: frei wiedergegeben nach langjähriger Erzählerfahrung, aus der sich auch die eingebettete biografische Erzählung ergibt. Das Narrativ stammt aus der jüdischen Kultur. Mein Vater, dessen Erzählereigenschaft hier mitspielt, hatte eine jüdische Großmutter. Ich habe die Geschichte ursprünglich mündlich gehört von Frau Wolle (www.frauwolle.at) als wir miteinander eine André Heller-Ausstellung in Wien besuchten, etwa im Jahr 2008. Ich sehe sie noch erzählend vor einem farbenprächtigen Gemälde stehen. Sie hatte die Geschichte von Dan Yashinsky (Dan Yashinsky – Wikipedia, www.storycare.ca) gehört und hat sie später auch als Video aufgenommen: www.youtube.com/watch?v=2G4TYBWxbb8. Den ersten Teil der Geschichte habe ich öfter auch an anderen Orten gehört. Die »zweite Runde« mit dem Sohn, der sein Handeln auf des Vaters Geschichtenweisheit aufbaut, geht meines Wissens auf Dan Yashinskys Version zurück.

Dschinroku: frei nach M. Novák, Z. Cerná: Japanische Märchen und Volkserzählungen, S. 32. Unter dem Titel »Drei Millionen dreihundertdreiunddreißigtausenddreihundertdreiunddreißig Eicheln«, Verlag Werner Dausien, Hanau 1970, anders auch erzählt in: Margarete Wenzel/ Anita Ortner: Es war 1001mal, Märchenreisen durch Leben und Welt, S. 17-23, Verlagsanstalt Tyrolia, Innsbruck 2015.

Iwan Zarewitsch und seine Schwestern, frei nach mündlicher Überlieferung sowie in: Märchen von Sonne, Mond und Sternen: Die Hexe und die Schwester Sonne, S. 64-68, Märchen aus Russland, Fischer Taschenbuch Verlag, Frankfurt am Main 1994.

Der Märchenprinz: frei nach Ethel Johnston Phelps, Gabriele Dietz (Hrsg.): Mensch Märchen. Die schönsten Märchen von schlauen Mädchen, S. 181-185. Unter dem Titel »Der Märchen-Prinz«. Elefanten Press Verlag, Berlin 1994.

Der Märchenbeutel: frei nach einem Motiv, das ich nur aus mündlicher Überlieferung kenne, angeblich aus Korea stammend. Versionen, die ich im Internet fand, werden (auch in ihrer Ausarbeitung) auf diese Quelle zurückgeführt: Fassung Djamila Jaenike nach A. Huwe, Märchen aus aller Welt, München 1979. Erschienen in »Märchenforum – Zeitschrift für Märchen und Erzählkultur«, Frühling 2017, 73. Ausgabe, Freundschaft im Märchen. (Internet-Zugriff am 15.11.2023, 19:50 Uhr).

Wer kann das wissen?: frei nach Frau Wolle (Mag. Karin Tscholl) (www.frauwolle.at), oft mündlich gehört. Eine schriftliche Erzählversion von ihr ist nachzulesen in: Honigherz und Seidenstern, Märchen zum Vor- und Nachlesen, S. 12-20. Unter dem Titel »Ein Rätsel«, aus Surinam, Eigenverlag, Vill bei Innsbruck 2003

Gosso: frei nach M. Kosová: Afrikanische Märchen, S. 13. Unter dem Titel »Gosso, der Märchenerzähler«, Artia Verlag, Prag 1970, auch in: Märchen der Völker. Afrika, S. 101-105 unter dem Titel »Goso«, Magnus Verlag, Essen o.J.

Der Geist der Erde: frei nach M. Kosová: Afrikanische Märchen, S. 11. Unter dem Titel »Die ersten Menschen«, Artia Verlag, Prag 1970.

Der Baum mit den wunderbaren Früchten: frei nach Anita Johnston: Die Frau, die im Mondlicht aß. Die uralte Weisheit von Märchen und Mythen hilft Frauen, Ess-Störungen zu überwinden, S. 48-52, in den Text eingefügte Erzählung. Scherz Verlag, Bern München Wien 1998.

Wie es zu Sigurds Verwandlung kam: frei nach Märchenschatz der Welt: Märchen aus Island: S. 33-57. Unter dem Titel »Sigurd«, Weltbild Verlag, Augsburg 1994.

Der weiße Wolf: frei nach Erich Ackermann (Hrsg.): Märchen von Zwergen, S. 99-102. Unter dem gleichen Titel, Fischer Taschenbuch, Frankfurt am Main 1995, andere Erzählversion in: Margarete Wenzel/ Anita Ortner: Es war 1001mal. Märchenreisen durch Leben und Welt, S. 24-29, Verlagsanstalt Tyrolia, Innsbruck 2015.

Lügen für Brot: sehr frei und gegendert nach: Helga Gebert: Die sieben Söhne. Märchen der Männer, S. 97-106. Unter dem Titel »Die Geschichte vom größten Lügner aller Zeiten«, Beltz Verlag, Weinheim und Basel 1991.

Das Bübchen, das sich nicht waschen wollte: frei nach Von Himmel und Hölle. Die schönsten Märchen über die andere Welt, S. 164-165. Unter dem Titel »Vom Büblein, das sich nicht waschen wollte«, folgt Hans-Jörg Uther (Hrsg.): Ludwig Bechstein. Neues deutsches Märchenbuch. Nach der Ausgabe von 1856, textkritisch revidiert und durch Register erschlossen, S. 75–76, Diederichs, München 1997.

Nasreddin Hodscha: Wie viel ist wann genug für wen? frei nach mündlichen Erzählungen von Frau Wolle (Mag. Karin Tscholl) (www. frauwolle.at), auch schriftlich in: Honigherz und Seidenstern, Märchen zum Vor-und Nachlesen, S. 92-93. Unter dem Titel »Pferdefutter«, Eigenverlag, Vill bei Innsbruck 2003.

Wer weiß? frei nach mündlichen Erzählungen von Frau Wolle (Mag. Karin Tscholl) (www.frauwolle.at) und Tomas Poppe: Die wundersamen Abenteuer des Mulla Nasrudin, S. 57-58. Unter dem Titel »Der Mulla predigt«. Knaur Verlag, München 2003, sowie in Gerd Frank: Der türkische Eulenspiegel, Närrische Anekdoten um Nasreddin Hodscha S. 53-54. Unter dem Titel »Nasreddin als Prediger«, Verlag Herder, Freiburg im Breisgau 1980 und Idris Shah: Die fabelhaften Heldentaten des vollendeten Narren und Meisters Mulla Nasrudin, S. 82. Unter dem Titel »Nasrudins Predigt«, Verlag Herder, Freiburg im Breisgau 1984.

Das Hufeisen: mündlich gehört. Aber von wem? Gelesen? Wann und wo? Ich weiß es leider nicht mehr. Die Geschichte ist seit etwa zehn Jahren in meinem Repertoire.

Keine Tiger: frei nach mündlichen Erzählungen von Frau Wolle (Mag. Karin Tscholl) (www.frauwolle.at), die sie wahrscheinlich auch in einem ihrer schönen Geschichten-Adventskalender erzählt. Wer es genauer wissen möchte, ist gut beraten, selbst zu schauen, und wird dabei noch viel Schönes finden.

Zwei kostbare Vögel: mündlich gehört. Aber von wem? Gelesen? Wann und wo? Ich weiß es leider nicht mehr. Die Geschichte ist seit etwa fünfzehn Jahren in meinem Repertoire.

Joghurt: gehört von und erlebt mit Sonja Nora Kinigadner (www.sonjanoraerzaehlt.at), auch zu finden in Ulrich Marzolph (Hrsg.):

Nasreddin Hodscha, 666 wahre Geschichten, Nr. 551, S. 228, Verlag C.H.Beck. München 1996.

Die Geschichte vom Mantel, der Vater eines Kindes war: frei nach Johannes Merkel: Löwengleich und Mondenschön. Orientalische Frauenmärchen, S. 97-103. Unionsverlag, Zürich 1994

Vier Freunde und ein Sieger: frei nach Claudia Ott: 101 Nacht. Übersetzung nach der Handschrift des Aga Khan Museums, S 134–140. Unter dem Titel »Die Geschichte von den vier Freunden«, Manesse Verlag, Zürich 2012.

Lernen und Vertrauen: frei nach Claudia Ott: 101 Nacht. Übersetzung nach der Handschrift des Aga Khan Museums, S. 141–181. Unter dem Titel »Die Geschichte vom Königssohn und den sieben Wesiren«, Manesse Verlag, Zürich 2012.

Datteln und Rosinen: frei nach Neil Philip: Märchen aus aller Welt, S. 56-58. Unter dem Titel »Mushkil Gusha«. Dorling Kindersley, München 2001.

Wie Scheherazade um ihr Leben erzählte – und das Reich rettete: frei nach mündlicher Überlieferung in der Familie von Roukan Khalil, erzählt von ihrer Großmutter, Roukan Khalil. Sie lehrte mich diese Version der berühmten Erzählung im Rahmen des Projektes »Erzählen Integrativ (EI) für geflüchtete Frauen« in Wien im Jahr 2016. Etwas mehr über sie ist zu erfahren in den Projektbüchern »1001fach lebenswert«, Edition NarrARE, Wien 2017 und

»1002fach lebenswert«, Edition NarrARE, Wien 2019, www.verein-narrare.at.

Anier McConglinney: frei nach Hans-Jörg Uther (Hrsg.): Märchen vom Essen und Trinken, S. 29 – 35. Unter dem Titel »Die Vision des Macconnglinney«, Fischer Verlag, Frankfurt am Main 1993, auch in: Frederik Hetmann: Keltische Märchen, S. 61 – 65 unter dem Titel Cathal, der König von Münster, Fischer Taschenbuch Verlag, Frankfurt am Main 1975, auch in: Rudolf Thurneysen, Sagen aus dem alten Irland, S. 131–147. Unter dem Titel »Mac Conglinnes Vision«, Vero Verlag Norderstedt 2013, auch in Margarete Wenzel/ Anita Ortner: Es war 1001mal. Märchenreisen durch Leben und Welt, S. 69-75. Unter dem Titel »Wie König Cathal gesunderzählt wurde«, Verlagsanstalt Tyrolia, Innsbruck 2015.

Paddy Ahern: frei nach Heinrich Dickerhoff: ...und webte etwas, das niemals stirbt. Keltische Märchen zum Erzählen und Vorlesen, S. 20-23. Unter dem Titel »Der Bursche, der keine Geschichten kannte«, Königsfurt Verlag, Krummwisch bei Kiel 2004, auch zu finden in: Karen Schlimp/ Margarete Wenzel: »Es liegt in deiner Hand. Geschichten vom Lehren und Lernen« unter dem Titel »Der nichts zu erzählen hatte«, S. 133-138, Edition NarrARE, Wien 2020.

Wie Ananse, der Spinnenmann, die Geschichten vom Himmelsherrscher kaufte: frei nach Ulf Diederichs (Hrsg.): Unter dem Märchenmond, S. 43-47. Unter dem Titel »Wie der Spinnenmann dem

Himmelsherrscher dessen Geschichten abkaufte«. Droemer Knaur, München 1996.

Genau die richtige Geschichte finden: frei nach der mündlichen Version von Karin Duit (www.märchen-und-mehr.at) und eigener Ergänzung. Ich habe die Erzählung vom König, der Bogenschütze ist und der Zielscheibe vor circa zwanzig Jahren von Frau Wolle (Mag. Karin Tscholl) (www.frauwolle.at) gehört, danach auch von einigen anderen Erzählenden. Vor ungefähr zehn Jahren hörte ich die Geschichte von Karin Duit in die Rahmenhandlung eingebettet, bin aber nicht sicher, ob ein Erzähler oder eine Erzählerin mit der Zielscheiben-Geschichte die Frage des Lehrlings beantwortete. Den Abschluss mit der weiterführenden Frage der Lehrlings-Tochter habe meines Wissens ich hinzugefügt. Auch zu finden in: Karen Schlimp/ Margarete Wenzel: »Es liegt in deiner Hand. Geschichten vom Lehren und Lernen«. Unter dem Titel »Wer bestimmt, wo die Mitte ist?«, S. 97-101, Edition NarrARE, Wien 2020.

Geschichten, die ursprünglich schriftlich erzählt wurden

Eine Wette und ein Fingerspiel: frei nach James Krüss: Märchen, S. 41-48. Unter dem Titel »Fünf Finger, fünf Söhne oder die Geschichte von Addad, dem Geschichtenerzähler«, Verlag Friedrich Oetinger, Hamburg 1991.

Scheh und seine Sinne: frei nach James Krüss: Märchen, S. 27-40. Unter dem Titel »Das Wolfskind oder die Geschichte von Scheh, dem Geschichtenerzähler«, Verlag Friedrich Oetinger, Hamburg 1991.

Auf der Zeitreise Erzähler werden: frei nach Frederik Hetmann: »Dermot mit dem roten Haar«. Arena Verlag Georg Popp, Würzburg 1985.

Umerziehung und ihre unerwarteten Wirkungen: frei nach Dai Sije: »Balzac und die kleine chinesische Schneiderin«. Mit einem Autoren-Interview, geführt von Helmut Schneider. Eine Stadt ein Buch. Echomedia Buchverlag, Wien 2010.

Zahlen und Erzählen meistern: frei nach Thomas Vogel: »Die letzte Geschichte des Miguel Torres da Silva«. Klöpfer und Meyer in der DVA, Tübingen 2001.

Von einem wahr gewordenen Traum: frei nach Faridah Busemann/ Aziza Gürth: »Der Mond auf meinem Kissen. Wie Nuri ein Geschichtenerzähler wurde«. Spohr Verlag, Kandern im Schwarzwald 2000.

Selber suchen und finden: frei nach Henning Köhler: »Der Geschichtenkönig und das Sternenkind«. Verlag Freies Geistesleben, Stuttgart 1992.

Marokkanische Märchensuche: frei nach Tahir Shah: »Der glücklichste Mensch der Welt«. Piper Verlag, München 2009.

Ein Geschichtenerzähler unter Anklage: frei nach Dan Yashinsky: »The Storyteller At Fault«. Ragweed Press, Charlottetown Canada 1950.

Eine Stimme macht Worte hörbar: frei nach Joel Ben Izzy: »Der Geschichtenerzähler oder das Geheimnis des Glücks«. Verlag Herder, Freiburg im Breisgau 2007.

Plappern, schweigen – oder wirksame Worte sprechen: frei nach Salman Rushdie: »Harun und das Meer der Geschichten«. Kindler Verlag, München 1991.

Erzählen, was werden soll: frei nach Rafik Schami: »Eine Hand voller Sterne«. Beltz und Gelberg, Weinheim und Basel 1987.

Wie Geschichten Lebenswissen mitteilen: frei nach Jorge Bucay: »Komm, ich erzähl dir eine Geschichte«. Ammann Verlag, Zürich 2005.

Erzählen und lieben: frei nach Sue Harrison: »Der Ruf der Sterne«. Limes Verlag, München 2000.

Wie Schicksale sich in Bildern verflechten: frei nach Italo Calvino: »Das Schloss, darin sich Schicksale kreuzen«. Fischer Verlag, Frankfurt am Main 2014.

Eine lehrreiche Geschichten-Kette: frei nach Janwillem van de Wetering: »Die kleine Eule und der Weg ins Leben«. Verlag Carl Hanser, München Wien 1994.

Erlebtes erzählt: frei nach Roald Dahl: »Sophiechen und der Riese«, Rowohlt Verlag, Reinbek bei Hamburg 1984.

Athabasca: frei nach Manusch Zaeri-Esfahani: »Das Mondmädchen«. Knesebeck Verlag München 2016.

Geschichten sind lebensnotwendig: frei nach Isaac B. Singer: »Der Geschichtenerzähler«. Carl Hanser Verlag, München 1988.

Literatur über das Erzählen

Erzählen lernen

Felicitas Betz: Märchen als Schlüssel zur Welt. Eine Anleitung zum Erzählen und zum Gespräch mit Kindern. Verlag Ernst Kaufmann, Lahr 2001.

Marsh Cassady: Storytelling Step by Step. Resource Publications Inc., San Jose CA 1990.

Claus Claussen/ Valentin Merkelbach: Erzählwerkstatt. Mündliches Erzählen. Westermann Schulbuchverlag, Braunschweig 1995.

Paul Daniel: Der Esel auf der Nasenspitze. Merktechniken fürs freie mündliche Erzählen. www.gschichten-werkl.at, Eigenverlag Paul Daniel, St. Andrä-Wördern 2020.

Cordula Carla Gerndt: Der Hund im Kühlschrank. Eine Anleitung zur lebendigen und bewussten Kommunikation. Südwest Verlag, München 2011.

Barbara Greiner-Burkert: Richtig gut Erzählen. Geschichte und Märchen gekonnt präsentieren. Tausendschlau Verlag Olga Bien, München 2012.

Helga Kernstock-Redl: Heilsame Kindergeschichten. Beruhigend, tröstende und stärkende Storys selbst erfinden. öbv & hpt, Wien 2005.

Norbert J. Kober: Die Könnerschaft mündlicher Erzählkunst. Worauf es beim freien, mündlichen Erzählen wirklich ankommt. Xlibri.de, Fuchsthal 2010.

Matt Morris: The Storytelling-Method. Steps to Maximize a Simple Story And Make It Powerful, Inspiring, and Unforgettable. Globalized Healing, Lexington 2014.

Christel Oehlmann: Einfach erzählen! Ein Übungsbuch zum freien und gestalteten mündlichen Erzählen. Junfermann Verlag, Paderborn 2007.

Margaret Read MacDonald: The Storyteller`s Start-up-Book, Finding, Learning Performing and Using Folktales. August House Publishers, Inc., Little Rock Arkansas 1993.

John Walsh: The Art of Storytelling. Easy Steps to Presenting an Unforgettable Story. Moody Publishers, Chicago 2003.

Kurt Wasserfall: Erzählen Lernen. Ein Workshop zur Entwicklung der Sprachkompetenz. Verlag an der Ruhr, Mühlheim an der Ruhr 2004.

Margarete Wenzel: Mit Märchen unterwegs. Wie sich das mündliche Erzählen lernen lässt. Eigenverlag, Wien 2004.

Arne Winter: Erzähl mir was, Geschichtenerzählen als Methode des Naturmentorings. Der Erzählverlag, Berlin 2020.

Michl Zirk, Freies mündliches Erzählen. Ein Grundkurs. Der Erzählverlag, Berlin 2020.

Joachim Zwingelberg: So geht´s: Geschichten erzählen. Neukirchener Aussaat, Neukirchen-Vluyn 2012.

Über das Erzählen an sich

Gregor Adamczyk: Storytelling. Mit Geschichten überzeugen. Haufe-Lexware, Freiburg 2014.

Hermann Bausinger: Vom Erzählen, Poesie des Alltags. Hirzel Verlag, Stuttgart 2022.

Felicitas Betz: Märchen als Schlüssel zur Welt. Eine Anleitung zum Erzählen und zum Gespräch mit Kindern. Verlag Ernst Kaufmann, Lahr 2001.

Fritz Breithaupt: Das narrative Gehirn. Was unsere Neuronen erzählen. Suhrkamp Verlag AG, Berlin 2022.

Jean-Claude Carriere: Über das Geschichtenerzählen. Alexander Verlag, Berlin Köln 1999.

Marsh Cassady: Storytelling. Step by Step. Resource Publications, St. Jose California 1990.

Claus Claussen/ Valentin Merkelbach: Erzählwerkstatt. Mündliche Erzählen. Westermann Schulbuchverlag, Braunschweig 1995.

Paul Daniel: Der Esel auf der Nasenspitze. Merktechniken fürs freie mündliche Erzählen. Gschichten-Werkl, St. Andrä-Wördern 2020.

Karolina Frenzel, Michael Müller, Hermann Sottong: Storytelling; Das Harun-al-Raschid-Prinzip. Die Kraft des Erzählens fürs Unternehmen nutzen. Hanser, München Wien 2004.

Werner T. Fuchs: Warum das Gehirn Geschichten liebt. Mit den Erkenntnissen der Neurowissenschaften zu zielgruppenorientiertem Marketing. Rudolf Haufe Verlag, München 2009.

Cordula Carla Gerndt: Der Hund im Kühlschrank. Eine Anleitung zur lebendigen und bewussten Kommunikation. Südwest Verlag, München 2011.

Nicola Hübsch/ Kristin Wardetzky: Zeit für Geschichten. Erzählen in der kulturellen Bildung. Schneider Verlag, Hohengehren 2017.

Ron Kellermann: Das Storytelling-Handbuch. Midas Management Verlag, Zürich 2018.

Helga Kernstock-Redl: Heilsame Kindergeschichten. Beruhigende, tröstende und stärkende Storys selbst erfinden, öbv & hpt, Wien 2005.

Nancy Mellon: Der Phantasie eine Stimme geben. Die Kunst des kreativen Erzählens. Aurum, Braunschweig 1993.

Alf Mentzer/ Ulrich Sonnenschein (Hrsg.): Die Welt der Geschichten. Kunst und Technik des Erzählens. Fischer Verlag, Frankfurt am Main 2007.

Alf Mentzer/ Ulrich Sonnenschein (Hrsg.): 22 Arten, eine Welt zu schaffen. Erzählen als Universalkompetenz. Fischer Verlag, Frankfurt am Main 2008.

Johannes Merkel/ Michael Nagel (Hrsg.): erzählen, die wiederentdeckung einer vergessenen kunst. geschichten und anregungen: ein handbuch. Rowohlt, Reinbek bei Hamburg 1982.

Johannes Merkel: Hören, Sehen, Staunen. Kulturgeschichte des mündlichen Erzählens. Olms Verlag, Hildesheim 2015.

Johannes Merkel: Sieh, damit wir sehen. Eine Geschichte des Geschichtenerzählens. Der Erzählverlag, Berlin 2021.

Christel Oehlmann: Einfach erzählen! Ein Übungsbuch zum freien und gestalteten mündlichen Erzählen. Junfermann Verlag, Paderborn 2007.

Walter J. Ong: Oralität und Literalität. Die Technisierung des Wortes. Springer Fachmedien, Wiesbaden 1987.

Harrison Owen: Spirit, Transformation and Development in Organisations. Abbott Publishing, Potomac Maryland USA 1987.

Margaret Read Macdonald: The Storyteller´s Star-up Book. Finding, Learning, Performing and Using Folktales. August House Publishers, Little Rock, Arkansas 1993.

Matt Morris: The Storytelling-Method. Steps To Maximize A Simple Story And Make It Powerful, Inspiring, and Unforgettable. Globalized Healing, Lexington, KY, USA 2014.

Rudolf Schenda: Von Mund zu Ohr. Bausteine zu einer Kulturgeschichte volkstümlichen Erzählens in Europa. Vandenhoeck & Ruprecht, Göttingen 1993.

Werner Siefer: Der Erzähl-Instinkt. Warum das Gehirn in Geschichten denkt. Carl Hanser Verlag, München 2015.

Will Storr: The Science of Storytelling. William Collins, London 2019.

John Walsh: The Art of Storytelling. Easy Steps to Presenting an unforgettable Story. Moody Publishers, Chicago 2003.

Kristin Wardetzky: Fluchtpunkt Fantasie. Aufsätze über Mythen, Märchen und das künstlerische Erzählen. Der Erzählverlag, Berlin 2022.

Kurt Wasserfall: Erzählen lernen. Ein Workshop zur Entwicklung der Sprachkompetenz. Verlag an der Ruhr, Mühlheim an der Ruhr 2004.

Margarete Wenzel: Mit Märchen unterwegs. Wie sich das mündliche Erzählen lernen lässt. Eigenverlag, Wien 2005.

Arne Winter/ Lynn Lausen: Erzähl mir was. Geschichtenerzählen als Methode des Naturmentorings. Der Erzählverlag, Berlin 2020.

Michl Zirk: Freies mündliches Erzählen. Ein Grundkurs. Der Erzählverlag, Berlin 2020.

Joachim Zwingelberg: So geht's: Geschichten erzählen. Neukirchener Verlagsgesellschaft, Neukirchen-Vluyn 2012.

Über traditionelle Geschichten und Volksmärchen

Cary J. Broussard, Anita Bell Wie Aschenputtel Karriere macht. Zehn märchenhafte Strategien für kluge Frauen. Campus Verlag, Frankfurt am Main 2007.

Winfried Freund: Schnellkurs Märchen. Dumont, Köln 2005.

Heide Göttner-Abendroth: Die Göttin und ihr Heros. Frauenoffensive, München 1980.

Johannes Merkel: Spielen, Erzählen, Phantasieren. Die Sprache der inneren Welt. Kunstmann, München 2000.

Kathrin Pöge-Alder: Märchenforschung. Theorien, Methoden, Interpretationen. Narr Francke Attempto Verlag, Tübingen 2011.

Clarissa Pinkola Estés: Die Wolfsfrau. Die Kraft der weiblichen Urinstinkte. Heyne, München 1993.

Nossrat Peseschkian: Der Kaufmann und der Papagei. Orientalische Geschichten in der Positiven Psychotherapie. Fischer Tb, Frankfurt am Main 1979.

Über innere Bilder und ihre Wirkungen

Dina Glouberman: Der Hund, die Möhre, der Samowar und das Fischerboot. Die Heilkraft der inneren Bilder. Serie Piper, München 1994.

Felicitas Goodman: Wo die Geister auf den Winden reiten. Trancereisen und ekstatische Erlebnisse. Verlag Hermann Bauer, Freiburg im Breisgau 1993.

Gerald Hüther: Die Macht der inneren Bilder. Wie Visionen das Gehirn, den Menschen und die Welt verändern. Vandenhoeck und Ruprecht, Göttingen 2004.

Lutz Röhrich: Lexikon der sprichwörtlichen Redensarten. Herder Spektrum, Freiburg im Breisgau 1991.

Frances A. Yates: The Art of Memory. Penguin Books Ltd., Harmondsworth Middlesex England, copyright F.A.Y. 1966.

Dina Glouberman: Der Hund, die Möhre, der Samowar und das Fischerboot. Die Heilkraft der inneren Bilder. Serie Piper, München 1994

Felicitas Goodman: Wo die Geister auf den Winden reiten. Trancereisen und ekstatische Erlebnisse. Verlag Hermann Bauer, Freiburg im Breisgau 1993

Gerald Hüther: Die Macht der inneren Bilder. Wie Visionen das Gehirn, den Menschen und die Welt verändern. Vandenhoeck und Ruprecht, Göttingen 2004

Lutz Röhrich: Lexikon der sprichwörtlichen Redensarten. Herder Spektrum, Freiburg im Breisgau 1991

Frances A. Yates: The Art of Memory. Penguin Books ltd., Harmondsworth Middlesex England, copyright F.A.Y. 1966

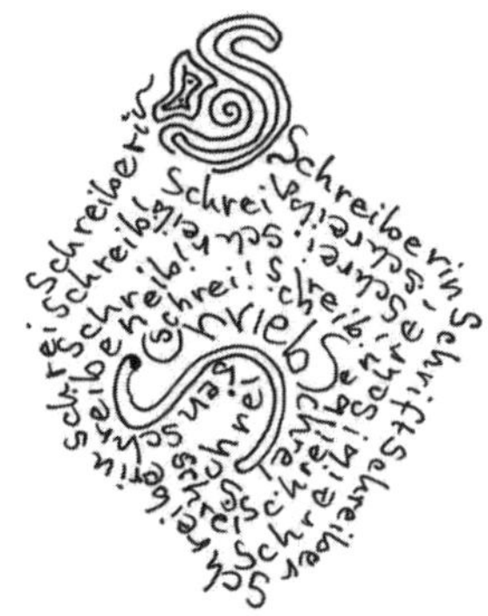

Die Autorin

Margarete Wenzel, Dr.in phil., geboren in Wien 1964, ist seit 1992 freischaffende Erzählerin, Das-Erzählen-Lehrende und Über-das-Erzählen-Schreibende. Seit 2011 konzipiert sie Storytelling-Projekte für Unternehmen und führt sie durch.

Weil sie Philosophie studiert, Improtheater und Körper-Stimmarbeit praktiziert und auch pädagogische und allerlei weitere Inhalte gelernt hat, liegen ihr das Verkörpern und das Darüber-Nachdenken.

Sie ist Mutter einer erwachsenen Tochter, schwimmt gerne in Natur-Gewässern, liebt kreative Tätigkeiten wie nähen, malen, zeichnen und Werkeln mit Holz, arbeitet gerne auf Reisen und erforscht die wunderbaren Wirkungen des freien mündlichen Erzählens.

www.margaretewenzel.net,

www.maerchenakademie-wien.at

www.storytelling.at

www.von-mund-zu-ohr.at/erzaehlerinnen/Margarete-Wenzel

www.vereinnarrare.at

Der Erzählverlag

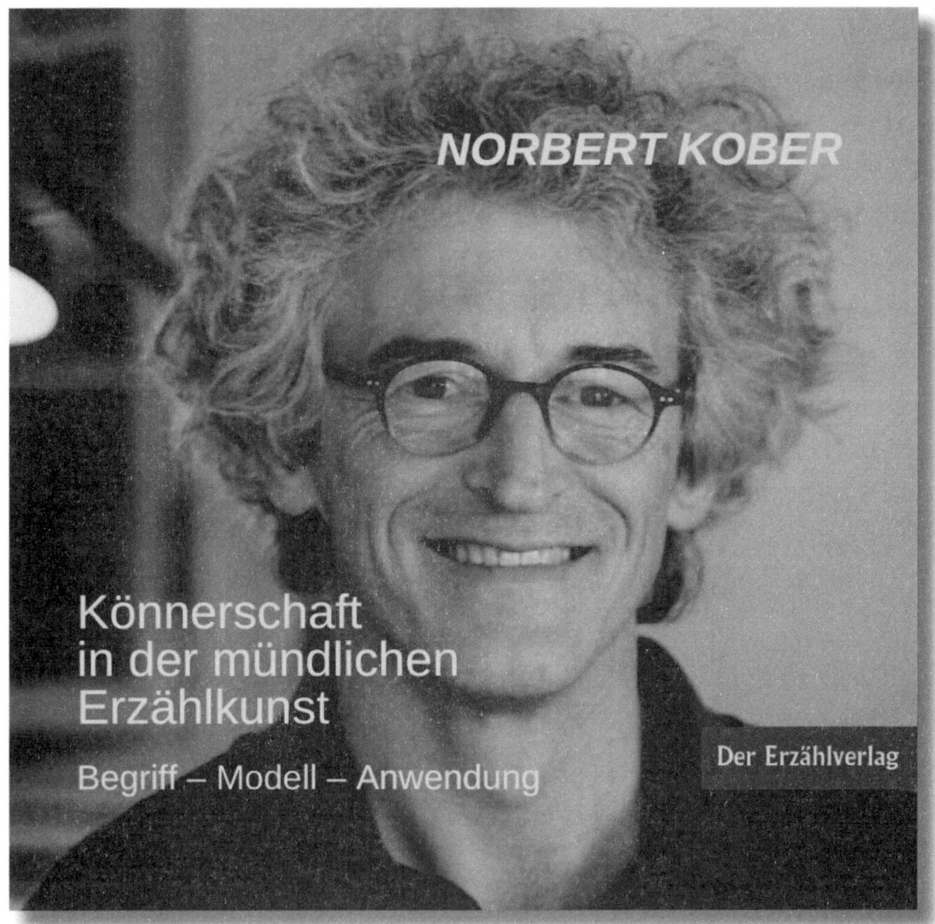

Eine fundierte Auseinandersetzung mit der Könnerschaft freien mündlichen Erzählens von einem ausgewiesenen Kenner.

Dr. Norbert Kober
Könnerschaft in der mündlichen Erzählkunst.
Begriff – Modell – Anwendung
184 Seiten, 19 x 19 cm, Hardcover mit Fadenbindung
ISBN 978-3-947831-06-7
Artikel-Nr. 79-3192
19,00 € [D] 19,50 € [AT]

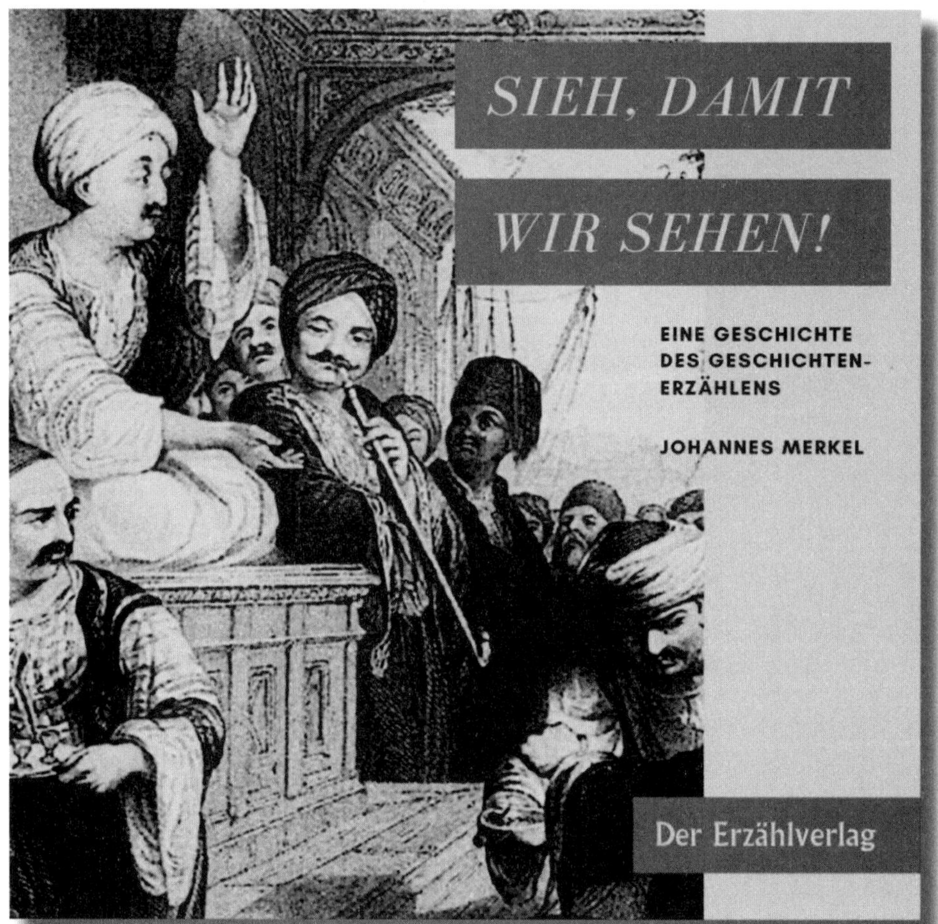

Beispiele der Erzählkulturen aus Afrika, Amerika, Asiens und Europa mit zahlreichen Abbildungen.

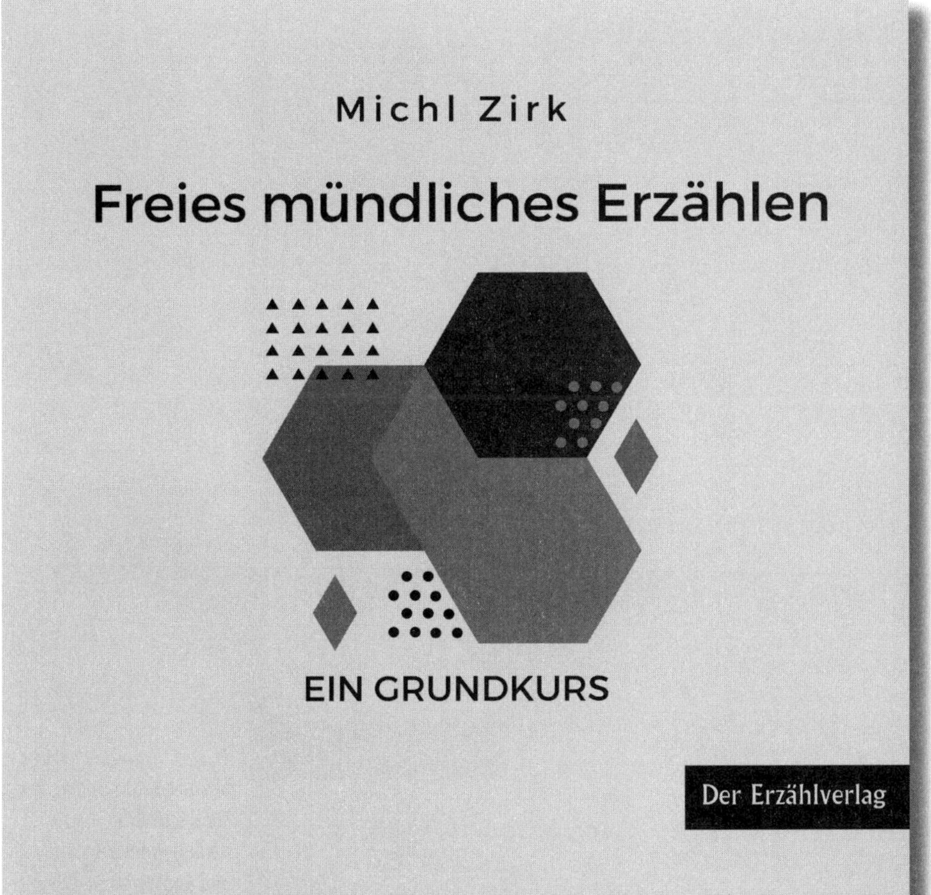

Eine grundständige Vermittlung des freien Erzählens in einer systematischen und wissenschaftsorientierten Darstellung.

Dr. Michl Zirk
Freies mündliches Erzählen. Ein Grundkurs
104 Seiten, 19 x 19 cm, Hardcover mit Fadenbindung
ISBN 978-3-947831-47-0
Artikel-Nr. 79-3147
15,00 € (D) 15,70 € (A)

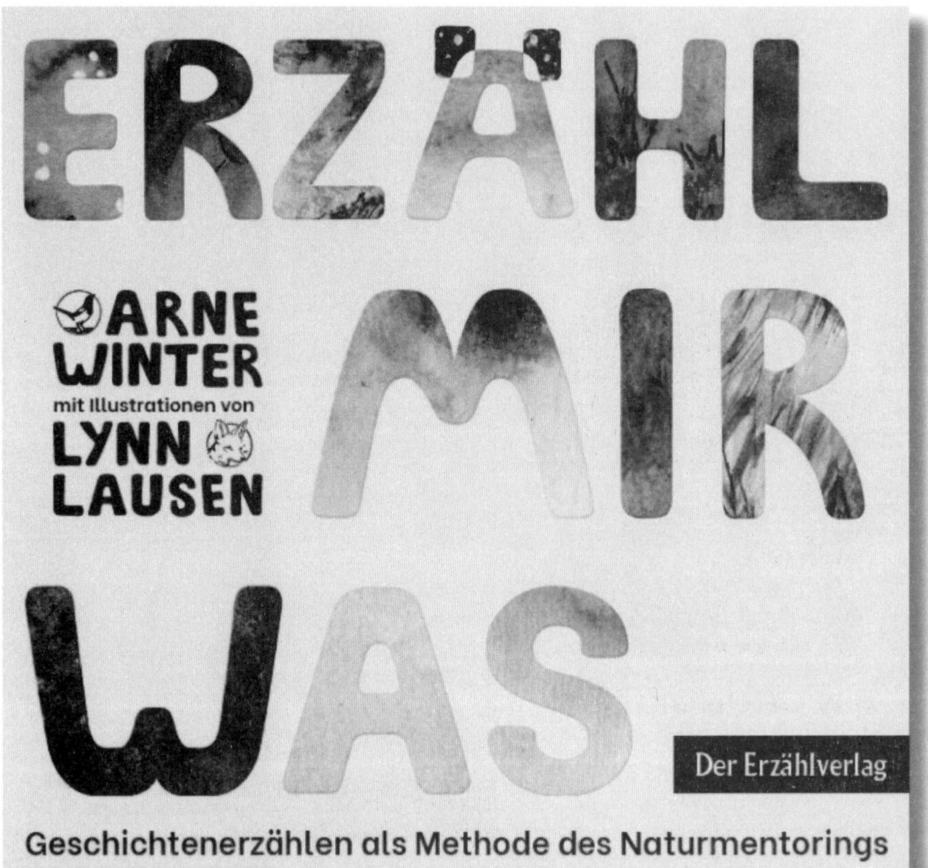

Weisheitsvolle Geschichten zum Selberlernen des freien mündlichen Erzählens mit vielen praktischen Übungen.

Arne Winter (Text), Lynn Lausen (Illustrationen)
Erzähl mir was.
Geschichtenerzählen als Methode des Naturmentorings.
236 Seiten, 19 x 19 cm, Softcover mit Fadenbindung
durchgehend farblich gestaltet, mit zahlreichen Abbildungen
ISBN 978-3-947831-49-4
Artikel-Nr. 79-3149
25,00 € (D) 25,70 € (AT)

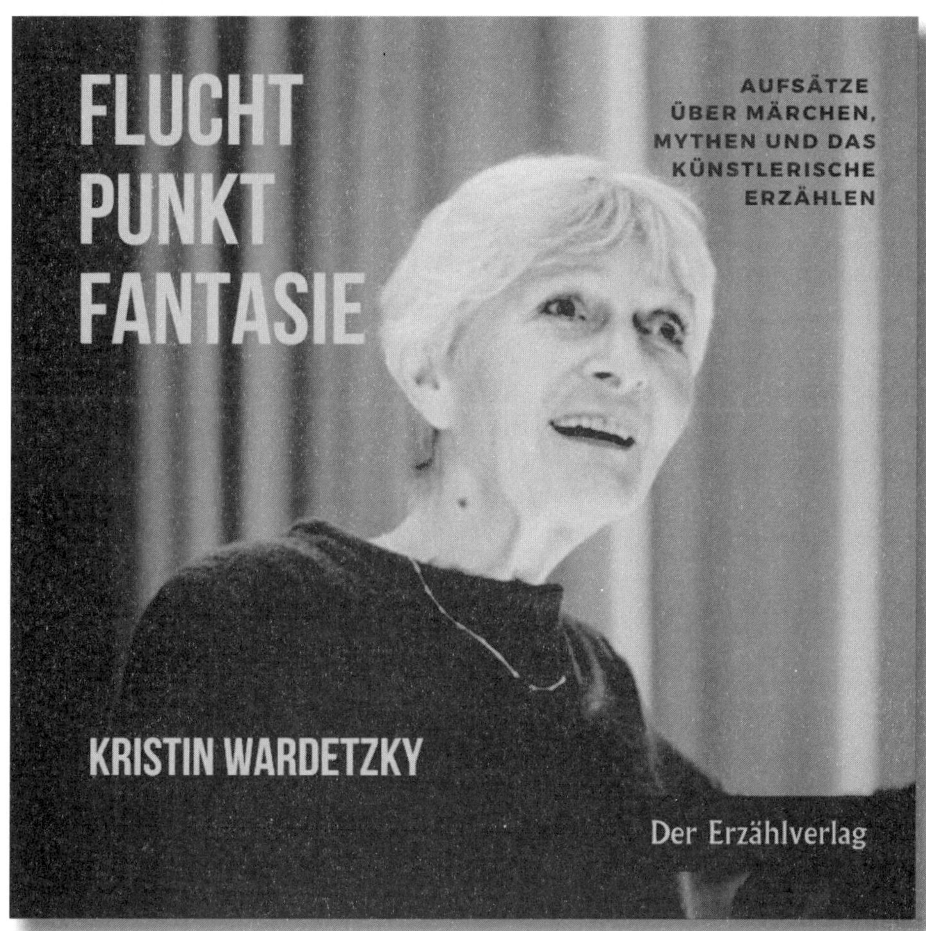

Ein Brückenschlag zwischen akademischer Reflexion, Darstellender Kunst und Pädagogik von einer ausgewiesenen und weithin geschätzten Kennerin.

Prof. Dr. Kristin Wardetzky
Fluchtpunkt Fantasie
Aufsätze über Märchen, Mythen und das künstlerische Erzählen
324 Seiten, 19 x 19 cm, Hardcover mit Fadenbindung
ISBN 978-3-947831-63-0
Artikel-Nr. 79-3163
29,00 € (D) 29,70 € (A)